媒体深度融合实务

柳剑能　张志安　著

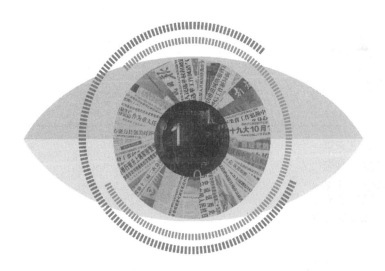

版权所有　翻印必究

图书在版编目 (CIP) 数据

媒体深度融合实务/柳剑能，张志安著 .—广州：中山大学出版社，2019.10

ISBN 978-7-306-06721-0

Ⅰ. ①媒…　Ⅱ. ①柳…②张…　Ⅲ. ①传播媒介—研究　Ⅳ. ①G206.2

中国版本图书馆 CIP 数据核字（2019）第 222360 号

出 版 人：	王天琪
策划编辑：	徐诗荣
责任编辑：	徐诗荣
封面设计：	林绵华
责任校对：	卢思敏
责任技编：	何雅涛
出版发行：	中山大学出版社
电　　话：	编辑部 020-84111996，84113349，84111997，84110779
	发行部 020-84111998，84111981，84111160
地　　址：	广州市新港西路 135 号
邮　　编：	510275　　　　传　真：020-84036565
网　　址：	http://www.zsup.com.cn　　E-mail:zdcbs@mail.sysu.edu.cn
印 刷 者：	广州市怡升印刷有限公司
规　　格：	787mm×1092mm　1/16　15.25 印张　242 千字
版次印次：	2019 年 10 月第 1 版　2019 年 10 月第 1 次印刷
定　　价：	39.00 元

如发现本书因印装质量影响阅读，请与出版社发行部联系调换

本书得到广东省宣传文化人才专项基金资助

目 录
CONTENTS

第一编 概 述

第一章　媒体深度融合的十个理论和现实问题 / 3
第二章　主流媒体深度融合要破解二个关键问题 / 18

第二编 问 题

第三章　中国报业全媒体转型的三大路径 / 23
第四章　中国报业集团发展历程和转型策略 / 32

第三编 案 例

第五章　人民日报社媒体深度融合的理念与实践 / 43
第六章　南方报业推进内容深度融合的战略举措 / 61
第七章　都市类媒体融合转型的特点、问题及突破口 / 72
第八章　佛山传媒集团：抢占全媒体时代高点 / 86
第九章　从"媒体平台"到"平台媒体"
　　　　——海外互联网巨头的新闻创新及其启示 / 98

第四编　策　略

第十章　媒体融合与资本运作
　　　　——主流媒体国际化的重要动力 / 117
第十一章　媒体融合过程中的技术采纳和技术赋能 / 129
第十二章　媒体融合背景下加强采编队伍建设的分析与对策 / 144
第十三章　加强国际传播能力建设的关系和对策 / 152

第五编　报　告

第十四章　2015 年中国地市党报媒体融合发展年度报告 / 163
第十五章　2017 年中国新闻业年度发展报告 / 183
第十六章　2018 年中国新闻业年度观察报告 / 201

参考文献　/ 218
后　　记　/ 235

第一编

概述

"全媒体不断发展，出现了全程媒体、全息媒体、全员媒体、全效媒体，信息无处不在、无所不及、无人不用。"习近平总书记的重要论述，概括出网络化社会中媒体格局的重大变化，即媒体不再是社会信息交换的中介机构，而是变成社会关系连接和重组的结构性力量；同时，也进一步打开了未来媒体深度融合发展的想象空间。

全程媒体大大突破了时间和空间的维度；全息媒体隐含了视觉、听觉之外嗅觉、味觉、触觉等承载信息的可能性；全员媒体完整涵盖了内容生产、传播和反馈全链条参与者的多种情况；全效媒体准确描述了媒体功能的全方位拓展——"四全媒体"的提法，内涵丰富，既为业界探索媒体融合提供了指引，又为学界探索媒体融合的理论构建开阔了视野。

本编第一章侧重从业界角度梳理当下媒体推进深度融合的理论和现实问题，笔者归纳出十个，但这肯定是远远不够的，随着探索的深入，业界同仁一定会陆续推出更多的总结；第二章侧重从学界的角度，特别是从媒体功能的变迁角度出发，概括出三个关键问题，对业界深化改革也有重要参考价值。或可预测，"四全媒体"将成为接下来媒体深度融合"产学研一体化"研究的重要语境。

第一章　媒体深度融合的十个理论和现实问题

2014年被新闻学界普遍认为是中国媒体融合元年。以2014年8月18日习近平总书记关于推动传统媒体和新兴媒体融合发展的讲话和中央全面深化改革领导小组第四次会议审议通过的《关于推动传统媒体和新兴媒体融合发展的指导意见》为标志，中国启动了自上而下的媒体融合改革探索（管洪，2019）。近五年来，围绕"推动传统媒体和新兴媒体在内容、渠道、平台、经营、管理等方面的深度融合，着力打造一批形态多样、手段先进、具有竞争力的新型主流媒体"的总目标，各级主流媒体不断强化互联网思维，坚持以先进技术为支撑、以内容建设为根本，努力建成几家拥有强大实力和传播力、公信力、影响力的新型媒体集团，掀开了波澜壮阔的改革热潮。

2019年1月25日，中共中央政治局在人民日报社就全媒体时代和媒体融合发展举行第十二次集体学习。中共中央总书记习近平主持学习并发表重要讲话。国家从战略目标、指导思想、方法路径等方面对媒体深度融合进行了顶层设计。从提出推动媒体融合发展的重大任务到推动媒体融合向纵深发展，习近平总书记的重要论述已经为媒体融合发展绘就路线图。习近平总书记着重指出："全媒体不断发展，出现了全程媒体、全息媒体、全员媒体、全效媒体，信息无处不在、无所不及、无人不用。"（新华社，2019）这是对全媒体时代重要特征全面概括的点睛之笔。在笔者主持的广东省委宣传部课题"中国报业媒体融合现状及发展战略研究"即将结项之际，结合对总书记重要讲话精神的理解和在南方报业传媒集团19年的工作实践与最新感悟，总结梳理媒体深度融合的十个理论和现实问题，以求教于各位贤达。

一、在全效媒体时代，内容依然为王，但内容的内涵大不相同

新闻业的本质是内容产业，无论是传统媒体还是新兴媒体，谁掌握了内容的权威性、准确性、及时性和创新性，谁就拥有了核心优势。在全媒体时代，渠道、平台和形式均可以进行拓展与创新，但"内容为王"依然是不变的法则。然而，媒体深度融合对内容的内涵提出了不同的要求。在全效媒体时代，内容不但要快要准，而且需要有明晰的内容革新思路。

第一，是对技术的要求。在近年全国两会①和主场外交的新闻中，VR②、AR③、AI④虚拟主播、AI语音识别等新技术被应用到新闻传播中。与前一阶段的H5⑤、移动端直播、响应式布局相比，新一轮媒体融合所应用的技术已经呈现出更新迭代的趋势。可以想象，随着5G时代的到来，技术赋能将是内容建设的一个重要抓手，这也是全效媒体的应有之义。

第二，是对内容的分众化、差异化要求。媒体深度融合意味着将传统媒体照搬上网络的做法已经彻底成为过去式。各新闻媒体都在追求分众化、差异化的传播，努力提高新闻的精准传播能力。例如，新华社推出的"新青年"创新项目，《光明日报》针对高级知识分子打造"网红"⑥，澎湃新闻⑦推出的40多个子栏目，都是通过追求分众化传播精耕内容生产的融合发展之路。

---

① 两会是对自1959年以来历年召开的中华人民共和国全国人民代表大会和中国人民政治协商会议的统称。由于两场会议会期基本重合，而且对于国家运作的重要程度都非常的高，故简称作"两会"。
② VR是虚拟现实（virtual reality）的英文缩写。
③ AR是增强现实（augmented reality）的英文缩写。
④ AI是人工智能（artificial intelligence）的英文缩写。
⑤ H5是指第5代HTML（超文本标记语言），也指用H5语言制作的数字产品。
⑥ "网红"是"网络红人"的简称，是指在现实或者网络生活中因为某个事件或者某个行为而被网民关注从而走红的人，或因长期持续输出专业知识而走红的人。
⑦ 澎湃新闻是一个新闻平台，是上海报业集团改革后公布的第一个新媒体项目。澎湃新闻是专注时政与思想的媒体开放平台，口号是"专注时政与思想的互联网平台"。

第三，是个性化的传播。近年来获得海量用户的今日头条①是个性化传播的代表。今日头条不但给用户众多子频道选择，用户可以根据自己的兴趣进行订阅，更重要的是，它主打的"你关心的，才是头条"原则，将用户个性化体验发挥到极致。通过算法②等计算机技术，进行文本分析和用户画像③，判断用户的兴趣所在，并据此调整推荐信息，是技术赋能下的个性化传播，也是未来全效媒体时代内容建设的发展方向之一。

但是，最根本的是，媒体融合的内容建设做得好不好、改革的方向对不对，最终还是由用户来决定。"内容为王"的内涵虽有改变，但注重用户体验和传播效果的结果导向依然没变。

二、全效媒体时代呼唤平台媒体，但自建平台谈何容易

全效媒体指的是媒体的分众化特征愈发明显，能够更加精准、更加高效地将传播分类，这不同于以往的新闻传播过程。在以往，一则新闻传播出去，并不清楚受众群体到底集中在哪里，也不了解传播的效果如何，更不知道受众接收到信息之后的反馈都有哪些（王绍忠、谢文博，2019）。但是，平台的传播效果却大有提升并可精确测量。这是从媒体功能维度来看的。

近年来，主流媒体相继推出了各富特色的平台化产品。在商业媒体推出的聚合平台如"头条号""企鹅号""大鱼号"快速"吸粉"④之后，主流综合性传媒集团也开始愈发重视打造集文字、图片、声音、视频等内

---

① 今日头条是北京字节跳动科技有限公司（简称为"字节跳动"）开发的基于数据挖掘的推荐引擎产品，是一款为用户推荐信息、提供连接人与信息的服务的产品。

② 算法（algorithm）为信息技术领域的术语，是指解题方案的准确而完整的描述，是一系列解决问题的清晰指令，算法代表着用系统的方法描述解决问题的策略机制。

③ 用户画像又称用户角色，作为一种勾画目标用户、联系用户诉求与设计方向的有效工具，用户画像在各领域得到了广泛的应用。用户画像最初是在电子商务领域得到应用的，在大数据时代背景下，用户信息充斥在网络中，企业将用户的每个具体信息抽象成标签，利用这些标签将用户形象具体化，从而为用户提供有针对性的服务。

④ 吸粉，即增加粉丝数量。粉丝是英语单词 fans 的音译，fan 是"运动、电影等的爱好者"的意思，fans 是 fan 的复数，就是追星群体的意思。粉丝就是指支持者，本书的"粉丝"即取此意。

容服务和交电费、交水费等社会服务为一体的聚合性网络平台。

2016年10月，南方报业传媒集团（简称为"南方报业"）旗下的"南方+"客户端推出"南方号"。这是一个聚合全省政务新媒体资源、即时发布权威信息、传递党和政府的声音的聚合性新媒体平台。截至2019年5月，入驻"南方号"的机构超过5000家，覆盖广东省21个地级市党政机关。此外，"南方+"客户端还可以提供交电费、交水费等社会服务，以及实现"交党费"等这些为有特殊政治身份的用户所设计的功能。

其他主流互联网聚合性媒体平台还包括《人民日报》的"人民号"、澎湃新闻的"澎客"、《齐鲁晚报》旗下的"壹点号"、封面新闻[①]的"封面号"等。这些平台各显神通，推出了"问政"、"C+政务"、数据可视化作品、"专业问答"等覆盖多个领域的产品。

然而，除以上发展得比较好的主流媒体聚合平台外，也要看到部分主流媒体打造的聚合平台存在入驻机构少、内容单一、对用户吸引力低、服务也不到位等一系列问题。从目前的情况来看，主流媒体平台以政务传播为主，但如果都是政务传播类的内容，会显得过于严肃，久而久之会对用户失去吸引力，因此，如何拓展丰富的内容资源，是这些平台下一步需要重点考虑的问题。

另外，随着媒体融合向纵深发展，数据日益成为关键的新闻资源。近年来，主流媒体相继开拓了以数据挖掘为特色的产品。"现场云"是新华社媒体融合的一个重要探索与实践。现场新闻是一个传统的新闻学概念，但在融媒体时代，它的内涵发生了改变。新华社"现场云"实质上是移动化全息直播报道，它比单纯的视频报道更加丰富，兼容了文字、图片、图表、视频和VR等各种形式。通过这项创新，它可以实现在线生产、采集、编辑、审核、分发、录用，重塑了采编的流程、机制和组织结构。

在广东，作为省委机关报所在的党媒集团，南方报业传媒集团不仅有"南方+"等融媒体平台，在媒体的功能转型上也探索出了一条可行的道

---

① 封面新闻是面向全国的综合性互联网新闻产品，由四川日报报业集团与阿里巴巴集团联合投资，《华西都市报》实施运营的封面传媒出品。

路。近年来，南方报业传媒集团发挥媒体资源连接优势，推进以内容智库化、传播智能化为标志的智慧转型，打造了包括南方经济智库、南方法治智库、南方教育智库、南方城市智库、南方党建智库、广东数字政府研究院、广东乡村振兴服务中心、南方周末研究院、南都大数据研究院、南方舆情数据研究院等在内的形态完备、产品多样的系列传媒智库。

数据挖掘其实也是增强传媒服务能力的一种方式，它不仅包括原创内容的生产，也包括数据分析及运营等方面。南方报业传媒集团正在探索从"党管媒体"向"党管数据"的转型升级，通过集团中央数据库和大数据服务中心强化对数据这一新闻关键资源的掌握。因此，媒体深度融合，要充分利用大数据、云计算和人工智能等技术推进新闻生产和数据挖掘。

三、在全息媒体时代，新技术应用很重要，但更重要的是掌握受众

内容是"王道"，技术是"霸道"。以技术创新为引领是融合媒体变革的一项重要特征。根据数据统计显示，我国网民规模在2018年已达到8.29亿，超过了欧美网民人数的总和。而随着全面5G时代正在加速向我们走来，我国网络格局和媒体环境也发生了较大的变化。所以，在这个全新的技术环境下，新技术的自主研发对推动媒体深度融合至关重要。

近年来，主流媒体相继加快了技术平台的建设步伐。例如，人民日报社于2016年携手中科大洋①进行"中央厨房协同生产应用系统（中央厨房2.0）"的开发工作，携手打造人民日报社全媒体技术支撑体系的同时，积极开展了人民日报社媒体资源共享体系、服务输出体系的研究和尝试，为媒体行业在互联网新技术应用上提供支撑（赵新乐，2017）。2018年国庆期间，中央广播电视总台开播了国内首个上星超高清电视频道——

---

① 中科大洋为北京中科大洋科技发展股份有限公司的简称，作为中国广电行业著名的专业解决方案提供商和服务商，主要从事广电专业设备及相关产品的研制开发、生产和集成，为客户提供专业的解决方案和运维服务。

CCTV-4K。而从2018年到2021年，中央广播电视总台将完成全台4K①超高清频道的建设，2021年更有计划开展8K②超高清技术试验。类似的例子还有新华社联合搜狗公司在2019年两会期间联合发布的站立式AI合成主播，并推出全球首个AI合成女主播。这些都是前沿技术与新闻采编深度融合的最新成果。

然而，媒体融合发展对技术的应用是建立在用户的基础上的。新技术固然重要，但必须与媒体特性和本地受众需求相融合。

传统媒体和新兴媒体从"相加"到"相融"，关键是要解决好"如何融"来掌握用户的问题。这就必须遵循媒体发展的内在规律。在理想条件下，媒体对技术的运用与用户的需求应该画上等号。如果媒体对技术的运用超过了用户的需求，那轻则会造成不必要的成本投入，重则会造成新闻产品的失败。例如，报业大亨默多克把最新的页面渲染呈现技术应用于新闻客户端"The Daily"上，以惨败告终（戴莉莉，2017）。因为通过移动端获取信息时讲求的是速度和效率，对画面渲染层次、画质的要求并不高。反过来说，如果媒体对技术的运用小于用户的需求，那就会丢失传播效果，从而丢失用户。例如，为应对移动直播产品及其关注度的"爆发式"增长，传统媒体集团正在向这一领域汇集优质资源。高清信号、"移动4G背包"等新媒体技术和硬件越来越多地被运用到直播内容产品打造中，为的就是提高移动端直播的流畅度，从而改善用户体验。

四、在全息媒体时代，算法很重要，但还要用主流价值驾驭算法

全息媒体，指信息传播的形式不再拘泥于简单的图文，而且还包含H5、音视频等更能为受众带来全新体验的新形式，能够对新闻信息进行

---

① 4K是一种高清显示技术，主要应用于电视行业、电影行业、手机行业等。4K分辨率即4096×2160的像素分辨率，它是2K（2048×1080像素）投影机和高清电视分辨率的4倍，属于超高清分辨率。

② 8K是一种超高清视频技术。8K分辨率即7680×4320的像素分辨率，它是4K分辨率的近4倍。

立体的展现。在当今"万物皆可为媒介"的发展趋势之下，这种特征愈加明显。在此基础上，媒体给用户的新闻及其他各类信息的呈现形态也更为立体，用户体验更加丰富。这是从信息技术维度来讲的。

但是，用户在接受"海量"信息的同时，也极容易被质量极低的信息所困扰。近年来，国家网信办（中华人民共和国国家互联网信息办公室）相继对今日头条、抖音①、新浪微博、网易等商业媒体平台加强管理，官方媒体多次强调"算法也要流淌着道德的血液"，反映的就是全息媒体时代为抵制网络有害信息泛滥带来负面影响所做的努力。

因此，在媒体走向深度融合的背景下，好的算法成了关键。那么，何谓"好的算法"呢？习近平总书记提出了高屋建瓴的概括——"用主流价值导向驾驭'算法'，全面提高舆论引导能力"。也就是说，好的算法既要有丰富的技术含量，更要符合主流价值观。

美国学者 Sunstein 针对此类信息生产提出"Information Cocoons"（信息茧室）的概念：人们倾向于接受相似的意见而排除相反的信息。机器算法的方式会进一步强化此类信息的茧室效应，即只接受自己选择和与自己观点相似的信息。长此以往，处于虚拟的共同体将容易导致群体极化的行为（刘新传，2018）。

因此，技术驱动的内在逻辑，需要与人本主义有机结合起来，才能更好地服务信息化时代人们对信息的需求，才是科学、有效、持续创新力的体现。

五、全员媒体时代对媒体机构高层的能力考验远大于基层

媒体发展到什么时代、技术迭代到何种程度，媒体竞争和发展的关键依然是人才，这是亘古不变的道理。全员媒体时代不仅需要政治过硬、业务能力强的人才，更需要有互联网思维的人才，有"用户思维"的人才。全员媒体时代对人才的要求主要体现在三个方面。一是要始终坚持正确的新闻价值取向，把传播好党和政府的声音、传播好社会正能量放在首位。

---

① 抖音是一款可以拍短视频的音乐创意短视频社交软件，该软件于 2016 年 9 月上线。

二是要有高度的社会责任意识，对每一条新闻的客观、真实和可能产生的效果负责。三是要有创意，能出好作品，能讲好故事，讲百姓喜闻乐见的故事，能够自觉锤炼自己的脚力、眼力、脑力、笔力，推出更多有思想、有温度、有品质的好作品。

对基层来说，要大力加强培训和选拔，不拘一格降人才。媒体融合时代除了需要采编人才，还需要新媒体人才、市场运营人才、论坛及留言跟帖管理员等各种人才。因此，对于媒体基层来说，根据不同媒体角色的需求"个性化"地"订制"人才，对于媒体人才结构性配置来说也很重要。

总体而言，全员媒体时代，在媒体机构内部，对媒体机构高层的考验远远大于基层。对媒体机构高层来说，起码要具备四个方面的素质。

一是善于进行战略决策，有战略定力。必须能够理性分析日新月异的媒体环境，因时制宜、因地制宜。媒体深度融合需要从战略高度明确其意义，制定策略，同时也需要坚定的理想信念和战略执行力，按照制订的近、中、远期计划执行和修正，这是这一时期媒体机构高层的使命。

二是要善于发现人才。一方面，要根据现有人员的特长、特点进行融媒体时代的岗位适配，选择优秀的融合型人才投入新平台；另一方面，要理性分析自身媒体的实际情况，"量身"招募人才，为媒体注入新的活力。

三是要主动担当，敢为人先。媒体融合走向纵深发展对媒体机构高层的创新意识提出了空前的要求。因此，在这一时期，媒体机构高层不但要有创新的勇气，还要有面对创新过程中可能遇到问题进行及时调整的应变能力。这就对科学的决策方向、制定现实可行的目标和担当意识都提出了新的要求。

四是讲原则，守好底线。媒体机构高层要通过建立规章、制度、奖惩机制、退出机制等方式为媒体机构从业者划好底线，严防假新闻、标题党、"抖机灵"等自媒体乱象蔓延到主流媒体机构中。

六、在全员媒体时代，管理好机构媒体和自媒体同等重要

习近平总书记所指的全员媒体时代，内涵是极为丰富的。首先，自媒

体的诞生为公众提供了多种通畅的话语渠道，使得新闻发布成本急速下降到最低。在"人人都有麦克风"的新时代，新闻传播从以机构为主迈向了机构媒体和自媒体共同占有重要地位的新阶段。自媒体有速度快的优势，但机构媒体不能简单求快，而是要在确保真实的基础上求快。2018年"王凤雅事件""穿吊带裙工作被拍""高考答题卡被调包"等反转新闻的出现，都是检验新闻真实的生动案例。这些新闻的出现，在很大程度上蚕食了主流媒体的公信力。而这些案例给我们的启示就是，新闻记者在采编过程中，不能只是一味地追求独家、流量、轰动效应，最重要的还是要还原事件的真相，保证新闻采访的真实可靠与客观全面，进一步保持和提升媒体的权威性、公正性和公信力。从某种角度来说，对自媒体的舆论管理难度远远大于机构媒体。但靠得住的还是机构媒体，具备良好专业性和公信力的机构媒体是捍卫公共利益的主力军。

在全员媒体时代，用户贡献内容（英文缩写为"UGC"）成为常态，传播者和受众的界限变得日益模糊。媒体运作的方式由此产生巨大变化。报道效果反馈机制、修正机制、持续跟踪机制都产生一系列变化。

中央要求媒体要创新传播方法，从新闻舆论工作的实际来看，首先表现在要主动借助新媒体传播优势。在当今媒介融合迅速发展的时代，新的媒介环境更加纷繁复杂，传统媒体自身发展的局限性已愈来愈明显。同时，媒体间的壁垒已逐渐被打破，广播、电视、纸媒等传统媒体都面临着与新媒体互相融合的局面。海量信息如何甄别真伪，媒介生态如何有效重塑，都是时代给新闻舆论工作者带来的新命题。这就要求新闻舆论工作者要重新审视自己的使命，在稳中求变，在破旧中立新，不断掌握新闻领域的新知识。在媒体创新过程中，要主动借助新媒体传播的优势，强化互联网思维，多利用新媒体多介质、交互性强、时效快、超链接等优势，结合传统媒体深度解读的强大实力，将"内容为王"和"渠道制胜"两大法宝有机结合为一体。充分发挥自媒体提供新闻线索、及时发表意见、乐于传递信息、不断参与互动传播的特点，最大限度地整合自媒体的力量，为机构媒体所用，为新闻舆论工作所用，是下一步改革的重要着力点。

七、在全程媒体时代，依然是渠道制胜，但更关键的是掌握"入口"

全程媒体，意思是一个事件从发生到结束，时时刻刻都处在传播的链条中，当网络直播的技术条件、传输条件越来越成熟时，全程记录也随之越来越广泛地被使用。任何一个偶发事故、突发事件，随时都可以变成一个公众信息，以前还可以"捂"，现在根本藏不住。

渠道制胜一直是媒体界公认的事实，随着新媒体的不断涌现，全媒体渠道的不断拓展成为媒体深度融合发展普遍的战略选择。例如，南方报业传媒集团在渠道拓展上相继推出报网融合、"1+X"、报网端深度融合、融媒体中心等渠道建设举措，目前已经成为拥有6种报纸、10种期刊、1家出版社、20个网站、7个手机客户端、370个社交媒体公众账号、3000块互动触控屏、10000平方米户外LED大屏幕，覆盖超过2亿用户的媒体集团。再如，《广州日报》在渠道拓展上采取"1+N"的模式，陆续推出电子报、手机报业、数字报业和融音频、视频、互动等多种互联网形式的渠道，使得媒体信息的传播变得更加快捷。

特别值得一提的是，主流媒体与商业媒体、优质自媒体和海外媒体建立合作拓展渠道的举措也方兴未艾。例如，2018年3月，人民网与腾讯公司、歌华有线联合成立了视频合资公司。人民网发挥内容生产和导向把关优势，腾讯提供技术和渠道支持，歌华有线将为视频在首都及周边的广泛终端的覆盖提供保障（燕帅，2018）。三方将协力让导向好、接地气的优质新闻产品在更大范围、更广领域得到传播。再如，《中国日报》建立了"新媒体实验室"云数据平台，实现对六大洲133个国家共8.4万个网站、1.6亿个社交媒体账户的数据获取与分析，积极探索大数据时代的"精确新闻"之路（燕帅，2018）。《中国日报》坚持以渠道拓展为引领，实现了由一份发行70万份的英文报纸，向一个全球全媒体用户数超过1.5亿的媒体集团的转变。

渠道的开拓并不代表"渠道制胜"，渠道中有一个必经之路的关键点，就是"入口"。现在，微信公众号、今日头条、抖音等拥有大量用户。然而，微信、今日头条等商业媒体平台除了注重用户的量，同时也注重吸引媒体入驻，其关键就是想掌握渠道的入口，从而掌握内容的聚合和分发的关键权力。因此，主流媒体在媒体深度融合的背景下也要注重把握渠道的入口，将用户掌握在自己手中。

八、在全程媒体时代，要聚焦"分发"，但更关键的是聚合

在全程媒体条件下，"渠道"的内涵也被进一步扩展。"渠道制胜"已不单指传播渠道，还包括内容的生产和分发渠道。而要做到好的"分发"，关键是先要做到海量信息的聚合，连接这两者的就是大数据和云计算。

总之，事物的运动、发展和变化被现代信息技术捕捉、记录并存储的整个过程，都涉及分发。自媒体蓬勃发展的时代，正因为有了"千人千面"的分发逻辑，才催生了大量长尾领域的自媒体内容的诞生。也正因为有了2000多万个自媒体账号，才会促使平台更深入研究"千人千面"。内容生产权力的转换与内容分发权力的转换，相互促进、相互依存。在这样的新趋势下，主流传媒集团在进行媒体深度融合的时候，更需注重新闻生产全流程的分发。

近年来，不少媒体在此方面进行了有益的探索。例如，深圳新闻网联合深圳市食品药品监督管理局突击检查餐饮店后厨，整个流程包括"多渠道网络调查、自媒体互动、视频直播、短视频、纸媒报道"等传播形式，采用小程序、H5、VR等技术手段，几乎涉及目前主流的"传统媒体+新媒体"所有应用（蓝岸，2018）。而诞生在上海的初创视频类新媒体梨视频[1]，则推出"全球拍客体系"，通过创新UGC的方式，获得了巨大的流量和收益。今日头条、一点资讯[2]等商业APP正是运用了大数据和云计算技术率先实现了新闻信息的聚合，从而分到了融媒体时代的"第一杯羹"。

---

[1] 梨视频是一款新闻短视频APP。
[2] 一点资讯是北京一点网聚科技有限公司推出的一款高度智能的资讯客户端。

因此，在读者需要大量优质信息的时代，在移动化、社交化、智能化成为新媒体发展重要特征的时期，如何利用好大数据和云计算等前沿技术来完成信息的聚合成为了"分发"的关键前提。

九、在全媒体时代，跨文化传播的重要性更加凸显

媒体融合发展的一项重要内容是通过媒介要素的重组和整合，实现传播资源的大融合。融合发展的思维促使我国国际传播理念、思路和布局再次进行转型升级。在中国倡议"一带一路"国际合作、不断扩大"国际朋友圈"的新时代，国际传播领域的媒体深度融合更加得到重视和加强。在这方面，媒体融合为国际传播提供了两大机遇。

一方面，传统媒体与新兴媒体融合催生了大量融合媒体产品，图像、视频、直播等非语言元素形成的非语言层面的话语方式丰富了国际话语表达，移动化、社交化、可视化成为国际传播的重要方向。

另一方面，以用户为中心是媒体融合发展的主要特点之一。这就要求国际传播更要通过有温度、有情感、有共鸣的表达方式，根据不同国家和地区的受众需求和接收习惯转换话语视角，提升国际传播内容的亲和力与感染力。

在融媒体时代，信息的"爆炸式"增长、多样化传播，网络与自媒体的蓬勃发展对世界各国的国家治理都构成了严峻挑战。互联网成为西方发达国家对中国进行意识形态渗透的利器，但也拓展了中国对外发声的形式与渠道，使中央与地方在对外传播上主动发力、多点开花，彻底改变"西强我弱"的国际传播格局成为了可能（柳剑能、张莹、王凯，2016）。近年来，通过国际主要社交媒体平台的运用以及与海外主流新媒体平台的深度合作，中国主流外宣媒体已经取得了一定的成果。例如，在 2019 年全国两会报道中，中国媒体在海外新媒体平台的信息传播受到了广泛关注。中央广播电视总台国际视频通讯社对两会通道的直播内容和相关新闻素材，已被 30 家境外电视频道和网络媒体播出 200 多次。南方报业传媒集团结合大湾区热点面向全球推出了《粤港澳大湾

区全新中英文形象宣传片》。宣传片在南方英文网的 Facebook 上获得了近 80 万次的播放量,超过 6 万次转发和点赞,充分体现了媒体融合的力量。2018 年,《南方日报》、南方英文网和"南方+"客户端在改革开放 40 周年之际联合推出的大型融媒体报道"安家——我是洋老广"通过各种海外合作渠道、推广渠道和社交媒体平台推送,在全球总共获得 1 亿人次的观看量。在国务院新闻办公室等主管外宣媒体部门的组织下,中央媒体与"一带一路"沿线国家主流媒体、欧美主流媒体开展了多次联合采访,建立了不同形式的合作。国家更加积极推动中国媒体与外国政府新闻主管部门和媒体的交流合作,多次组织外国政府新闻主管部门公务员及主流媒体记者来中国参加培训、座谈、采风。

随着中国国内新媒体的快速发展,新媒体平台的海外布局也成了拓展传播渠道的一项重要举措。例如,推出了今日头条的科技公司字节跳动如今在海外的用户规模已接近整体用户规模的 20%,其产品和服务已覆盖全球 150 个国家和地区、75 个语种,在 40 多个国家和地区位居"应用商店"总榜前列(张振鹏,2019)。

这说明,从推动媒体融合到深度融合的大背景下,中国在国际传播领域已经呈现出良好的发展趋势。但我们也绝不能自以为是,因为跨文化传播要求媒体机构高层必须是更高维度的复合型人才,相比单一语种的传播人才,这更是凤毛麟角。

十、在全媒体时代,新赢利模式的确立来自"集体选择"

全媒体运作传播力增强了,机构合并了,多数时候成本也就增大了。在全媒体时代,媒体如何解决生存和发展的问题,又有什么样的路径选择呢?

以移动互联网、人工智能、算法等高科技元素崛起为代表的媒体融合时代,使媒体机构的成本投入上升到了一个前所未有的高度。近年来,传统媒体的广告收入不断下滑,说明传统的以广告收入为主的赢利模式已经难以维系。然而,在前一阶段的媒体融合中,成熟的经营模式并没有形成,因此,在新一轮的媒体深度融合中,赢利模式迭代升级成为必然。

当前，无论是国内还是国际上，各主要媒体机构"八仙过海，各显神通"，对在融媒体时代增强抗风险能力进行了不同的探索。主要分为以下四种应对措施：①努力扩大传统主业带来的收入。例如，日本发行量第一的大报纸《读卖新闻》和英国具有影响力的大报《金融时报》近年来已经数次提价。广东的《南方日报》《南方都市报》《羊城晚报》《广州日报》等也相继涨价。广电体系则借助"三网融合"之势进行渠道开拓，开设高清频道、收费频道，未来极可能有4K收费频道。②努力通过新媒体渠道增加收入。深度融合极大地拓宽了广告的呈现渠道和呈现形式，从而广告的要价也在不断提升。抖音、今日头条和一些"粉丝"达千万级的微信公众号的广告位开出天价，说明广告收入依然是未来不可或缺的赢利组成部分。③进行多元开拓，文化产业园区和投融资业务逐渐进入视野。例如，新加坡报业控股集团不但发行报纸，还经营图书出版、教育行业、房地产。日本经济新闻社设立专门智库"日本经济研究（JCER）"提供咨询类服务。当前，南方报业传媒集团也正在大力拓展"传媒+园区""传媒+金融""传媒+产业"等新兴业务板块，打造智慧型文化传媒集团。④努力争取非营利途径支持。例如，2017年9月，英国《卫报》上线了一个新的非营利新闻网站"theguardian.org"，而《纽约时报》则是由执行编辑迪恩·巴奎特和总编辑约瑟夫·卡恩宣布新成立一个运营中心，由副主编珍妮特·埃尔德负责，为新闻调查寻找慈善资金。

当前的媒体格局首先是用户媒介使用习惯改变的结果，但从供给侧来说，新技术、新媒体的不断迭代更新进一步加速了媒介使用习惯的改变，这也是事实。媒体机构、广告客户、社会各界等，在信息社会大趋势的裹挟下，不知不觉迈向了新时代，而趋势一旦形成，就无法逆转了。因此，媒体传播新格局的形成，是一次"集体选择经济学"的经典演练，用户、技术公司、媒体机构、广告客户及其服务商，甚至也包括各国政府，都必须适应这种"集体选择"的结果。随着媒体走向深度融合，新的赢利模式也一定会走向多元化。如何找到与全程媒体、全息媒体、全员媒体、全效媒体相匹配的盈利模式，是一个长期的课题。

（本章作者：柳剑能、王凯。王凯为南方英文网主任助理。本章主要内容首发于 2019 年 5 月 30 日柳剑能在中国广播电影电视报刊协会 2019 年年会上的演讲，本书出版时有修订。）

第二章　主流媒体深度融合要破解三个关键问题

习近平总书记于2019年1月25日在人民日报社发表了关于媒体深度融合的重要讲话，提出了"全程媒体、全息媒体、全员媒体、全效媒体"的概念。"四全媒体"的提法，准确概括出网络化社会中媒体格局的重大变化，即媒体不再是社会信息交换的中介机构，而变成社会关系连接和重组的结构性力量。从媒体功能角度看，主流媒体在不断推进深度融合的过程中，要从传媒格局的中坚变成公共传播的枢纽，从信息报道者变成社会连接器，从内容供应商变成社会治理的参与者。习总书记的讲话，为我们把握当下和未来媒体格局变化、深度推进主流媒体融合转型提供了战略方向。主流媒体的深度融合要把握哪些着眼点，深度融合中如何增强舆论引导力，笔者认为，以下三个问题实属关键。

一、移动传播：进一步以互联网为枢纽，重构主流媒体的新闻生产流程和资源配置方式

要切实推进媒体融合发展，信息生产效能的提升集中体现在采编流程、内容分发和用户规模增长，内容领域的数字化转型关键在于以互联网尤其是移动互联传播平台为枢纽，重构新闻生产流程，重整组织内外资源，重塑新闻内容形态，重新占领网络平台。

目前，以《人民日报》《广州日报》为代表的中央和省市级主流媒体的"中央厨房"建设已取得明显成效，但真正打通报纸与微博、微信、客户端等新媒体部门的出版流程，形成以网为核心的生产机制却并不容易。接下来，主流媒体要进一步研究网络传播的规律，强化网络内容把关机制，有节奏、有步骤地推进内容生产体制机制的深入改革，真正建立起以网为核心、以移动传播为枢纽的全新生产流程。

二、平台协同：进一步推进主流媒体与平台媒体之间的合作共赢，提升影响力和到达率

习总书记在讲话中指出，要"统筹处理好传统媒体和新兴媒体、中央媒体和地方媒体、主流媒体和商业平台、大众化媒体和专业性媒体的关系"。实际上，在这四组关系中，就影响力和到达率提升看，最重要的是主流媒体和商业平台的关系，即体制内传统主流媒体与体制外互联网平台媒体的关系。

2018年，笔者曾对媒体格局变化趋势做出"平台媒体化、媒体平台化"的判断，平台化是中外媒体发展的共同趋势，也是未来媒体格局的主导逻辑。平台媒体拥有资本驱动、技术创新和用户海量的综合优势，是未来信息传播业的主流形态，也是网络社会用户连接关系的核心枢纽。

推动主流媒体与平台媒体的合作共赢，可以从三个维度来实施：其一，渠道运用。主流媒体的优质内容，通过平台媒体的强势渠道进行推送，从而提升正能量内容在网络平台上的覆盖面。其二，技术吸纳。主流媒体借助平台媒体的技术优势，在内容生产、算法推荐、形态创新等方面积极探索，还可以运用智能技术和人工相结合方式加强内容审核。其三，资本融合。主流媒体的下设公司与平台媒体进行投资、股权方面的合作，以建立可持续的合作发展机制。在这方面，人民日报社已有不少尝试。

主流媒体是否建设以及如何建设自主平台，成为一些媒体深度融合转型的重要挑战，在这方面不应一哄而上，而应根据实际条件和自身资源建设自主平台。主流媒体自身建设的平台，究竟是定位在综合资讯平台，还是定位在区域服务平台，需要审慎考量。实际上，对多数地方主流媒体而言，垂直服务、分众传播的区域平台定位比较可行。

三、话语创新：进一步探索针对青年网民群体的宣传话语创新，以文化正当性和价值正当性来增强认同效果

当前，一些主流媒体在内容产品化、信息视觉化、新闻视频化、传播

情感化方面做了大量有益探索，也获得广大网民的关注和喜爱。不过，舆论引导如何真正实现从"入眼、入耳"到"入脑、入心"的提升，还需要在以往报道主要着力建构绩效正当性、历史正当性这两类媒体话语之外，紧扣文化正当性、价值正当性来构建新型的宣传话语。所谓文化正当性，即如何讲好中国传统文化，增进网民群体对中华民族、中华文化的认同。所谓价值正当性，即如何尊重青年人珍惜和追求的价值观念，从程序正义、文化高尚等视角来强化青年人的爱国情怀。

在报道社会民生议题和国家宏观形势方面，在坚持以正能量为主的前提下，可以强化"复杂性"的报道框架，超越正反对立的单一思维和简单的道德判断，而鼓励理性思辨。针对中国的发展现状，可在传统的"发展中国家"基础上强化"发展中大国"的报道框架，既强调不断强大的国家实力，更强调历史厚重、文化多元、发展不均衡等时空背景和现实挑战，从而增进青年群体的超越感和认同感。

（本章作者：张志安。本章主要内容首发于 2019 年 7 月 29 日《广州日报》第 A21 版"理论周刊"。）

第二编

问题

2019年1月25日，中共中央政治局在人民日报社就全媒体时代和媒体融合发展举行第十二次集体学习。特别需要注意的是，这里出现了两个重要概念：全媒体，媒体融合。关于这两个概念所指向的内容，南方报业传媒集团比较早地进行了探索，曾用六个"度"——速度、宽度（海量）、互动度、信度、深度、高度来归纳现代传媒的传播规律，这是到目前为止较为完整的一个表述。

本书第一作者柳剑能有幸全程参与并见证了南方报业传媒集团的媒体融合改革从"六条生产线"到"六度理论"的两次飞跃，率先进行了相应的理论总结。论文《中国报业全媒体转型的三大路径》在2013年3月发表于由新闻出版总署主管的《传媒》杂志，在国内新闻界第一次全面阐述"全媒体生产、全介质传播、全方位运营"的改革路径；论文《中国报业集团的发展现状与转型策略》在2014年4月发表于《传媒》杂志，总结了当时报业在深耕主业、多元开拓、品牌经营、资本运作、融合发展五大策略上的经验得失，被《新华文摘》转载主要观点。

第三章 中国报业全媒体转型的三大路径

本章把"中国报业"作为全媒体转型的研究对象，原因有三：一是国外的传媒集团大多数拥有跨媒体形态的结构，不存在研究"全媒体"的学术课题。二是因为中国在广电媒体和平面媒体之间存在不均衡的政策限制（广电媒体允许创办《广播电影电视周报》之类的平面媒体，但平面媒体不允许创办广电媒体），广电媒体由于视频资源和生产模式的特征，没有动力在战略上求"全"，实际上在其业界也鲜有提出全媒体概念，而较多提出"台网"融合的新媒体发展模式，因此，广电媒体不是全媒体的主要研究对象。三是因为在中国，全媒体概念首先是由报业集团提出并付诸实施，中国报业从单一介质报道到多媒体报道，从单一媒体运作到全媒体运营，探索出了几种路径，迫切需要进行理论总结，以进一步推动其全媒体战略。

自从 2005 年 8 月国家新闻出版总署报刊司在第二届中国报业竞争力年会上首次提出"数字报业"并于次年 8 月正式启动"数字报业实验室计划"至 2012 年，中国报业的全媒体转型已经走过了 6 年。笔者以 2006—2012 年为主要区间，以中国报业为主要考察对象，以融合新闻为视角，对中国报业全媒体转型中"全媒体生产、全介质传播、全方位运营"三种导向做了归纳，并分析其利弊，为其他媒体转型提供决策参考。

一、全媒体生产导向：不同属性的内容往同一渠道输出

从 20 世纪 90 年代末期至 2005 年，全国各地的报业集团都曾把发布电子版作为介入互联网的尝试，但从未真正重视过。而当互联网逐步兴起、门户网站江湖地位真正确立起来时，全国各地报业集团才在"寒冬论""拐点论"中集体反思，意识到平面媒体为网络媒体提供了太多免费或廉价的信息从而最终威胁到自身的运营时，跨媒体运营才真正被各地报

业集团重视起来。

网络媒体相比平面媒体具有及时性、跨区域、可检索、互动性等优势，以及文字、图片、音频、视频等全媒体表现形式的丰富性，因此，当国家主管部门正式推动"数字报业"改革时，全国各个报业集团纷纷采取积极措施，将不同属性的内容集成发布到集团主推的新闻网站上。

比较典型的如宁波日报报业集团。作为国家"数字报业实验计划"的首批成员单位，该集团于2007年启动全媒体数字平台建设，于2009年年初成立全媒体新闻部，与中国宁波网合署办公，首批15名全媒体记者每人均配备摄像机、数码相机、录音笔和笔记本电脑，实行每周7×24小时即时发布；在平台建设上，投资2000多万元建成全媒体数字技术平台，"建立全媒体综合性新闻内容生产体系，进行从单终端、单形态、单向的传播到多终端、多形态、多向的传播模式的尝试"（田勇，2009）。变革的结果是，中国宁波网成为该集团全媒体运作的核心。宁波日报报业集团在2012年拥有"八报一社"（《宁波日报》《宁波晚报》《东南商报》《新侨报》《余姚日报》《慈溪日报》《奉化日报》《鄞州日报》、宁波出版社），其主要媒体的内容都集纳到中国宁波网上呈现（见图3-1）。

由于全媒体新闻部在运作平台、人员编制、生产流程上与中国宁波网完全重合，通过网站完成文字、图片、音频、视频等全媒体生产能力的构建，这种模式可以称之为"全媒体生产导向型"。其优点是以网络媒体作为平面媒体转型的引擎，避免了对传统报业实施流程重组，起步速度较快，全媒体形式的产品呈现得以较快推行。缺点有三个方面：一是具有传统优势的平面媒体与网络媒体之间是"两张皮"，产品生产流程未能深度整合；二是由于全媒体新闻部人手和资源上的限制，视频、音频产品的产量必然有限，以此来驱动几份品牌积累相对雄厚的报纸进行转型，力度必然有限；三是传统报业的强势地位和新媒体平台的弱势地位容易带来价值认同的不一致，最终导致改革进程缓慢。

二、全介质传播导向：同一属性的内容往不同渠道输出

当报业和网络两种媒体整合在一起考虑业务流程再造时，无论是先网

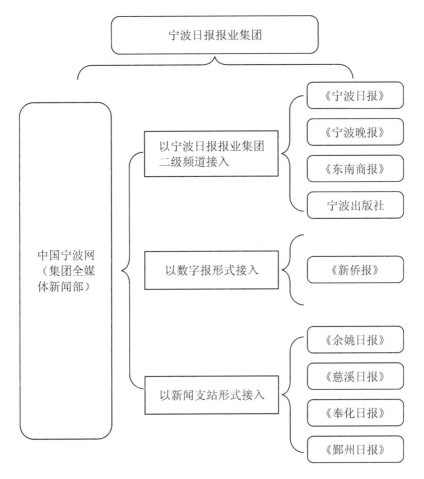

图3-1 宁波日报报业集团以中国宁波网为核心的驱动模式

后报,还是先报后网,都没有把平面媒体和网络媒体视为平等的渠道去看待,都跳不出报网互动的思维局限。实质性的突破在于报网融合。在关于媒介融合的研究上,国外的研究更多集中在一家媒体的生产场域与传播端的融合创新研究。《华尔街日报》营运副总裁弗兰克就说过这样一段话:"《华尔街日报》的所有同仁应该都认为,内容是最重要的,我们首先应该做出最棒的内容,至于读者的阅读形式,我们不应该苛求。如果读者希望看到报纸形式的,我们就将内容放在纸上;如果读者希望看到网络形式的,我们就将内容放在网站上;如果读者希望看到有声书形式的,我们就将内容放在有声书上。读者喜欢什么形式,我们就会尽力以那种形式呈现。现在我们认识到,之前我们把太多注意力放在了报纸的形式上了。"

受融合新闻的启发,国内一批重要党报先后采取将同一属性(以政经新闻为主)的内容往不同渠道输出的模式启动全媒体改革。

比如人民日报社。2009年,该社进行了大规模的机构改革,增设"新闻协调部",并将记者站变为"分社",使报社从深层次上转变为"报道社"。其结果是,以往单一供稿给《人民日报》,转向给《人民日报》、人民网、人民网阅读器等多种发布渠道供稿,而记者、编辑的角色,也随之转变为全媒体记者、编辑的角色。

另一个全媒体改革推进得较为彻底的是处于改革开放前沿阵地的省级党报——《南方日报》。《南方日报》对现代媒体的传播规律做了"六个度"的理论总结,并将全媒体转型的发展路径概括为:在延续平面媒体的"信度"(公信力)、"深度"和"高度"优势的基础上,与新媒体海量信息的"宽度""速度"和"互动度"相结合,通过流程重组,实现新闻信息统一采集、加工、编辑,跨媒介、跨媒体多次发布,实现多媒体融合发展(杨兴锋,2011)。

《南方日报》于2007年设立新媒体部作为全媒体转型的驱动部门,经过5年的耕耘,取得了阶段性成果。2012年,《南方日报》的全媒体渠道主要包括平面媒体《南方日报》、网络媒体(http://www.nfdaily.cn,简称"南网")、移动媒体(包括《南方日报》彩信手机报,发布于智能手机和平板电脑等载体上的南方日报移动客户端等)、广电媒体(以视频、音频为主要表现形式)、南方报业户外LED联播网和电子阅报栏等六大产品线。其中,"南方报业户外LED联播网"是以广东南方日报经营有限公司为依托,整合《南方日报》在广东各地级以上市的政经资源,创新性地整合公益宣传、新闻报道和广告,彰显媒体功用,打破了户外媒体单一的广告运营模式,从2010年创办伊始就已经体现出了良好的成长潜力。2012年,该项目在珠三角地区和附近城市的中心商圈与交通圈运营近40块LED屏,总面积近6000平方米,并实现了联网、联播。2011年,该项目在试运行8个月后,营业收入就已达4000万元。

除了报纸之外,其余5条生产线的内容采集和编审,都由新媒体部完

成,而报社各部门、各地记者也全部适应了从向报纸供稿转为向6条生产线供稿的转型。(见图3-2)

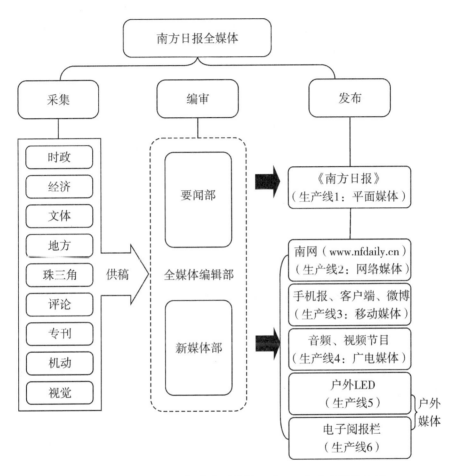

图3-2 《南方日报》全介质传播驱动下6条生产线的布局

《人民日报》和《南方日报》的全媒体转型模式,通过组织结构调整,使主流政经新闻完整地覆盖了当前所能占领的主要传播渠道,顺应了党中央提出的"以党报等主流媒体为核心,整合都市类媒体和网络资源,构建舆论引导新格局"的总体要求,可以称为"全介质传播导向型"。但是,其劣势至少有三个方面:一是全介质传播意味着要投入大量资金、资源去占领新型渠道,短期的运营效果也不一定很快见效,这就给报业媒体带来了巨大的融资压力；二是需要投入大量资金发展全媒体一体化发布平台，传统报业技术人员积累不够，制约了转型的进度；三是以内生性的新闻协调部或新媒体部为支点去撬动整个平面媒体的流程重组和资源重新布局，必将带来巨大的协调难度，在传统报业迈向全介质传播的过程中，如何制订新的绩效考核体系以调动改革积极性，成了巨大的挑战。

其优势和进步也相当明显，有三个方面：一是成立内置于报社的新闻协调部或者新媒体部，并以全媒体流程重组为切入点，动用的是整份报纸的记者团队进入新媒体的生产领域，而不是靠一个部门往往只有十几个工作人员的力量，驱动能力大大增强；二是流程上的重新梳理，使报纸、网络、手机媒体、户外媒体等紧密地融合在一起，避免了几张"皮"无法协调的窘境；三是报社高层把渠道占领（舆论阵地占领）作为政治任务来抓，推行自上而下的改革，不同介质之间的地位相对比较平等，使全媒体改革较容易推行。

三、全方位运营导向：不同属性的内容往不同的渠道输出，并加以概念包装

在全媒体生产导向、全介质传播导向两种驱动模式之外，还存在一种混合模式，即基于历史和现实的因素，将不同属性的内容往不同的渠道输出，整合出新的概念。如著名的《解放日报》"4i 战略"和《南方都市报》（简称为"南都"）全媒体集群模式，两者都可以称为"全方位运营导向型"。

解放日报报业集团社长尹明华对全媒体的理解有三个层面：一是所有的信息应该面向所有渠道的趋向；二是所有人面向所有人的传播；三是基于计算机信息技术处理而形成的媒体新形态（麦尚文，2012）。跟全媒体生产导向、全介质传播导向模式明显不同的是，《解放日报》的全媒体转型，既不以报业网站（解放牛网）为核心，也不以传播政经新闻为主要目标去占领不同介质，其着力点在于通过对传播渠道的多元化占有，以渠道特性、用户人群的不同反推不同定位的内容生产，其核心策略是以虚拟组织（连推行新媒体转型的公共部门都不设立）、轻资产来实现运营效果

的突破。

为了不同属性的内容往不同渠道输出之后能产生一个整体的概念,解放日报报业集团聪明地借助互联网化的语言"i",串起一组产品,包装出一个新概念——"4i 工程"(即手机彩信报 i-news、网络数码杂志 i-mook、电子报纸 i-paper、公共新闻视屏 i-street)。

从 2005 年起开始谋篇布局的"4i 工程",从主要接触场所和对应的主要受众来看,各有侧重:i-news 为上下班途中,主要覆盖对新闻资讯有较高要求的手机用户,以白领上班族为主;i-mook 为家中,主要覆盖对不同主题杂志感兴趣的人,以追求时尚的年轻读者为主;i-paper 为办公室及商务休闲场所,主要覆盖高端公务及商务人群;i-street 为商业中心,主要覆盖经常活动在商业区、消费能力较强的人群。

2009 年,《解放日报》还推出了即时滚动报道的移动数字报纸"新新闻",研发了"墨迹"(中国 2010 年上海世界博览会专用信息平台);2010 年,除了自建终端之外,《解放日报》也采取将报业内容发布到 iPad、iPhone、Android 系统手机等新潮的移动便携终端上,基本上可以理解为是对 i-paper、i-news 的延伸。(见图 3-3)

同样基于对不同细分消费群体的覆盖需求,《南方都市报》在以报纸为起点的一系列扩张中,也意识到了全方位运营的重要性,并以此为导向进行了概念包装。

对于业已形成的以《南方都市报》《南都周刊》为代表的平面媒体,以南都网、奥一网、大粤网、凯迪网为代表的网络媒体,以南都 Daily[①]为代表的移动媒体,以《南方都市报》官方微博为代表的 SNS[②] 应用,以合作电视、电台节目为代表的广电项目,以南都传媒研究院为代表的品牌运营机构,以广东南都嘉华传媒有限公司、上海阿耳法信息技术有限公司为代表的技术支持能力,这样一个从后台到前端的完整的媒体生态系统,在南方报业传媒集团管委会的认可下,他们将自己的机构名称更改为

---

① 南都 Daily 定位于新看法、新享受,是《南方都市报》以"日报式更新周期、杂志式阅读体验"为理念推出的全新的移动客户端。

② SNS 全称 social networking services,专指社交网络服务,包括了社交软件和社交网站。

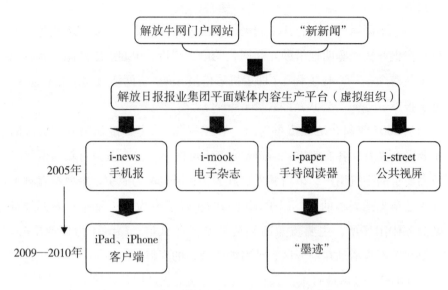

图3-3 解放日报报业集团"4i 工程"全媒体布局

"南都全媒体",并提炼出了"南都,无处不在"的品牌理念。

在此理念指导下,南都全媒体不仅致力于从单一媒体到全媒体各类型平台的打造,更注重"全报刊网络媒体平台、全媒体内容生产平台、全行业运作业务平台、全广告运营平台、全活动营销平台"之间相互策应带来的综合效应,从而获得更大的集群品牌影响力、话语权和广告市场份额。这样既做大现有"盘子",也不同程度地带来业务增量,实现互补型的南都全媒体集群价值。2011年,南都全媒体旗下新设立的各子业务单元实现收入7000多万元,比2010年增长近一倍,体现了较高的增长速度。

作为市场化媒体的佼佼者,南都全媒体集群全媒体转型运营导向非常明确:围绕品牌媒体,以其市场占有量为基础、品牌认同度为起点、价值观传播为核心、资源吸附力为枢纽,聚合传统媒体与新媒体形态、渠道与力量,实现复合传播与立体覆盖,打造从市场到品牌,更为纵深、立体的复合运营式传媒集群。

为此,花费上千万元打造的"南都全媒体信息集成中心"于2012年开始投入使用,这标志着《南方都市报》的全媒体转型迈入新的阶段,

"南都全媒体信息集成中心"是软硬一体化的支撑型工程,包括集成系统、中央控制台、组织架构、流程、考核等,它将进一步围绕品牌整合《南方都市报》的资源,进行流程再造,构建起全媒体的生产关系,推进全媒体运营能力的提升。

"南都全媒体信息集成中心"带来的一个显著变化是组织架构上的变化。《南方都市报》重新梳理了组织架构,使之从一张主流城市日报的管理模式开始向真正的全媒体集群管理模式转变。其中有一项重要的措施,就是将"南都传播研究院"升级为"南都全媒体品牌事业中心"。"南都全媒体品牌事业中心"是实施《南方都市报》全媒体品牌再造工程的主体,它将担负起《南方都市报》的品牌建设、推广、管理、增值运营等功能。南都全媒体集群将从传统的采编、经营、行政的"三驾马车"格局升级为由品牌、采编、行政、经营构成的"四轮驱动"格局。

结　语

笔者认为,"全媒体生产、全介质传播、全方位运营"三种导向是从不同侧面入手,提出自身的全媒体解决方案,既有当时的合理性,当然也存在时代的局限性,他们最终能否成功,能否成为"集大成者",相当大程度上取决于决策层是否真正愿意推行全媒体流程再造。流程再造与权力架构调整相辅相成。一个媒体能否采集、生产、发布、运营用户需要的所有信息形态,能否掌握不同渠道、不同介质的传播规律,最终都要以全媒体信息平台和流程再造为保障。这种由内而外的彻底变革,对未来十年深化全媒体转型具有重要的指导和借鉴意义。

（本章作者：柳剑能。本章主要内容首发于《传媒》期刊"特别策划"栏目,2013年2月（上）第3期第14～17页。本书出版时有所修订。）

第四章　中国报业集团发展历程和转型策略

自1996年中国第一家报业集团成立以来，经过近20年的发展，截至2014年，经国家新闻出版广电总局批准成立的报业集团已达43家。这些报业集团无论是从主要报纸的传播力、影响力，还是集团整体的规模实力和市场竞争力，都代表着中国报业发展的最高水平，是中国报业发展的主导力量。但近年来，面对新兴媒体不断蚕食经济基础的危机，报业集团的当家人普遍面临严峻挑战，分别从不同角度制定应对策略。总体上讲，有三种"处方"：其一是全媒体转型，或称"融媒战略"，这可以称之为"中药"，需要通过顺应新技术、新媒体传播规律来解决，见效比较慢，但属于"良药苦口利于病"。其二是多元化转行，有些报业集团非新闻业务所得营业收入占比逐步提高，甚至超过了通过新闻传播获得的发行、广告等传统上的所谓"主营业务收入"。这种处方可以称之为"麻药"，对运营支撑有重要帮助，但容易掩盖报业集团在新闻传播力上不断下滑的事实，削弱了抢占新闻传播舆论阵地的冲动。其三是行政化兜底，一是减少竞争，制造垄断；二是直接"输血"，维持现状。此举可视为"西药"。本章以时间为轴，以1996年经国家新闻出版总署批准成立第一家报业集团至2014年为主要区间，以中国报业集团为主要考察对象，对中国报业发展历程以及转型策略进行一次全景式扫描，在此基础上梳理出五种转型策略，并对中国报业的发展趋势提出新的见解，为"推进传统媒体与新兴媒体融合发展"提供决策参考。

一、中国报业集团的发展历程

成立报业集团的谋划，始于1994年6月10—12日新闻出版署在杭州召开的全国首次报业集团研讨会，当时《光明日报》《经济日报》《浙江日报》《南方日报》等10家报社的负责同志参加了该会议，论证了组建报业集团的必要性、可行性，提出了组建报业集团要具有传媒实力、经济实力、人才实力、技术实力和发行实力等五个基本条件。

经过一年多的酝酿期，1996年1月15日，广州日报报业集团获批成为国内首家报业集团。从1996年至2013年，中国报业集团的发展大致可分为三个阶段：

（一）1996—2002年：起步期

起步期的主要特点是数量快速增加，报业集团的全国性布局基本形成。

新闻出版总署在《关于同意建立广州日报报业集团的批复》中指出："适时组建以党报为龙头的社会主义现代化报业集团，可以带动实现我国报业由规模数量型向优质高效型转移，由粗放型向集约型转移，推进中国报业的繁荣与发展。"因为当时以"充分论证，谨慎试点，逐步推广"为原则，所以，广州日报报业集团成立的两年内暂时没有诞生新的报业集团。

随后，广州日报报业集团的实践在很多方面取得了成功，其示范效应促使国内各大报社争相申请成立报业集团。1998年，新闻出版署先后批准光明日报社、经济日报社、南方日报社、羊城晚报社组建报业集团，批准新民晚报社和文汇报社合并成立文汇新民联合报业集团；1999年，批准深圳日报社、辽宁日报社、沈阳日报社、四川日报社、浙江日报社、哈尔滨日报社和大众日报社成立报业集团；2001年及2002年，分别有10家和13家报社经新闻出版总署批准挂牌成立报业集团。至2002年年底，经新闻出版总署批准设立的共有39家报业集团，按行政级别划分，中央级有2家，省级或直辖市级有24家，市级有13家。

（二）2002—2005年：拓展期

拓展期的主要特点是深化改革，控制数量，注重质量，重塑市场主体，优化资源配置。

在新闻出版总署的政策指引下，这39家报业集团快速成为中国报业的主导力量。2002年，39家报业集团的营业总额为212.37亿元，平均达

5.45亿元。至2004年，39家报业集团拥有的报纸数量占全国报纸总量的17%，平均期印数占30%，总印数占41%，总印张占56%。无论是报业集团所属报纸的影响力，还是规模实力和市场竞争力，都代表着我国当时报业发展的最高水平。

2002年11月，党的十六大提出了"继续深化文化体制改革"的战略任务。2003年6月，在北京召开的全国文化体制改革试点工作会议做出新的部署，新华日报报业集团、大众日报报业集团、河南日报报业集团、深圳报业集团等4家报业集团被列入中央文化体制改革试点集团。以采编系统与经营系统"两分开"为目标的改革逐步在报业集团中推行，旨在明晰产权、转企改制，以资产为纽带建立现代企业制度等改革事宜也提上了议程。

由于2002年新闻出版总署已提出"今后3年报业集团总量控制在50家左右"，因此，从2003年到2005年年底，经新闻出版总署批准挂牌成立的报业集团只有贵州日报报业集团1家。

自2003年以来，新闻出版总署通过宏观调控、盘活存量出版资源，采取报业集团之间联合办报的方式，先后批准4种报纸进行跨地区联合办报试点，积极稳妥地推进跨地区、跨媒体发展，取得了重要进展。如光明日报报业集团和南方日报报业集团合办的《新京报》，以及由上海文广新闻传媒集团、广州日报报业集团、北京青年报社跨地区跨媒体联合创办的《第一财经日报》等。报业集团在经历快速拓展后开始逐渐往提高产业集中度等方向发展。

（三）2005—2013年：转型期

转型期的特点是报业集团努力应对危机，各显神通，加速分化。

2005年是中国报业一个明显的转折点。当年，全国报业广告增长率开始出现下滑，据中国人民大学传播媒介管理研究所的抽样统计，2005年上半年中国报业集团广告实际收入大都下跌10%～30%，平均跌幅超过15%。也是在这一年，学界和业界关于"报纸衰亡论""新媒体速胜论""内容为王论"的争论此起彼伏。

2005年8月，强烈意识到以互联网为代表的新型传播技术将重塑报纸出版业形态之后，国家新闻出版总署报刊司在第二届中国报业竞争力年会上首次提出"数字报业"概念，并于次年 8 月正式启动"数字报业实验室计划"，拉开了敦促中国报业积极开展转型探索的序幕。

国家层面加大了扶持力度。2008 年，在"构建舆论引导新格局""打造国际一流媒体""提高国家文化软实力"的政策指引下，以人民日报社为代表的"国家队"获得了数亿元的专项扶持；而一些省级党报集团则各自凭借与当地党委政府的紧密联系，通过投资房地产等多元化经营手段壮大经济实力。

市场层面加速拉开差距。各大报业集团在内容生产、品牌运作、多元开拓、投资收购、资本运作等层面纷纷推出改革举措。粤传媒、浙报传媒、新华传媒等一批上市公司所在的报业集团借助资本市场奠定了竞争优势；一些在融资方面未能获得突破的报业集团很快就面临着新兴业务收入增长尚未成气候而传统收入却加速下滑至即将打破盈亏平衡的危机。2013 年 10 月，以上海报业集团（简称为"上报集团"）的成立为标志，报业集团之间的区域整合成为新动向。

二、我国报业集团的发展状况与转型策略

实践证明，适时组建报业集团，是适应新形势需要、推进新闻事业发展、加强党报舆论阵地建设的正确决策。

（一）报业集团组建以来，传播力、影响力明显大增

从首家报业集团成立至 2014 年的近 20 年时间里，中国报业集团建设成绩斐然。报业集团改革始终把承担社会责任摆在首位，不仅强化了党对报业的领导，巩固了党的舆论宣传阵地，也进一步壮大了报业作为文化产业的经济实力，实现了社会效益和经济效益的有机统一。

报业集团成立以来整体上传播力、影响力大增，营业收入增长尤为显著。以广州日报报业集团为例，1997 年年底，该集团年总收入达 15 亿元，至 2007 年，经过 10 年的发展，该集团总收入超过 30 亿元，比 1997 年净增 1 倍。2012 年，广东仅 3 家报业集团的经营收入（广州日报报业

集团37.26亿元，南方报业传媒集团29.60亿元，深圳报业集团18.22亿元）总和即达85.08亿元，超过1996年全国报纸广告总收入的77.70亿元。

（二）报业集团整体上面临互联网的严峻挑战

但在以互联网为代表的新媒体冲击下，报业集团普遍面临读者流失、广告额下滑、盈利降低等严峻挑战。尤其是2012年、2013年期间，全球经济持续不景气，欧美发达国家报业集团倒闭的消息不断传来，中国报业广告市场再次出现萎缩的态势。《传媒蓝皮书·2013年中国传媒发展报告》显示，2012年报纸广告刊例价下降7.5%，创下近30多年来的最大降幅。由中国广告协会报刊分会、央视市场研究（CTR）媒介智讯联合发布的《2013年度中国报纸广告市场分析报告》显示，2013年报纸广告刊登额下降8.1%，降幅超过了2012年的7.5%，这表明报纸广告的衰退在持续加剧。

与此同时，以腾讯为代表的一批互联网企业近年来飞速发展，侵蚀了传统报业的市场基础，并快速拉开了差距。其中最具代表性的是腾讯2012年营业收入为438.94亿元（日均1.2亿元），同比增长54%；净利润为123.32亿元，同比增长24.8%。用国内报业集团来对比，2012年收入最高的是广州日报报业集团，为37.26亿元，不到腾讯的1/11；利润最高的是山东大众报业集团，为7.02亿元（含出售广电业务获利约3亿元），不到腾讯的1/17。

（三）报业集团转型的五种策略

报业集团从平面媒体本身的行业竞争为主进入了既与本行业其他报业又与新兴媒体行业双重竞争的新阶段，压力倍增，在内容生产、运营拓展、体制机制建设等层面纷纷推出改革举措，进行转型探索。归结起来主要有五种策略：

1. 深耕主业

坚持"内容为王"是报业集团发展的核心策略。多数报业集团都把内容建设这个报业主业放在首要地位，在21世纪的前10年，出"厚报"、改"瘦报"、推改版往往成为各大报纸拼内容、比创新、提升传播力的撒手锏。南方报业传媒集团旗舰媒体、中共广东省委机关报《南方日报》，从2002年至2013年连续10次改版，发行量连续28年、广告收入连续多年居全国省级党报第一位，有效地贯彻了时任集团党委书记莫高义提出的"深耕主业"理念。大众报业集团则时刻坚持"围绕主业办产业，办好产业为主业"的经营思路。

2. 多元拓展

在努力提升发行、广告、市场营销收入的同时，报业集团普遍意识到必须改变以广告收入为主的单一赢利模式，寻求多元收入，以抵御经营风险。报业集团的多元拓展主要有相关产业多元化和非相关产业多元化两种方式，但大多数报业集团往往是相关和非相关产业混合式多元化拓展。其中，列入中央试点单位的8家报纸出版单位，普遍剥离了经营性资产，开办、整合、重组了一系列报业经营公司，广泛涉及报社的广告、印刷、发行、物资、物流等主营业务，以及房地产、体育、演出、旅游、咨询顾问、生活服务等非主营业务。如大众报业集团，在2014年已经形成了报刊、有线电视和新媒体、文化园区、楼宇经济、投融资、印刷、发行物流、会展等八大产业板块；2012年，该集团总资产达到53.73亿元，总收入23.3亿元；利润逐年上升，2012年为7.02亿元，2013年增至7.3亿元。

3. 品牌经营

传媒经济本质上是影响力经济，报业集团的品牌价值既是支撑其影响力的重要组成部分，又是变现成相应经营收入的一大法宝。无论是深耕主业还是多元拓展，往往都伴随着报业集团的品牌经营策略。

南方报业传媒集团是最早把品牌理念引入传媒业的媒体集团之一。自20世纪90年代以来，该集团实施"龙生龙，凤生凤"的多品牌发展战略，打造了一系列成功的子品牌，如《南方日报》《南方都市报》《南方周末》《21世纪经济报道》等。《南方周末》一纸风行30年，正是因为这一品牌媒体有效地向受众传递了她的品牌属性及其所坚持的价值、拥有的个性和倡导的文化。南方报业传媒集团注重经营品牌带来的成果是，在2013年公布的第十届"中国500最具价值品牌"排行榜中，集团旗下

《南方日报》《南方都市报》《南方周末》《21世纪经济报道》4份报纸分别以127.15亿元、126.58亿元、96.67亿元、58.86亿元跻身于其中，品牌总价值达409.26亿元，相比2012年的317.61亿元，增加了近百亿元，蝉联全国平面媒体集团之首。

浙江日报报业集团（简称为"浙报集团"）同样重视品牌建设，其将2009年确定为"品牌建设年"，把品牌建设作为集团转型升级和提高综合竞争力的重要抓手。在组织体系上，浙报集团形成了集团市场与品牌部、子媒体子公司品牌管理部门、品牌管理员这样一个完整的组织架构，并逐步形成品牌管理的工作流程。在成功推行"建设一流传媒集团"品牌战略的基础上，浙报集团于2011年9月成功上市。

4. 资本运作

在市场经济条件下，媒体获取资金、资源的能力直接关系到媒体自身的生存与发展。利用资本市场筹措资金，通过兼并、重组、参股、控股、交易、转让、租赁等方式优化资源配置，提高市场占有率，是中国报业集团转型发展的必由之路。

资本运作最成功者当属广州日报报业集团。2000年10月，广州日报报业集团借壳清远建北；2001年，清远建北（后更名为"粤传媒"，代码002181）转到代办股份转让系统（俗称"三板"）挂牌交易；2004年年初，广州日报报业集团获得国家新闻出版总署准予粤传媒上市的相关批文。2007年11月，粤传媒在深圳证券交易所（简称为"深交所"）中小板正式上市，是首家由三板挂牌公司转中小板的报业股。2011年10月19日，粤传媒重大资产重组获中国证监会上市公司并购重组审核委员会审核有条件通过。随后，广州日报报业集团经营性资产注入粤传媒，粤传媒的主营业务从印刷和广告代理转变为广告、印刷、发行、新媒体等，特别是广告业务收入比例将超过印刷业务，成为公司最主要的收入来源。广州日报报业集团经营性资产整体上市的资本运作由此实现了历史性跨越。

同样在2011年实现了经营性资产整体上市的省级报业集团浙报传媒，其"传媒控制资本、资本壮大传媒"的发展理念为业界所称道，在以投资、参股等方式快速拓展新媒体方面也表现突出。它通过收购杭州边锋网络技术有限公司（简称为"边锋"）和上海浩方在线信息技术有限公司

(简称为"浩方"),进军网络游戏市场。2013年上半年,边锋、浩方并表后实现净利润6202.91万元。2013年前三季度,浙报传媒实现营业收入16.10亿元,同比增长53.10%;净利润3.22亿元,同比增长93.10%。

5. 融合发展

当以网络媒体为主的新媒体威胁到生存和发展时,报业集团纷纷从各种角度提出"全媒体"战略,试图"推进传统报业和新兴媒体融合发展",达到转型升级的目标:

(1)形成融合生产能力,由平面媒体向多种媒体介质并存的全媒体集团转变。如列入试点的烟台日报传媒集团,其于2008年7月正式启动"全媒体数字采编发布系统",记者采集的同一个内容包含文字、图片、音频和视频等素材,初步实现了一次采集、动态整合、多个渠道、多次发布的数字化传播,该集团由此初步形成了包括纸质报、手机报、多媒体数字报、电子纸移动报、户外视屏等比较完备的全媒体产品方阵。

(2)建立复合传播渠道,由单向传播向全方位互动传播转变。国内各报业集团纷纷把"推进报网融合"作为重要改革目标,利用即时新闻、网络问政、微博、微信等方式,提升互动效果。例如,南方报业传媒集团以"融媒战略"为指引,推出了包含平面媒体、网络媒体、移动媒体、广电媒体、户外LED媒体和电子阅报栏在内的六大生产线,目的是建立覆盖所有介质的传播能力。

(3)提高融合运营实力。一些有远见的报业集团纷纷提出了适合自身发展的数字化战略。比如,解放日报报业集团发起"4i"新媒体战略,浙报集团提出"全媒体、全国化"战略等。

三、报业集团的发展趋势

2013年10月28日,解放日报报业集团和文汇新民联合报业集团合并组建上海报业集团。不少学者把此举看作报业集团的"抱团取暖",笔者认为这是党报集团提倡本区域内整合、非党报集团允许跨区域整合的先兆。从发展趋势来说,未来报业集团将呈现如下几个趋势:

一是围绕意识形态属性与商品属性的关系，党报集团和非党报集团进一步分野，党报集团强调其公益性，非党报集团加速转企改制。

二是围绕文化事业与文化产业的关系，报业集团在文化事业方面坚持政府主导，在文化产业方面坚持市场主导，报业集团通过文化产业共同构建国家文化软实力，肩负国际传播的重任。

三是围绕传统媒体与新兴媒体的关系，"数字报业"将成为改革主流，报业集团加快向全媒体传媒集团转型。

四是围绕传媒特殊性和资本普遍性的关系，传媒企业将实行特殊管理股制度试点，报业集团在融资战略和体制机制创新方面获得新的突破。

（本章作者：柳剑能、余锦家。余锦家为南方新闻网编辑。本章主要内容首发于《传媒》期刊"特别策划"栏目，2014年4月（上）第7期第12～15页。本书出版时有所修订。）

第三编

案例

本编内容兼顾理论总结和实践取向，既从反思性和建构性的角度考察媒体融合，又从为传统媒体寻找对策的角度展开深度调研。

在选取案例时，笔者考虑了中国报业集团各个层次的代表性，力图对中国报业的数字化转型和媒体融合现状进行一次较为全面的扫描。中央级媒体选取了人民日报社，其在内容、渠道、平台、经营、管理等方面的革新与融合发展战略，最具典型性。省级媒体选取了南方报业传媒集团，其媒体融合改革从六条生产线到六度理论的两次飞跃，以及"数据优先、移动优先、产品优先、人才优先"的战略举措，具有领风气之先的前瞻性，对全国各省级报业集团都具有广泛的可借鉴性。地市级报业集团选取了早在2005年就合并广电、报业的佛山传媒集团，"小城办大媒体"、率先尝试全媒体，具有创新性。市场化媒体选取了曾经最具活力的都市类媒体，对其融合转型的特点、问题及五大突破口做了全面的梳理，具有实操性。同时，也不忘做"他山之石"的研究，选取了海外互联网巨头进行新闻创新的若干例子，总结出从"媒体平台"到"平台媒体"的新趋势，在加快推进媒体深度融合的当下，尤其具有借鉴价值。

第五章　人民日报社媒体深度融合的理念与实践

2019年1月25日，习近平总书记带领中共中央政治局成员到人民日报社集体学习，走访了报社属下的人民日报数字传播公司、"中央厨房"和新媒体中心，以调研、讲解、讨论相结合的形式，深刻阐述了媒体深度融合的发展方向。习近平总书记强调：党报、党刊、党台、党网等主流媒体必须紧跟时代，大胆运用新技术、新机制、新模式，加快融合发展步伐，实现宣传效果的最大化和最优化，积极发展各种互动式、服务式、体验式新闻信息服务，实现新闻传播的全方位覆盖、全天候延伸、多领域拓展，推动党的声音直接进入各类用户终端，努力占领新的舆论场（习近平，2019）。

总体而言，党的十八大以来，以人民日报社为代表的一批主流媒体，经过近几年融合发展的实践，证明了党中央推动传统媒体和新兴媒体融合发展的战略部署高瞻远瞩、完全正确。本章以内容、渠道、平台、经营、管理等方面的实践为例，梳理人民日报社坚持以正确舆论导向引领融合发展、坚持以内容优势赢得发展优势、坚持以开拓创新推动深度融合等理念（庹震，2018），为全国各级媒体持续推进深度融合改革提供对表、对标的方法论和路线图。

一、内容创新：举旗定向，不断推出"爆款"产品

一方面，保持传统报业"举旗定向"的舆论引导力，通过评论赢得议题设置优势。2016年12月14日，长篇述评《中国经济新方位》在《人民日报》第一版发表后，有识之士即敏感地指出，《人民日报》首提"新方位"，意味着有新的重大判断已经形成。细心的读者会发现，此前，在2015—2016年社会各界对经济增速持续放缓议论纷纷、信心受挫时，《人民日报》先后组织相关权威人士就中国经济问题进行阐述，解惑定

音，使广大人民群众坚定了信心，取得了显著的传播效果，成为新时代新闻宣传工作思想内容创新的成功案例（谢国明，2018）。

另一方面，守正创新，人民日报社正是沿着"技术赋能"一路探索，做到以内容优势赢得发展优势。传统报业突破纸媒单一生产文字、图片的表达方式，搭建起文字、图片、音频、视频为一体的新型传播平台，主要是靠互联网。在新技术迅猛发展的当下，又跃升到"移动优先"阶段，也就是以移动互联网为内容创造和传播主要平台的新阶段。

一是通过政务报道创新形式赢得内容优势。2014年全国两会期间，《人民日报》就推出了《两会e客厅》高端访谈栏目，邀请10位时任部级领导，与专家和基层代表委员同台对话，以图文和音视频相结合的方式进行全媒体信息内容生产、策划、采访、制作推出，不仅有《人民日报·两会特刊》，人民网则以访谈专题展现，还在人民日报社旗下微博、微信、手机专报、电子阅报栏等渠道以全媒体形式立体传播，实现"一个核心内容，多种传播介质"的融合报道新模式。实践证明，传播效果显著，700多万网友对访谈话题点赞。又如，2017年全国两会期间，"一本政经"工作室政法专业记者的作品《当民法总则遇上哪吒》以动画的形式简要活泼地讲述法律知识，也广为传播（沈小根、纪雅林、张炜，2014）。

二是通过网评先声夺人，获得速度优势。比如，2017年4月1日，各地炒房者闻"设立雄安新区"之风而聚集雄安。《人民日报》"麻辣财经"工作室的资深经济记者以《雄安是千年大计，绝不能让炒房者逞快！》的"辣评"第一时间发声（卢新宁，2018），强调了中央"房住不炒"政策定位，引导舆论让炒房者知难而退。

三是通过互动传播赢得舆论引导优势。2016年7月12日，《人民日报》通过客户端推出标题为"中国，一点都不能少"的一幅红色中国地图，对所谓的南海仲裁案裁决表明中国立场，图文结合，语带双关。这则图文迅速获得了超过1亿次的点击量，堪称新媒体的"现象级产品"。另一个经典案例是"军装照"H5。2017年"八一"前夕，《人民日报》推出一款新媒体产品《快看呐！这是我的军装照》，由于非常便于分享，在微信"朋友圈"里迅速扩散，在建军节当天浏览量即达3.94亿次，上线

10天，累计页面浏览量之多，甚至两度造成服务器宕机，把"爆款"产品的能级又提高到了通常难以企及的10亿次级（谢国明，2018）。正如时任人民日报社副总编辑卢新宁指出——在"军装照"H5中，实现了"军与民"新闻的生产与传播、刷屏式营销与"拥军"的主流价值"三融合"，BBC（英国广播公司）将"军装照"刷屏与朱日和沙场阅兵联系起来，认为"中国共产党的宣传工作和军队建设一样，在与时俱进"，并为中国点赞（卢新宁，2018）。同样是具有巨大的传播量，但由于"军装照"具有互动游戏功能，它比单纯的图文"中国，一点都不能少"这则新媒体产品高出一个数量级，差距还是很明显的。这些经典案例表明，《人民日报》逐渐熟悉了互联网的特性，借助互联网在情感表达方面的透明、直接和累进强化的优势，增进了网民群体的参与，强化了公众的国家认同，提高了党媒的网络传播力和舆论引导力。

二、渠道拓展：整合资源，"报网端微屏"全覆盖

早在1997年7月1日，《人民日报》就创办了人民网，开始全媒体转型。2009年10月，人民日报数字传播有限公司成立，主要开展电子阅报栏和移动电子阅读项目两项业务。《人民日报》于2012年7月22日开通法人微博，又在2013年1月1日启动了微信公众号。2014年6月，人民日报新闻客户端正式上线，2000余家中央部委、地方政府入驻移动政务发布厅。按照"报网融合、资源整合、人才聚合、内外结合"的方针，《人民日报》率先提出要"构建舆论引导新格局和现代传播体系"，比较早地完成了"报网端微屏"多渠道、全覆盖的布局。除了《人民日报》本身和旗下多种报刊持续改版外，网站、"两微一端"（微信、微博和人民日报客户端）和电子阅报栏等显示屏的拓展，清晰地呈现了媒体融合的发展脉络。

（一）人民网：报网融合另一个主阵地

早期的人民网就是《人民日报》的网络版，主要是转载新闻，但是到了报网融合的新阶段，《人民日报》依然是舆论引导的核心阵地，而人

民网作为第一家在国内 A 股上市的新闻网站,已经成为互联网上最大的综合性网络媒体之一,也是互联网领域舆论引导的主阵地,大大拓展了《人民日报》的话语空间。

第一,人民网承载了报纸无法承载的音视频内容,比如"人民电视"等栏目;第二,发挥了网络媒体独有的互动功能,如人民网"强国论坛""地方领导干部留言板"等名牌栏目,成为网友参与讨论、网民反馈问题的著名品牌;第三,借助了网络媒体在数据抓取和分析方面的优势,开设"人民网舆情监测室",提供舆情监测和应对服务;第四,延伸《人民日报》的政治优势,先后承办了"中国共产党新闻网"和党的十七大、十八大新闻中心官方网站,运营维护了"中国人大新闻网""中国政协新闻网"等多个国家高端政务网站,以及中共中央组织部"12380"举报网、中国统一战线新闻网、中国共产党历史网、中共中央文献研究室网站等 8 个中央部委网站,成为名副其实的"电子党务政务云平台"。

(二)法人微博:清新表达出奇效

《人民日报》法人微博主要传播《人民日报》观点和信息,兼顾及时发布国内外重大事件和服务类信息。其定位是"权威声音、主流价值、清新表达",形成了立场鲜明、风格亲切、语言清新的特点。比如"你好,明天"等独特的问候体评论,借助一系列突发事件和热点话题报道,迅速吸引了公众的注意力,成为民间观测《人民日报》态度的"另一个风向标"。

2014 年 7 月,《人民日报》法人微博在人民网、新浪网、腾讯网的"粉丝"总数超过 4610 万个,位列所有媒体微博账号第一(陈奕,2015);至 2017 年 6 月,在这三大平台上的"粉丝"数量达 9300 万个;截至 2018 年 10 月,总"粉丝"数量超过 1.1 亿个,被称为"中国第一媒体微博"。

(三)人民日报系微信公众号:内容差异化,各显神通

有了法人微博的成功经验,人民日报社在进军微信公众号时显得更娴熟,既注意打通微博、微信甚至和客户端之间的界限,使得内容资源充分

流动起来；又注意充分发挥微信的特点，内容呈现出垂直化、差异化、社交化的态势。2019年1月25日，习近平总书记带领中央政治局成员集体学习，在第二个参观点人民日报社"中央厨房"，同"麻辣财经""一本政经""侠客岛""学习大国"等工作室采编人员亲切交谈。包括"学习小组""侠客岛"等在内的人民日报系微信公众号，就是重要的创新典范。

比如，"学习小组"在内容选题上专注于解读习近平总书记的讲话和活动，经常有独家一手报道，如2014年"习奥瀛台夜话全纪录""跟习大大去出访"系列等多篇报道引发网络舆论场强烈反响。

在主攻方向上，《人民日报》及其法人微博、微信主要面向国内舆论场，《人民日报》（海外版）、英文客户端等则主要面向国际舆论场。两者分工合作，各取所长。作为《人民日报》（海外版）旗下微信公众号，"侠客岛"在选题上大胆犀利，于2014年2月18日上线，在准确吃透中央精神前提下敢于触碰重大敏感问题，很好地为民众"拆解时政迷局"。"侠客岛"主创团队是《人民日报》（海外版）的编辑记者，消息源获取的独特优势使他们对时政新闻和事件的解读既有准确性又有权威性，加上其丰富的报道经验，上线11个月的"侠客岛"订阅量就已接近30万人，文章平均阅读量在7万至8万次（林琳，2015）。

值得一提的是，"侠客岛"从微信公众号起步而超越微信号，快速地穿梭于微博、今日头条客户端、网络专栏等各类网络平台之间，每篇文章综合阅读量超过200万次，"吸粉"几百万，而且这些"粉丝"具有高活跃度和青年化的特点，对"侠客岛"品牌认同度高、黏度大。"侠客岛"的文章在"第一舆论阵地"频繁出现，成为海内外舆论界关注的焦点（侠客岛，2015）。

（四）人民日报客户端：更加注重"移动互联网思维"

从大格局看，包括微博、微信在内的"两微"是借力发展，"一端"是自主发展，两者相辅相成，构成了"两微一端"的标准配置。2014年6月12日，人民日报新版客户端正式推出，标志着"移动优先"战略真正大规模地实施。新版客户端分"闻、评、听、问"四大板块："闻"板块强化了图片功能，分类更清晰；"评"板块在综合《人民日报》旗下媒体评论的基础上，进一步延伸其权威评论优势；"听"板块的音频新闻照顾了习惯听广播的用户，与视觉新闻互补，是亮点；"问"板块延续了人民网品牌栏目的互动功能；产品设计内容丰富，流畅简约（万小广、程征，2016）。

自主发展，积极营销，人民日报客户端更加注重"移动互联网思维"。《人民日报》一改传统媒体的低调，高调举行上线发布会，充分运用各种传播渠道，一边启动"现金大礼包""小米电视抽奖"等活动营销，另一边投放社交媒体广告、地铁广告等，同时加大在"应用商店"的推广力度。到了2015年12月，人民日报客户端上线一年半左右，下载量就已突破1亿次，雄踞国内新闻类客户端前10位。2017年10月，人民日报英文客户端创办上线，增加了旨在加强国际传播的英文端口，完善了移动传播产品线的整体布局。

（五）人民日报电子阅报栏：拓宽媒体功能半径

习总书记在首站人民日报数字传播公司视察了电子阅报栏，肯定了电子阅报栏的创新模式（习近平，2019）。电子阅报栏是融合传播的载体，读者不仅可阅读当天的《人民日报》版面，还能查阅《求是》杂志等主要报刊以及报社旗下媒体的内容，甚至可链接到中共中央宣传部（简称为"中宣部"）"学习强国"等平台。

电子阅报栏代表了人民日报社通过各种规格的显示屏，拓宽媒体功能半径的努力。当今时代信息技术的高度发达使媒体和信息服务平台在一定情况下可以相互转换。例如，媒体除了汇聚、处理、发布新闻资讯之外，也可以成为信息服务平台，而一些信息服务平台由于汇聚了大量新闻资讯也具有了媒体的属性。媒体想要进一步拓展业务，围绕用户需求做好服务很重要。优秀的媒体不再只是简单的信息通道，而是能解决用户需求的平台（燕帅，2018）。

党的十八大以来，人民日报社加快在全国布局电子阅报栏，从海南三沙到北疆边防哨所，从城市街道适宜位置到上海陆家嘴、北京三里屯的高档写字楼内，阅报栏广泛分布。目前，人民日报社在全国各地共布点投用

2万块屏，日均影响受众近千万，成为国内规模最大的楼宇数字新闻媒体。2019年1月，人民日报电子阅报栏入驻中国驻奥克兰总领事馆，跨出国门，走向世界（汪晓东、杜尚泽，2019）。

三、平台探索："中央厨房"和"人民号"内外兼修

内容为王，渠道是金，把两者打通，靠的是技术，靠的是平台。推动传统媒体和新兴媒体深度融合，必须坚持以先进技术为支撑，整合内外资源，强化互联网思维，努力探索建立自己的平台，以求形成内容的编辑、分发、用户体验等过程一体化，达到更好的传播效果。同时，也要注意处理好与商业平台媒体的关系，以BAT①为代表的一批平台媒体有着庞大的用户基础和技术资源，运用得当完全可以进一步扩大主流媒体的影响力。《人民日报》通过"中央厨房"推动内部流程重组，通过"人民号"汇聚全国政务资源和服务平台，通过与商业平台媒体、各类技术公司开展广泛合作，有效互补、相互助力，不断优化整体内容和传播生态，值得借鉴。

（一）"中央厨房"：空间、业务、技术三平台"三位一体"推动流程重组

"中央厨房"是人民日报社全媒体平台的俗称，它由人民日报媒体技术公司设计和承建，是面向全行业提供技术能力、内容和渠道连接及盈利模式分享的全方位行业云服务平台，其底层技术平台是"中国媒体融合云"，应用层才是"中央厨房"等一系列的技术工具。经过近几年的实践和探索，"中央厨房"融合空间、业务、技术三大平台，目前已经形成日趋成熟的架构和模式。

空间平台指位于人民日报新媒体大楼第10层、建筑面积3200多平方

---

① BAT，B＝百度、A＝阿里巴巴、T＝腾讯，是中国互联网公司百度公司（Baidu）、阿里巴巴集团（Alibaba）、腾讯公司（Tencent）三大互联网公司首字母的缩写。BAT被称为中国最大的三家互联网公司。

米的全媒体新闻大厅，分为总编调度中心、采编联动平台、技术支持中心、创意空间、视听空间、媒体历史展示长廊等。作为新闻采编与运营管理的指挥中枢和中控平台，全媒体大厅可容纳传统媒体和新兴媒体的工作人员协同作业，社领导在总编调度中心调控旗下所有媒体，高效实现全媒体产品的采集、制作与发布（张旸，2017）。

"中央厨房"的业务平台重新定义了传统意义上的采编人员，将其分为指挥员、信息员、采集员、加工员、推销员、技术员等岗位。指挥员由社领导担任，但突破了副社长、副总编辑的分工。采集员包括但不局限于记者，除了现场采访和写稿，还要拍摄视频或图片，数据采集员则专门采集分析各种数据。加工员承担了编辑的工作，但是采用的是同步甚至提前加工和生成新闻产品的方式而不再是消极等待前方记者发回报道。推销员把"中央厨房"的内容产品推广到人民日报系各发稿终端和国内外合作媒体各个出口。据悉，"中央厨房"所生产的内容，同步发送给国内的媒体和网站达到2000多家，并且用18个语种向几百家海外媒体提供各种内容产品。技术员包括VR、H5、视频的设计、编程、制作人员（张旸，2017）。这实际上是从生产传播流程的角色定位出发，重新界定和完善了内容生产、协作、分发的业务模式。

最根本的是技术平台，通过软件系统记录、存储、分析或转化新闻线索、选题策划、传播效果、运营效果的各种数据，并纳入统一管理。"中央厨房"所有技术产品的功能都可在"中央厨房"大厅、电脑、Pad、智能手机上使用，也即实现所有产品功能的移动化。通过软件平台的舆情监测和用户行为分析协助筛选新闻素材，进行可视化制作和内容分发，信息员、采集员、加工员、推销员、技术员实现现场和后台的时刻在线连接，工作模式转变为："移动优先"发布、报纸深挖跟进、全媒体覆盖。首先，数据做到了全网实时抓取，全国各地发生的热点事件以地图形式呈现在大屏幕上；其次，新闻线索不会局限于记者报题，微博、微信、客户端等多介质载体上出现的突发新闻，也可以通过网络抓取、分析，并推送给记者参考；再次，系统可以浏览量、转发量、评论量统计进行产品传播效果评估；最后，通过大数据分析为用户画像可以描摹用户的阅读旨趣和习惯（叶蓁蓁，2017）。

概而言之，空间平台、业务平台、技术平台"三位一体"，在推动人民日报社流程重组方面发挥了核心的作用。不仅如此，"中央厨房"还放眼全行业，积极探索管理模式输出。人民日报媒体技术股份有限公司首席技术官陈川认为：通过中国媒体融合云的共享，技术将不再是媒体融合的门槛；通过这个平台，可以为合作媒体提供各类新型的内容生产能力、大数据运营与人工智能应用、"中央厨房"运行机制生产协同的输出与合作、媒体内容传播包括海外传播能力的开放合作、渠道与内容的开放连接与收益模式分享等行业云服务；能为各级合作媒体迅速扫平技术障碍的是内容安全服务与技术平台安全的基础云服务能力；融合云提供的平台支撑不仅是面向整个媒体行业，还能进行媒体与传统行业的连接和融合（陈川，2016）。

据悉，在内容、技术和传播三大层面，人民日报社"中央厨房"已经与《河南日报》《湖南日报》《四川日报》《广州日报》《深圳特区报》以及上海报业集团等地方媒体进行战略合作。人民日报社不仅在内容制作方面可与这些地方媒体进行资源共享、协同生产、共建工作室；而且在技术层面还可为各级各类党报集团快速建设中小型"厨房"提供支持，让它们与人民日报社"中央厨房"接通；还分别与贵阳、江苏、内蒙古等地合作开展重点活动的全媒体推广，从一体策划到多元传播，实现全球覆盖（张旸，2017）。

（二）"人民号"：吹响政务新媒体集结号

随着移动互联网的普及和社会大众通过自媒体广泛参与大众传播，媒体"一支独大"的格局已转变为媒体、政务发布、自媒体"三足鼎立"。当前移动互联网的用户增长幅度开始出现逐步降低趋势，用户的普及率已经较高，用户增长幅度开始出现逐步降低趋势。在存量博弈中，借助此前积累的强大的资本、技术优势，商业平台媒体仍然是政务发布和自媒体的主渠道，因而拥有巨大的用户和流量，这是传统媒体在移动互联网时代普遍面临的严峻挑战。

事实证明，传统媒体如不自建平台就难以掌握话语权，在移动互联网时代必将处于劣势。人民日报新媒体中心于2018年6月11日及时推出

"人民号"——这个全国移动新媒体聚合平台上线3个月累计入驻账号就已超过5000个。

但是,"人民号"在短时间内很难达到商业平台媒体的技术高度,寻求技术层面值得信赖的合作者不失为一条捷径。因此,《人民日报》和百度公司在"人民号"上线的发布会上宣布达成战略合作,应用百度公司领先的人工智能技术,"人民号"能将海量的内容与用户纳入精准的数据库,并进行有效算法分析,这对政务新媒体和自媒体的入驻都将是关键的支撑。

但是,光有算法是不够的。正如习近平总书记高屋建瓴地指出,要"用主流价值导向驾驭'算法',全面提高舆论引导能力"。在现实当中,人们倾向于接受相似的意见而排除相反的信息,长期处于虚拟的共同体将容易导致群体极化的行为。美国学者Sunstein由此提出"信息茧室"的概念,业界也提出要警惕机器算法会进一步强化"信息茧室"效应,即只接受自己选择和与自己观点相似的信息。因此,好的算法既要有丰富的技术含量,更要符合主流价值观。

时任人民日报社副总编辑卢新宁认为,"人民号"的内容建设区别于商业平台的三大特点是:用主流价值纾解"流量、算法焦虑",坚持传递正能量;用社会责任规范"内容创新、创业",确保内容优质;用优质平台凝聚"众智众力",海纳百川(丁伟、刘晓鹏、张世悬,2018)。

"人民号"没有满足于搭建一个物理的平台,而是组建专门的运营团队,根据可持续发展战略进行精细化运营。

第一,基础内容必须以主流价值为引领。截至2015年9月,《人民日报》旗下拥有社属报刊29种、网站44家、微博机构账号118个、微信公众号142个及手机客户端31个(胡线勤,2015),作为"人民号"的基础信源,大量权威内容确保起到"压舱石"作用。

第二,在内容创作上,鼓励优质内容,凸显价值导向。"人民号"在与百度"百家号"实现内容共享的基础上,进一步广泛邀请各类媒体、党政机关、机构、企业、优质自媒体、名人入驻,使其成为"人民号"专业的内容提供方,通过邀请入驻和遴选入驻,对内容生产者从严把关。"人民号"将平台开放给用户,鼓励个人注册申请"人民号",允许其成为内容生产者。

第三，在内容审核上，建立内容标准，分类审核把关。

第四，在内容聚合上，对优质内容重点推荐，联合创作选题。比如，根据焦点事件、话题设计线上征文活动，邀请入驻平台的账号来参与；或者与账号联合发起话题，进行品牌推广，打造热点。

第五，在内容分发上，做到精准有效，相互促进。比如，每月推选在"人民号"发文量、发稿质量、阅读量、月度新增"粉丝"数等方面领先的优质账号，在人民日报客户端开机屏上给予展示；在各领域通过账号推荐、内容推荐等吸引优质账号入驻（丁伟、刘晓鹏、张世悬，2018）。

实践表明，信息、资源、服务、流量源源不断流入"两微两端"，使其成为连接用户、政府、机构、企业的平台。而包括"人民号"在内的一系列新平台，优质服务成为聚拢用户、创值增值、扩大影响的增长点，其运营模式转变为不仅提供优质内容，而且提供特色、优质服务（丁伟、刘晓鹏，2015）。"人民号"通过对《人民日报》自身基础内容的传播和对用户在内容创作、内容审核、内容聚合、内容分发四个层面上提供的服务和管理，最大限度地释放了传播的效能，既呈现出作为主流媒体的特点，又吸收了商业平台运营的经验。

四、经营布局：塑造市场主体，开展多种形式的投融资

作为中共中央机关报，《人民日报》对"经营"的理解，站位比其他任何媒体都高，强调的是"价值模式"而不是"商业模式"，在推进媒体融合的过程中，价值导向更加明确：要做到"政治价值、社会价值、市场价值"高度统一（卢新宁，2017）。

坚持以正确舆论导向引领融合发展，首先确立的是内容产业的政治价值。"中央厨房"坚持面向全行业提供技术能力、内容和渠道连接及盈利模式分享，"人民号"坚持广泛邀请各类媒体、党政机关、机构、企业、优质自媒体、名人入驻，使其成为专业的内容提供方，就是要坚持以内容优势赢得发展优势，都是在努力创造融媒体的社会价值。此外，坚持以开拓创新推动深度融合，注重发挥市场主体的积极性、主动性、创造性，开

展多种形式的投融资，从而创造更高的市场价值，也是题中应有之义。较具代表性的举措有：

（一）人民日报数字传播公司：以电子阅报栏拓展报业文化产业链

人民日报数字传播有限公司成立于 2009 年 10 月，作为国有独资企业，其根本任务是广泛传播《人民日报》和各级党报，传播党和国家的政策与社会主义先进文化，也借助独特的渠道资源优势，为企业提供信息和广告发布的多媒体展示平台。

国家新闻出版总署早在 2013 年之前就将电子阅报栏纳入"新闻出版业'十二五'时期发展规划重点实施项目"，说明国家对其社会价值是高度重视并大力支持的。电子阅报栏在提升报纸的传播力和影响力、增强党务政务的公信力和影响力、推动城市的文明和智能化建设等方面使其在《人民日报》全媒体转型中占有一席之地，体现在两方面：一是作为提升纸质媒体覆盖面和影响力的有效手段；二是以新型的网络、移动、户外等载体形式，使得二次传播的载体形式更加丰富和多样化，拉长了报纸价值链，带动更多的用户互动和由用户互动形成的新需求，成为报媒发展新的经济增长点（曹玉枝，2013）。

人民日报社推出手机报、新闻客户端和在全国投放 2 万台电子阅报栏等，都是独立运营自己的新媒体，属于"造船"模式（马利，2014）。据悉，人民日报社计划在全国投放 100 万个电子阅报栏来构建一个全国互动新媒体联播网，该联播网既区分区域、各具特色，又能统一行动、协调指挥（曹玉枝，2013）。届时，其在拓展报业文化产业链中扮演的角色会越来越凸显。

（二）人民网股份有限公司：上市公司成为行业标杆

2010 年 6 月，人民网股份有限公司挂牌成立，是全国第一个中央级新闻网站股份改制改革的成功案例。2012 年，人民网在国内 A 股整体上市，成为中国新闻网站的行业标杆。

2019 年 4 月 17 日，人民网发布的年报显示，截至 2018 年年末，该公司总资产达人民币41.30亿元,归属于上市公司股东的净资产为人民币29.91亿元。报告期内,人民网实现营业总收入人民币16.90亿元,较去年同期增长20.96%,实现归属于上市公司股东净利润人民币2.14亿元,较去年同期增长139.23%;基本每股收益0.19元,同比增长137.50%。

在传统报业经营收入遭遇普遍下滑的背景下,人民网经营利润连年上升,显得尤为可贵,其主要原因是:①广告业务收入稳步增长,2018年的广告及宣传服务较去年同期毛利率增加17.57个百分点;②地方分公司业务保持增长态势,人民在线、人民体育等子公司营业收入较上年同期增幅较大;③通过创新经营管理机制,成本得到有效控制,全年营业总收入增加20.96%的同时营业成本增幅仅5.35%;④本期利息收入较上年同期增长较多,财务费用同比下降385.16%。

2018年,人民网的具体主营业务收入主要分三大板块:①广告及宣传服务:实现7.78亿元收入,同比上升32.93%,主要是加强了对移动、社交、视频、垂直平台等领域的资源布局和市场开拓,并取得了较好的效果。②移动增值服务:3.13亿元,同比下降17.74%,主要是企业拓展和维护用户的成本大幅提高,内容提供商数量不断增多,各类产品同质化严重,加强了对新兴移动增值服务业务的资源倾斜,着力进行移动端内容风控业务的市场拓展和用户开发,报告期内,上述业务调整初见成效,第三方内容审核业务收入同比增幅达166%,增长趋势较快。③信息服务业务:实现收入4.43亿元,同比增长25.10%,加强了对信息服务业务的布局与市场拓展,挖掘舆情监测、舆情咨询、舆情大数据、"人民视频"等各类信息增值服务的市场空间,增加内容的运营服务竞争力,优化"人民党建云"平台的PC端和移动端,"版权+渠道"的业务模式得到巩固,促使业务稳中有增。

(三)人民日报媒体技术公司:是技术平台更是资本运营平台

人民网的成功促使人民日报社在资本运作方面信心倍增,在媒体深度融合发展过程中大胆运用市场化机制,比如承担建设"中央厨房"重任的人民日报媒体技术股份有限公司,设立时就采取股份公司体制,为以后的资本运作提前埋下伏笔。

2016年8月22日，在深圳"媒体融合发展论坛"上，人民日报社、深圳市、招商局集团三方负责人共同发布了一支命名为"伊敦"、募资50亿元的媒体融合产业基金。除了深圳市引导基金投资有限责任公司、招商局资本投资有限责任公司、招商蛇口工业区控股股份有限公司等三个具体合作方外，人民日报社内部牵头的单位是人民日报媒体技术股份有限公司，四方共同组建招商金台资本管理公司，负责管理首期20亿元的基金。这是人民日报社在上市公司人民网之外拥有的第二个资金规模过10亿元的资本平台。

据时任该公司资本运营部主任于猛介绍，"伊敦"基金主要以股权的方式投资于媒体、互联网、科技创新等相关的新兴、交叉领域，已经正式投入运作。该基金既可支持传统媒体间的重组，也可助力传统媒体和新兴媒体、媒体技术企业之间的融合发展，实现跨区域、跨行业、跨所有制的并购（于猛，2016）。

进入21世纪以来的近20年，越来越多的事实表明，开放和创新是互联网企业的基因，腾讯、阿里、百度等市场化互联网巨头在强化内源式发展的同时，更多的是靠参股、控股等手段实现高速的外延式扩张。充分借助"伊敦"几个联合发起方深厚的大型国企资源和深圳市在科创方面的独特优势，由人民日报社参与、主导的媒体融合产业基金前景可期，完全有实力参与任何"平台级"项目，通过并购重组或战略投资，为成为大型互联网企业平台进行更加多元化、更具战略眼光的布局。

五、管理再造：体制机制改革助力"五跨""五融入"

人民日报社在推进传统媒体和新兴媒体融合发展的初级阶段，主要是媒介终端在内容上相互映射，报纸和网络之间有联动机制，但更多的是各自有一条主线、一套业务逻辑；在中级阶段，主要是传播渠道和信息平台的融合发展，"中央厨房"等技术平台作为基础设施起到关键作用，改变了《人民日报》原来以版面为主导的采编管理方式，初步确立了以网络为分发平台的架构，各种不同介质之间的业务流程由交叉走向交融，采编队伍虽然有分工但是更加紧密地协同作战，实现管理流程再造："策、采、编、发"流程转变为采集员（记者）一次采集信息，技术员和加工员（编辑）制成多种产品，推销员多渠道传播给用户。在高级阶段的移动互联网时代，新的技术、新的应用、新的功能、新的终端、新的用户接踵而来，强调的是万物互联的深度融合，只有适应平台化、移动化、社交化、智能化的超级媒体才能打造出越来越强的核心竞争力，从而立于不败之地。这三个阶段伴随了体制机制改革众多的重大创新，不管是"中央厨房"还是"人民号"，不管是用"融媒体工作室"形式运作，还是用股份制企业形式运作……既有物理形态的变化，也有制度形态的变化，有时是兼而有之，概括起来，是"五跨""五融入"不断递进的过程。

（一）跨部门组团队，融入用户导向新机制

"中央厨房"推出早期，存在不同融媒体项目个性化的需求难以满足的问题。2016 年，人民日报社启动了"融媒体工作室"计划，在没有改变原有部门设置的前提下，探索用虚拟组织的方式重新组合；在人民日报社新媒体大楼 10 层，来自 15 个部门（单位）近 60 名编辑和记者组建了定位明确、专业区分、个性凸显的 17 个工作室，内容从时政到财经、从教育到健康、从国内到国际等，进行了广泛的覆盖（徐锦清，2018），这些工作室于 2017 年增加到了 40 余个。从效果来看，融媒体工作室大大激活了传统媒体人的生产潜力，营造了百舸争流、共同探讨媒体融合的良好氛围，这一点难能可贵。

（二）跨专业聚人才，融入可视化新品种

融媒体产品中交互设计、数据挖掘、算法、多媒体分发等内容，是有别于传统新闻学专业和采编岗位的新业务，只有将互联网思维、技术驱动融入其中，才能打通融媒体产品的策划、设计、开发、传播全链条，实现从单兵突击到协同作战，从单向传播到交互式体验的转变。因此，推进媒体深度融合，必须始终秉持开放合作、共享共赢的基本理念，才能做到跨专业聚人才、共同策划并协同生产。

具体来说，人民日报媒体技术股份有限公司从技术的层面不断增强对融媒体工作室的支持。公司 200 多人中有半数以上是技术人员，平均年龄不到 30 岁。视觉设计师参与到各个内容创作团队中，将内容创作与视觉设计紧密结合，在数据和可视化的技术应用上，提供从局部细节到整体架构全流程的技术服务，不仅包括 H5、短视频、小程序、APP 等技术应用，还有产品和运营的人才配合其中。有一部分设计师本身也是一个融合多种业务技能的复合型人才（陈旭管、曹雨薇，2017）。把优质内容可视化和产品化后，融媒体产品的优势很快凸显出来。比如 2018 年推出的系列微视频《中国一分钟》，考虑的是国家形象的大题材，选取的是以一分钟为维度的小切口，把枯燥的宏观数据转化成生动的国家发展成就场景，用真实的镜头传递真实的感情，与网友形成情感共振和价值共鸣，效果显著：微信平台推出不到半小时阅读量就突破"10 万+"，随后，同步登陆 18 个城市的机场电视，在人流量最密集的地方循环播放，还被翻译成 4 种外语对外传播……超过 3.5 亿次的全网点击量使其成为 2018 年两会期间名副其实的现象级"爆款"（张意轩、尚丹，2018）。

（三）跨媒体拓渠道，融入移动优先新体系

至 2015 年 8 月，媒体融合推进刚一年时间，人民日报社"全媒体方阵"以全新面貌呈现，"报网端微屏"多渠道、全方位覆盖，总用户数超过 3 亿个（贺林平，2015）。

随后，在"移动优先"的新体系下，改革继续朝深度融合方向推进，力争在机构媒体、政务媒体和自媒体共存的舆论格局下，主流媒体能够主导舆论新格局。一方面，是努力推进媒体与媒体之间的行业融合。比如，《人民日报》新媒体推出"人民号"，首批入驻的主流媒体、党政机关、优质自媒体就超过 2000 家，目的是打造全国党媒信息公共平台。另一方面，是积极推进媒体与其他产业的融合，特别是与 IT 业的融合。比如，2017 年，《人民日报》牵手"腾讯云"，打造了人民日报云平台；在双方共建大数据舆情与新闻热点发现和追踪平台的过程中，主要是整合腾讯的大数据处理能力，提升中国媒体融合云服务的档次和水平，最终形成向全媒体行业客户提供媒体融合大数据的新业务（马化腾，2017）。同时，人民日报社更加注重用"内容+"赢得新优势，通过把媒体优质内容输送到其他党政部门和企事业单位,让媒体产业在与各个行业的深度融合中壮大。比如,人民日报社先后与两家央企进行战略合作,代理运维了光大集团和招商局集团手机客户端的资讯频道(卢新宁,2018)。从趋势来看,通过深度融合,人民日报社全媒体正迎来迈向平台型主流媒体的新跨越。

(四)跨行业多元化,融入资本运作大市场

以 2012 年人民网在国内 A 股整体上市,以及 2016 年人民日报社和深圳市、招商局集团三方共同发起"伊敦"媒体融合产业基金为标志,人民日报社先后拥有两个资金规模过 10 亿元的资本平台。

前者先是融资,后是相关多元化投资。比如,2017 年 8 月 23 日,人民网发布公告,称公司近日与北京铁血科技股份公司(简称为"铁血科技")及蒋磊、牛亚峰、北京铁血投资合伙企业(有限合伙)签署了框架协议。在业务层面,人民网与铁血科技签署的是内容审核服务合同,由人民网负责铁血科技的内容审核工作,铁血科技支付相应的审核费用;在资产层面,人民网将以 7.89 元/股的价格,认购 91.33 万股铁血科技发行的非限售流通股,占发行后其总股本的 1.5%。业界普遍认为,这是"特殊管理股"制度的试点,人民网通过持股"铁血科技",帮助这家国内领先的独立军事网站及军品电商管控内容(人民网股份有限公司董事会,2017)。

后者先是投入,但联合发起方均有雄厚资金和资源,相当于运用了杠杆,有利于更好地扮演投资者的角色。由于一开始就有很好的顶层设计和战略眼光,《人民日报》体系快速地跨越了事业体制的障碍,以上市公司、股份公司打造市场主体,以产业基金打造投资平台,驶入了资本市场的快车道。

(五)跨文化多语种,融入国际传播大格局

推进深度融合,最终必然要朝"综合竞争力、文化影响力、国际传播力领先的一流传媒集团"方向迈进,人民日报社在跨文化、多语种传播上也是不断与时俱进。

人民日报社于 1985 年 7 月 1 日创办了《人民日报》(海外版),发行覆盖了80多个国家和地区，主要面向海外华人、华侨、港澳台同胞和在各国、各地区的留学生等其他人员；21世纪以来，人民日报社积极打造海外网，深入实施数字化转型，开通了14个国家和地区的本土化频道，不断提升海外影响力。

人民网除了中文（简、繁体）之外，还有蒙文、藏文、维吾尔文、哈萨克文、朝鲜文、彝文和壮文等少数民族语言，并且同步推出英文、日文、法文、西班牙文、俄文、阿拉伯文、韩文等外语版，总共15种语言16种版本，把"多语种、全媒体、全球化、全覆盖"作为主要运作目标；同时积极推进全球化布局，已设立日本公司、美国公司等11家海外公司。

人民日报客户端于2014年6月上线，三年后即2017年10月，又推出了英文版客户端；2019年1月，人民日报电子阅报栏入驻中国驻奥克兰总领事馆，迈出了走向海外的第一步。

正如时任人民日报社副总编辑卢新宁总结的："媒体融合不仅是媒体自身的融合，还是技术融合、经济融合、社会与组织融合、文化融合、全球融合的不断递进过程"（卢新宁，2018）。

（本章作者：柳剑能，柳剑文。柳剑文为广东省潮州市韩山师范学院副教授。）

第六章　南方报业推进内容深度融合的战略举措

近年来，按照中央和广东省委的部署，南方报业传媒集团加快推进深度融合、全面转型，牢牢坚持正确政治方向和舆论导向，围绕主题主线，有力地唱响主流舆论南方声音，智慧型文化传媒集团初见雏形。在内容融合创新上，南方报业所理解的深度融合，既不是在传统媒体旧肌体上生长出新媒体产品，也不是简单的"传统媒体+新兴媒体"，而是一个全新的生态系统再造过程。随着移动互联网技术的飞速发展，传媒业的内容生产不断面临新形势、新问题，南方报业紧紧把握技术、渠道、产品、人才等四个维度的新趋势，以互联网思维重新建构融媒体生态系统，建立起以先进技术为支撑、以重点项目为抓手、以内容建设为根本、以团队建设为目标的开放、共享、智能化的内容生产体系，逐渐形成特色鲜明的"南方融媒模式"。

一、以先进技术为支撑，强化数据优先战略

按照中央关于媒体融合的部署指引，当下媒体融合需要整合的先进技术，首先是考虑利用大数据和云计算技术来推进新闻内容生产，在制作、储存、分发等流程做出优化，进一步加强数据采集、存储、过滤、查找、加工、变换、展示的能力，为内容生产和传播的全环节奠定坚实的基础。

过去传统媒体经常有这种情况：由于记者、编辑有一定的流动性，同一个领域或者同一条线，甲记者采访一遍，丙编辑觉得选题不成熟没有采纳；过一阵子，乙记者也采访一遍，丁编辑重新提出意见，丙和丁编辑分别与甲、乙记者对接，并不清楚彼此之前做过哪些讨论和判断，导致重复劳动，效率低下。这是从事信息生产的单位却没有知识（数据）管理系统的典型场景。随着传播环境的深刻变化，特别是突发事件现场需要专业知识辅助时，一名记者在前方单打独斗往往是行不通的，需要后方的编辑

快速调用或梳理相应的知识、信息，才能较好地完成相应的深度报道。在这个过程中，信息、数据、知识的结构性积累和随时在线取用的必要性大大凸显了。

《南方日报》、南方新闻网、"南方+"客户端在推动党媒系统报网端深度融合过程中，较早地意识到了数据优先战略的必要性，在 2016 年已建成"中央厨房 1.0"，实现统一稿库的基础上，于 2017 年 9 月建成并启用"中央厨房 2.0"，打通报、网、端，实现"移动优先"目标。按照"四个一"的建设标准，实施技术赋能"策、采、编、发"，即建设一个报网端联动机制、一个采编指挥调度平台、一个全媒体内容管理系统和一个传播效果监测反馈体系，在决策上实现全媒体一体化统筹，在采访上实现全媒体实时在线调度，在编辑上实现全媒体高度衔接，在发布上实现全媒体多样呈现，在传播上实现全媒体数据监测（郝天韵，2018）。

同一时间段，集团旗下的市场化媒体——例如《南方都市报》，也抓住了数据战略转型的契机，于 2016 年率先推出带有"中央厨房"理念的新型采编指挥平台，并在实践中不断迭代升级。在报社的统筹指挥下，深度新闻部被列为首批试运行的部门，一开始就强制要求记者使用，从接报料、发起采访到成稿、交稿，全程留痕。同时，要求记者在月度总结中专辟一块"数据库总结"，再次汇总、分析重要的采编数据，并开放给部门其他同事。这样做的目的，就是以组织的力量确保媒体生产全过程中的信息、数据能够得到系统性的累积和分类，并且通过现代化的信息系统，让记者与记者之间、采编之间的协同生产变得更为方便。

以整合报料为例，《南方都市报》的采编指挥平台通过对电话报料、QQ 报料、邮件报料、南都 APP 报料和记者个人收到的线索报料进行汇总，更为直观地反映出一些领域的变化。2017 年年底，深度新闻部就基于报料情况全面关注了"现金贷"行业的突出问题，从事件、调查、行业分析等角度连续发出稿件 10 余篇，最终于 12 月初迎来了中国人民银行互联网金融风险专项整治工作领导小组办公室、银监会 P2P[①] 网贷风险专项整治工作领导小组办公室联合下发的《关于规范整顿"现金贷"业务的通知》，该通知要求开展对网络小额贷款业务清理整顿工作，进一步规范银行业金融机构参与"现金贷"业务（王佳，2017）。

为推动党媒系统的报网端融合而建设的"中央厨房"，侧重的是打破不同介质之间的界限；《南方都市报》自行研发的采编指挥平台，则侧重一份主流媒体自身的数据库管理，从而具备全介质传播的基础，两者相互借鉴，进一步提升了南方报业传媒集团数据优先战略的实用性、系统性和前瞻性。总体而言，经过将近70年的发展，一代又一代的记者通过手中的笔和镜头，累积了海量的原始素材资源，这是南方报业最宝贵的数据矿产资源。要把这些散落在各处的信息资源集中起来，并努力整合社会上的其他资源，优势互补，逐步打造具有专业化、规模化、现代化特点的新型内容数据库，并提升数据收集和处理的能力，为融合发展和智慧化管理提供强大的信息资源支撑。

南方报业充分发挥国家新闻出版广电总局授牌的媒体大数据应用实验室和出版融合发展重点实验室这2个国家重点实验室的研究成果，率先探索集聚海量媒体数据资源的新模式，于2018年6月29日举办首届南方传媒智库高端论坛时，正式上线中央数据库（大数据服务中心）1.0版本。

该数据库以南方报业旗下各子媒每日生产的海量内容数据为基础，通过统一收集、二次利用、交叉分析，实现南方报业内容数据的关联聚合、效用倍增。主要功能包括：一是11个基础信息库，含报纸库、杂志库、网站库、微博库、微信库、APP库、优秀报道库、图片库、视频库、历史线索库、文献资料库等，为内容生产提供准确及时的数据来源；二是3个专题知识库，采用实体识别、关键词自动抽取等先进技术，打造广东省人物报道库、地域报道库、机构报道库，为新闻、智库等内容生产提供更有价值的内容汇聚和更有针对性的信息库服务；三是开放的服务接口，打造

---

① P2P 是英文 peer to peer lending（或 peer-to-peer）的缩写，意即个人对个人（伙伴对伙伴）。又称点对点网络借款，是一种将小额资金聚集起来借贷给有资金需求人群的一种民间小额借贷模式。

多种数据服务接口，提供企业级的接口服务，即时响应各数据产品、数据服务的创新需求；四是简便易用的"数据工具箱"，含各种媒体数据处理和分析工具，强化对数据的挖掘、分析和运用，实现"用数据思考，用数据说话"。

二、以重点项目为抓手，强化移动优先战略

进入移动互联网时代，广大用户主要通过智能手机、平板电脑以及智能穿戴设备来获取信息。根据 QuestMobile 春季大报告，总体上看，2018年3月份，中国的移动用户数已达 10.9 亿。2018 年 5 月 18 日，易观发布了《中国移动互联网数据盘点 & 预测专题分析 2018》，主要对 2017 年中国移动互联网市场的发展现状及未来发展趋势进行了详尽的分析解读，包括移动营销、移动游戏、移动音乐、移动阅读、移动网购、移动旅游、移动团购、移动招聘、移动婚恋交友、移动教育、移动医疗、移动出行市场及移动支付 13 个领域，都出现了大幅度的增长。业界推断"未来的世界是移动互联的世界"并不夸张，中国网民对移动互联网的依赖越来越深已经是不争的事实。

2017—2018 年，综观国内外，无论是发达国家还是发展中国家，大中型传媒机构，甚至是小型的传媒机构都在布局移动互联网。综合起来看，我国传统媒体拥抱移动互联网的起步时间、统筹运用能力与国外媒体相比差距并不大。只要抓住移动互联网这个千载难逢的机会，狠下功夫，实现"弯道超车"并不是没有可能的。近年来，客户端、小程序、公众号等都是抢占移动互联网入口的可靠手段。

利用移动互联技术实现"弯道超车"，既是中央主管部门和省委的要求，也是南方报业根据市场趋势做出的战略抉择。集团顺应移动互联网发展大势，坚定不移实施移动优先战略，充分发挥先进传播技术的引领作用，着力打造具有领军作用的龙头新媒体。南方报业较早意识到布局移动互联网的重要性，早在 2015 年就酝酿推出了"南方+"客户端，并且明确了在报网端的深度融合中，"南方+"是重中之重。

"南方+"定位为广东省委、省政府权威移动发布平台。它利用党媒

深度融合的政策优势，整合全集团2000名专业记者、编辑，全天候为用户提供原创新闻、权威资讯和深度分析。"南方+"全天候生产与播发原创新闻、权威资讯和深度分析，第一时间传播广东官方与社会动态，21个地市频道全方位、全天候提供新闻和生活资讯；视频直播热点内容，突出独家、尊重原创、传递思想，24小时为用户提供贴心政务及生活服务。

除了原创新闻资讯，"南方+"客户端根据移动互联网市场的特点和趋势，还大力加强对用户的贴身服务，开设了吸引流量的三大平台：一是"南方号"，即广东权威自媒体分发与办事服务平台，按功能与呈现形态的差异分为"发布号"与"服务号"，汇聚了全省政务与服务精选订阅号，覆盖21个地级市最新的政务动态和服务窗口。二是"直播"，即全媒体移动直播平台，新版本推出的视频直播第一时间呈现采集的新闻现场信号，给用户带来身临其境的新闻现场感、触手可及的用户参与感。三是"福利"，即回馈用户的方式，比如"千万个流量包等你来拿"等线上线下结合的市场活动。

截至2017年，"南方+"客户端在推出两年多后，实现三个"3000"目标，其中下载量突破3000万次，营业收入突破3000万元，"南方号"入驻自媒体超过3500家，是名副其实的"广东第一权威移动发布平台"。根据《2017年全国党报融合传播指数报告》显示，"南方+"客户端的渠道传播力仅次于人民日报客户端和光明日报客户端。

2018年全国两会报道，"南方+"客户端突出核心意识，充分展现报网端深度融合优势，启动微视频、H5、原创图文等多条新媒体生产线，打好"组合拳"，使新媒体产品做到"融、新、深"。为使两会主旋律更响亮，"南方+"客户端生产了《两会TALKS》《2018全国两会学习日记》《总书记寄语广东"四个走在全国前列"有何深意？》《你好，2018政府工作报告民生大红包，了解一下？》等多个新媒体"爆款"。2018年3月3日全国两会开幕至3月20日，"南方+"客户端"新时代 新气象 新作为——聚焦2018全国两会"大型新媒体专题发稿量超过400条。经统计，"南方+"客户端的2018年全国两会专题点击量已超过300万次，新媒体产品全网点击量超过6000万次（张西陆，2018）。

在2018年度，南方报业传媒集团报、刊、网、端内容一体化生产、技术一体化支撑、经营一体化统筹持续推进。截至2018年7月底,"南方+"下载量突破4000万次,入驻南方号机构自媒体超过4000家,"广东第一权威移动发布平台"金字招牌越擦越亮。

三、以内容建设为根本,强化产品优先战略

推动媒体融合发展的过程中,必须始终坚持以内容建设为根本,把内容建设放在最为显著的位置,把媒体对技术、对用户需求的理解凝结为具有竞争力、吸引力的产品,这才是媒体转型发展的根本之道。从这个意义上讲,以内容优势赢得发展优势,就是新媒体时代的产品优先战略。以内容建设为根本,重点包含以下几个层次:

（一）品质上追求权威性和专业化

党媒集团依托强大的新闻采写队伍、权威的信息渠道、标准化的采编流程,进行专业化的新闻生产,打造出质量过硬的新闻产品,是围绕中心、服务大局的职责使命之所在。

2018年,《南方日报》推出19个版的"沿着总书记指引的道路奋勇前进"特别报道,站位高、规模大、效果好,获得中宣部高度评价；推出奋力实现"四个走在全国前列"深调研系列成果,广度与深度并存,传播与研究并重,有效发挥记录者、宣传队、参考书作用,彰显新形势下主流媒体服务中心工作的新能力和新价值,相关系列报道结集出版为《重整行装再出发》,成为广东省委全会的参阅材料,得到广东省委书记李希同志的高度肯定,充分证明了主流媒体深耕内容必然能进一步增强新闻舆论传播力、引导力、影响力、公信力。

（二）内涵上体现实用性和智库化

传媒发展下一个制高点,是从提供信息产品向提供思想产品迈进,传媒办智库的潮流,正是这一趋势的生动体现。南方报业把传媒智库定位于新时代新闻舆论工作的有机组成部分和党报集团服务党委、政府的重要阵地,必须坚持正确的舆论导向,必须把围绕中心、服务大局体现在智库工

作的方方面面。

《南方日报》在佛山区域进行了智库转型试点，以"佛山城市智库"与"新媒体服务平台"作为两个探索的方向：一方面，"佛山城市智库"重点尝试将传统媒体的调研、观察、解释、专业分析能力做到极致；另一方面，"新媒体服务平台"以"南方+"客户端和南方网为中枢，用"互联网+"的方式来重构流程、重塑生产力（郑佳欣、林焕辉，2017）。在一年多时间里，《南方日报》佛山新闻部总共承揽并完成了66个智库产品，成为佛山市委、市政府不可多得的智囊团，自身也获得了超出预期的市场回报，年经营收入突破了5000万元。

南方报业抓住时代脉搏，发挥媒体的资源优势和传播优势，使智库产品成为激活传媒功能的新力量、资源要素聚合的新平台、研究成果转换的新路径、信息采集传播的新方式、产业经营创新的新模式。2018年6月，首届南方传媒智库高端论坛成功举行，由十大智库组成的南方传媒智库矩阵正式对外亮相，涵盖了经济、法治、教育、城市、党建、数字政府、乡村振兴、军事、大数据、舆情等方向，从"融媒"到"智媒"的转型取得了初步阶段性成果（刘红兵，2018）。

（三）形式上注重创新和多媒体化

内容为王不等于"酒香不怕巷子深"，在新媒体环境下进行新闻生产，在宣传方式手段创新方面，媒体也要跟随融合发展的步伐，在用好传统看家本领的基础上，努力创新传播主旋律的手段和方式，如直播、短视频、H5、小程序、轻应用、GIF图片、数据新闻等，生产出叫好又叫座的产品（刘红兵，2017）。

"南方+"客户端以"短视频脱口秀+大数据动画"的形式，展现广东成就的《两会TALKS》，4集节目总点击量超过5000万次。南都的小程序"南都马上问"、数据动图等将细节表达加强，使新闻更加活泼；南方网的"H5新媒体实验室"等，将正面宣传做出了新高度，多次创下超过10万人次甚至100万人次的浏览量，受到广泛关注（支庭荣、陈钊、尹健，2017）。在媒体融合发展的过程中，南方报业旗下各媒体通过灵活运用文字、图片、示例图、表格、卡通形象、音乐、短视频等多种受众易于接受的形式，实现内容产品从静到动、从抽象到形象、从一维到多维的品质飞跃，满足不同终端、不同用户、不同体验的需求。

（四）传播上突出分众化、立体化

在媒体融合发展的过程中，南方报业注意个性化新闻与共性新闻之间的差异性，各媒体根据自身的细分定位，针对不同的用户需求，将产品内容差异化，实现"千人千面"点对点传播，量身定做、精准传播，在新闻实效性上狠下功夫。《南方日报》《南方都市报》《南方周末》等媒体进一步整合各媒体、各单位的行业资源，找准跨界融合发展的最佳结合点，以"传媒+产业"切入细分市场，拉长价值链，形成以新闻传媒为核心，融合教育、旅游、体育、娱乐、健康等在内的"1+N"新媒体产品格局。

立体传播包括线上线下两大板块：线上是顺应互联网传播移动化、社交化、视频化、互动化趋势，借助个性化、差异化的精准推送方式，统筹报、刊、网、端、微、屏等多种传播渠道，实现资源共享、信息互通、传播互补；线下则是通过会展、讲座、论坛、评选、颁奖等开展多种形态的体验式传播，从而更加全面地覆盖目标用户。通过线上线下联动，构建起聚合集团所有内容、所有渠道的立体传播平台，实现内容产品和服务的多样化展示、多介质推送、多元化传播。

四、以团队建设为目标，强化人才优先战略

不管是数据优先、移动优先，还是产品优先，最终都要靠人来实现。因此，"人才是第一资源"，推进媒体深度融合全面转型，首要的是强化人才优先战略，进一步激发媒体从业人员的主观能动性。如何实现平台共建、资源互通、人才共育、红利共享，打造区域融合、产品体系、资源格局、组织管理和人才团队的升级版？这是南方报业传媒集团在推进媒体深度融合、全面转型过程中不断思考和探索的主题、主线。

2016年2月19日，习近平总书记在党的新闻舆论工作座谈会上强调，"媒体竞争关键是人才竞争，媒体优势核心是人才优势"。当前，中

国正处在媒体融合发展、产业转型升级的关键时期,加快培养造就一支政治坚定、业务精湛、作风优良、党和人民放心的新闻舆论工作队伍,培养一批具有媒体深度融合采编运营能力的全媒型专家型领军人才,事关中国传媒业改革发展大计。

新兴媒体的蓬勃发展对复合型人才提出了更高要求,主流媒体集团人才结构性失衡的问题,在融合发展的新时期,显得愈发突出。近五年来,有三种趋势令人越发担忧:一是传统媒体行业的发行量、收视(听)率、广告收入继续呈现陡坡式甚至是断崖式下滑的势头,导致传统媒体对人才不再具有强大的吸引力,承载能力也同步下滑;二是新兴媒体蓬勃发展,形成磁吸效应,传统媒体专业人才鱼贯而出;三是全国大专院校的新闻传播类专业继续扩大招生,导致新闻传播专业毕业生数量与实际市场所需数量之间的"供过于求"矛盾更为突出(柳剑能,2017)。

在这一背景下,全国各级媒体集团纷纷努力加强干部员工的新知识、新技能培训,搭建优秀人才成长平台,培养、选拔具有强烈用户意识、创新意识、产品意识、市场意识,符合融合创新与转型发展所需的全媒型、专家型、复合型领军人才。

比如,人民日报社"中央厨房"开设了"麻辣财经""学习大国""国策说"等40多个融媒体工作室,对外统一使用"人民日报中央厨房出品"LOGO(徽标),其运行机制概括起来是"四跨"和"五支持"。"四跨"即允许记者和编辑跨部门、跨媒体、跨地域、跨专业组成小规模的工作团队;"五支持"是以中央厨房为孵化器,负责提供资金、技术、推广、运营、经营等五方面支持(张旸,2017)。南方报业既充分学习借鉴中央媒体的优秀经验,又充分结合广东媒体的实际,独创了从"南方名记"到"南方网红"的人才培养模式。

2016年10月,南方报业传媒集团正式启动"南方名记培育工程",旨在挖掘全媒型、复合型、专家型人才。经过自荐报名、部门推荐等环节,10月17日集团举行终审评议会,由此产生了"南方名记工作室"制度。工作室立足于被培养对象所在部门,可广泛调动集团内包括采编、经营、技术等其他岗位的人员组成虚拟团队。集团各职能部门予以充分支持并有针对性地开展多方面培训。"南方名记"培养对象在集团旗下主要媒体开辟专门栏目，内容成品统一冠以"×××（记者姓名）工作室出品"标识，形成品牌。

接着，南方报业顺应线上传播方式的新趋势，又首创了"南方网红"的概念，务求以网民更易于接受的方式传播正能量和扩大主流舆论阵地。以往纸质媒体风行的时代，名记施展的舞台更多的是平面媒体；进入移动互联网时代，用户对移动端阅读更加青睐，"南方名记"也必须与时俱进，升级为"南方网红"。具体而言，要完成从"南方名记"到"南方网红"的飞跃，有三个标准：一是有颜值，从外在形象上展示出朝气和活力，起到"吸睛"作用；二是有素质，有新闻采编播发的专业素质、新时代融合传播的素质和用户优先的素质；三是有气质，既"腹有诗书气自华"，又肩挑重任敢于担当。

2016年首批在多个行业细分领域具有明显专业优势的"南方名记"培育对象共15名，已在"南方网红"的升级培育中成长为首批"南方网红"，成为南方报业在垂直领域开疆拓土的中坚力量。

培育工程实施半年，效果显著。比如，2017年6月，"南方+"推出人物类竖屏视频产品《独白》。该产品由"曹斯名记工作室"牵头，《南方日报》、"南方+"客户端、南方视觉联合推出，在全网引起广泛关注。第一期为关注器官捐献协调员的《死与生之间，他们是摆渡人》；第二期是关注超重群体的《江门第一胖尹金花：胖到想要自杀的她收获了最美的爱情》；第三期是关注麻风病群体的《90岁出版口述史成明星，她竟来自广东最后的麻风岛》；第四期是关注心脏移植群体的《换心那天开始，我身上住了两个人》；第五期是关注炎症性肠病群体的《确诊了终身不愈的病，这个小男生笑着说：疾病不可怕，走不出来才可怕》。该产品依托《南方日报》深耕多年的医疗线，深挖有故事的人和他们的故事，小切口、巧角度使广大受众"三分钟感悟生命"，体现南方情怀。据不完全统计，五期节目推出后，截至2017年12月22日，影响力覆盖超过1300万用户（曹斯，2018）。

以"网红"记者赵杨为代表的工作室，打造了点击量突破1亿次的反腐脱口秀节目《武松来了》，还有不少融媒体产品单篇浏览量超过100万人次。网民持续关注并转发，中宣部和广东省委宣传部也给予充分肯定

（赵杨，2018）。

2017年第二批"南方网红"培育对象诞生，共计25位，来自南方报业旗下多个媒体，平均年龄不到33岁，在时政、经济、军事、娱乐、视频等各个细分领域，都是业务尖兵和突击能手。

总体而言，"南方网红"这一新的"事业留人"模式，有效稳定了中层业务骨干。在以往的模式中，记者往往是孤军作战，绩效考核则可能过于强调量化指标而将记者作为"计件码字/图片工人"对待。"南方名记"工作室制度强调在考核奖励上总体鼓励"跳摘"、宽容失败。在"南方网红"培育过程中，集团各媒体按照"一人一策、因人施策"的方针制定了个性化的培育制度，尤其在考核、奖惩等方面进行了新的探索，打破"计件码字/图片工人"和琐碎事务的藩篱，将更多精力集中于拳头项目、知名栏目、重要题目；工作室的团队成员也相应获得了更多历练机会。下一步，南方报业将强化对"南方网红"团队的引导与服务，强化"南方网红"专栏建设和融媒产品生产，强化"南方网红"对外传播的整体品牌，打造传播更广、实效更优的智慧内容产品，形成闭环的全媒人才与融媒产品良性循环，个人成长和集团品牌相得益彰。

（本章作者：柳剑能。本章主要内容首发于黄晓新、刘建华、卢剑锋主编的《中国报业融合创新研究报告（2017—2018）》一书，本书出版时有所修订。）

第七章 都市类媒体融合转型的特点、问题及突破口

相较于行政取向的党报党刊等主流媒体，都市类媒体作为市场化的经济主体，商业利益要求其必须在激烈的市场竞争中得以存活。随着互联网技术的发展，其所衍生出的新媒体形态和新产业形态，对传统的报业盈利模式产生冲击甚至颠覆性效应。因此，对市场取向的都市类媒体来说，媒介融合过程中最紧迫的问题是重新寻找新型盈利模式。迄今为止，都市报探索新盈利模式的路径仍不明朗，其转型风险比党报要更大、更具挑战性。本章以2014年至今为主要观察区间，对都市类媒体融合转型过程中呈现的主要特点、面临的主要问题、突破的主要方向做整体的归纳。

一、2014年以来都市报融合转型的主要特点

（一）发行量和广告收入持续下跌

据2014年11月中国广告协会报刊分会、央视市场研究（CTR）媒介智讯发布的《中国报纸广告市场分析报告》显示，传统媒体广告从零增长跌至负增长，其中电视增长0.4%，广播增长11.2%，户外增长9.8%，唯独报纸和杂志呈现负增长态势，报纸以-17.7%的幅度成为下降幅度最大的传统媒体，杂志以-9.8%的降幅位列其次（晋雅芬，2015）。与部分党报发行量和广告保持稳定甚至略有增幅相比，都市报的广告和利润下滑明显，少则跌幅15%~20%，多则达到30%，形势非常严峻。

一直以来，传统都市报的盈利模式主要依赖于"规模经济"和"二次售卖"：前者认为报纸的发行量越大，读者群也就越大，报纸的盈利能力越强，后者认为报纸能够在把内容售卖给读者的同时，更重要的是要将读者的注意力售卖给广告商。随着新媒体的兴起，都市报的受众群正在分

流,尤其是年轻受众大量流失,单纯地拼发行量只能是"烧钱自焚"。同时,都市报赖以生存的分类广告也大量流向互联网、移动端以及其他传统媒体,广告市场环境每况愈下。因此,与党报相比,"走市场"的都市报融合转型的紧迫感更强。

(二)"本地+深度+服务"是改版趋势

与新媒体相比,都市类媒体最大的优势在于拥有专业的新闻团队和强大的内容生产力。2014年,在媒介融合的大趋势下,多家都市报启动改版,从传统内容建设上发力:一方面,都市报作为具有明显区域特征的媒体,相比意识形态浓厚的党报,都市报要在内容上更"接地气",搭建本土受众的资讯和服务平台、扎根本地才是其生存发展的根本;另一方面,互联网时代的海量信息远远超过受众有限的注意力需求,但真正专业、原创、独立的新闻业还是要靠严肃、专业的机构媒体来承担,都市报要发挥能讲故事、善讲故事的优势,为受众提供有深度、高质量的新闻内容。总体来说,将内容上的本地化、深度化与服务化相结合,形成"本地+深度+服务"的平台,已成都市报改版的大方向。

(三)采编和经营部门间的"防火墙"被拆除

采编和经营之间的"防火墙"制度,原本是新闻媒体组织的基本制度,对于保证新闻质量、维持媒体公信力和促使媒体承担社会责任有着重要作用。不过,随着报业旧有的盈利模式遭到冲击,商业压力增大,在转型过程中,新闻业界对坚持"防火墙"的态度也出现松动。

从现实情况来看,不少都市报开始采取"事业部制",即以行业条线整合采编和经营人员,统一协调整个条线的新闻生产和广告经营,工序分段,独立核算。这种设置策略背后的逻辑,实际上就是把采编和经营部门相互打通,采编人员也开始深度介入经营任务,以整合营销的方式来替代单纯的广告售卖。过去一年,有偿新闻、有偿不闻甚至新闻寻租的恶性事件多有发生,也从侧面说明采编和经营部门之间的防火墙行将拆除,新闻生产的价值取向变得更加市场化、商业化,原本强调的专业伦理正在变化和重构。

（四）移动新媒体影响力大，但盈利能力弱

2014年，全国多家都市报在移动互联网的推动下继续发力，重心由微博移至微信、移动客户端，持续推出多款新媒体产品，借助都市报的采编资源优势，在内容及品牌影响力上取得较高水平。例如，《北京青年报》推出的"团结湖参考""政知局"微信公众号，《东方早报》旗下的"澎湃新闻"和"饭局阅读""识局"微信公众号，均获得受众及行业内不错的反响。

都市类媒体借助移动新媒体产品实现转型，虽然已经取得一定用户规模，但在变现方式以及盈利模式上仍然没有成熟的方案。主要原因在于：一则，市场并未建立清晰的评价体系来准确评估媒体微博、微信的广告效果，因此，各家自定起价，难以达成行业共识；二则，媒体移动端的广告容量毕竟有限，经过苦心经营，一家粉丝数百万乃至上千万的都市报微博，年营收能超过500万元已经相当不易。加之，移动端用户暂未养成对媒体内容的支付习惯，较高成本的投入以及营收的不对等，造成都市报在新媒体项目上普遍难以实现较好的盈利目标。

（五）移动电商和整合营销成趋势

据中国电子商务研究中心监测数据显示，2014年中国移动购物的交易规模接近10万亿元，增长率达到270%。移动电商的迅速兴起，同时带动了整合营销的发展。消费者在互联网上搜索、访问、交易、社交的行为，创造了海量的互联网信息数据。利用这些数据，企业及广告主通过媒体等渠道进行多个层面的营销，产生协同效应。

最近几年，不少都市报在延伸媒体业务的过程中，主要手段就是移动电商和整合营销，其中不乏亮点。如南都报系试水电商项目创建媒体电商"南都乐购"，定位为"基于媒体的电商服务解决方案"，作为为传统媒体广告客户媒体广告服务的一种组合的增值服务提供给客户，直接实现"广告需求、营销需求、销售需求"的一体化实现。此外，《华西都市报》启用精准投放广告系统（i-delivery），也成为实现整合营销的有益探索。

二、都市报融合转型的观念、策略和体制问题

都市报的转型还处于尝试、探索阶段，尚未形成成熟的转型模式和发展策略。媒体要彻底地进行融合转型，不能仅仅将"媒介融合"理解为生产方式和传播手段的融合，而应当通过更加深刻的反思来寻找机会。

总体上看，互联网技术的发展不仅引起了新闻生产机制的变革，也带来了整个社会信息传受方式的改变。曾经占据信息传播中心地位的传统媒体被不断唱衰，报业转型也成为媒体自救的主旋律。其中，不同属性的报纸有着不同的转型路径。与党报相比，都市报缺少政策红利和资金补助，又承担着体制和市场的双重压力，在这个转型的过程中面临着更多的问题、更多的挑战。

（一）观念：服务本地用户

在信息稀缺的时代，媒体的社会功能主要体现在信息传播上。然而在信息爆炸、人人都有麦克风的新媒体时代，传统媒体失去了信息传播的主导权。报纸曾经坚守的唯"内容为王"的观念如今已经难以立足，单纯的新闻信息类资讯已经不足以留住既有受众，将"资讯"与"服务"相结合才是融合转型的方向。作为最贴近市场的都市报，在转型中首先要改变固有的旧观念，主要有以下几个方面：

1. 从受众意识到用户意识

互联网去中心化、开放性的特点，使信息传播方式越来越多元化、社交化。微博、微信等社交媒体的广泛应用催生了一批生产型消费者，他们拥有了"受众—用户—公民"的三重身份，这些曾经的"受众"在信息传受过程中不再以接受信息为主，而成为了积极的"互动化生产者"，并且对媒体生产传播的内容提出了高质量、个性化的需求。

都市报的读者群体主要是年轻人。移动互联网和社交媒体基本满足了他们对信息资讯的需求，随时随地都可以获取新闻和信息。报纸面临着读者流失的挑战。都市报想要成功转型，留住既有受众，需要从根本上转变观念，摒弃以往处于信息传播中心的高傲姿态，建立起全新的"用户意

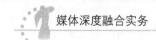

识"，尽力满足用户对信息产品个性化、定制化的需求。

2. 从内容为王到服务为王

移动互联网的普及，使信息获取渠道多元化、信息传播更加社交化。都市报提供给用户的新闻、资讯，一方面可以被各种新媒体信息产品代替，另一方面用户也会在日常社交生活中通过协同过滤，获取个人最感兴趣的信息。因此，受众使用媒体的动机也随之发生改变，逐渐从获取信息转变为获取服务，由此将导致媒体社会功能的转变。

今后的媒体空间主要有两种形态：一是家庭空间，以电视为典型媒介，形成同一空间共同观看的情感体验，在此空间内媒体的核心功能是娱乐休闲；二是移动空间，包括在公共交通上和公共场所，主要媒介是包括手机、平板电脑及可穿戴设备，核心功能兼具社交功能、提供信息和娱乐的功能。

以上诸多功能的背后指向和核心要点都是"服务"。在信息超载的新媒体时代，高质量的内容固然有利于吸引用户，但提供高品质的思想和贴近生活的服务更有价值。都市报要想重新赢得用户，就要满足用户的服务需求，保持对用户价值的持续追寻，首先要改变内容为王的传统观念，把重心转移到传播思想、服务用户上来。

3. 从影响全国到扎根本地

对《南方都市报》《新京报》等少数具有全国影响力的都市报而言，可以继续追求全国范围的影响、追求话语空间的重塑；而对于大多数都市报而言，全国影响已经不那么重要，扎根本地才更有价值。

都市报的定位应该是服务本地的新型传媒，从推动城市治理和满足生活需求两方面出发，主推"资讯+服务"的媒体功能，选择本地化的服务路径，垂直划分服务领域，使报纸下沉到社区，真正做到垂直化、社区化、服务化。

本地化转型的目标是重建一个立足本地的、清晰的用户数据库，实现细分市场的整合营销。都市报应致力于推动城市治理的现代化，并努力满足用户的生活需求，帮助本地用户更好地了解所在城市的都市文化，把资讯和服务整合在一起，从而重构商业模式、强化城市认同。

（二）策略：搭建三个平台

1. 产品平台：细分需求+资讯服务

都市报要注重细分读者需求，为用户提供资讯和服务，打造有本地影响力的细分产品平台。具体可以从重塑产品形态和改造生产机制两个方面进行改进。

（1）重塑产品形态。在报道容量上，都市报应该快速地扩大自己的本地新闻，压缩国内新闻、国际新闻和副刊、文娱新闻的版面，体现本地资讯和服务供应商的核心价值；体裁上，要弱化动态消息报道，强化报道的内容深度。这里的"深度"并不是指传统的调查报道，而是深度的策划，有深度的板块，对深度的思想的解读和传播；题材上，要尽量减少社会故事的比重，淡化传统的"讲故事"的风格，主要致力于服务和推动本地城市的治理；从报纸的形态来讲，报纸的杂志化、视觉化、数据化和融合化是主要的发展趋势，充分利用不同的媒介平台来采写刊发新闻，并在传播过程中重新找到用户接受信息的习惯和规律，找到新的传播周期。

（2）重建传播周期。首先，要以互联网为核心，重塑报纸内部采编流程。实现报纸的全媒体转型和媒介融合，从长远来讲不是指"网报融合"，而是"以网融报"。以建设"中央厨房"为例，不少都市报已经形成了上午、下午和晚上"三班倒"的发稿机制，流程基本上先是微博消息快播，然后网站信息滚动，再随后是报纸跟进。此外，报纸要进行融合采访，通过不同媒介形态的平台和渠道来组织采访、收集信息，采写完成的稿件要在不同平台分多次发布，在此报纸需要注意通过研究找到用户接受信息的习惯和规律，从而找到最合适的传播平台，重建信息传播周期。

2. 服务平台：功能黏性+精准数据

首先，都市报需要重建、管理、扩大用户数据库。媒体的微博、微信拥有大量"粉丝"，但都市报不能满足于"粉丝"数量，而应该把"粉丝"转化为媒体产品的用户。都市报为更好地发挥服务功能，要将报纸的受众转移到不同媒介平台上来，将受众和"粉丝"都转化为用户，并进行细分管理，合理分配。其中，移动客户端的"粉丝"和本地读者都是主要的用户群。

针对报纸而言，要将原有的读者转移到不同的互联网产品上来。其中，微博的主要功能是作为推广渠道，媒体应充分利用微博进行自身推广，增加"粉丝"数量，一方面加强媒体品牌影响力，另一方面通过微博信息发布，引导微博"粉丝"的注意力转移到不同媒介形态的产品上去，进而转化为用户；关于微信，可以将其作为用户积累平台，通过在媒体微信公众号上进行信息传播、提供生活服务，吸引并培养忠实用户，同时对不同类型、不同层次的用户进行精准识别，对其细分化，尽量满足用户个性化需求；作为系统平台，新闻网站可以把不同媒介平台上的用户数据打通，媒体可以通过集成的数据资料重建本地用户数据库。

其次，将不同功能的城市服务"产品化"，并形成一定的功能黏性。都市报基于原来的版面、板块内容所进行的城市服务，现在要全面转移到以互联网和传统媒体一体化整合的不同细分市场上来，将不同功能的城市服务转化为产品，在此过程中也要注意保证一定的功能黏性。例如，如果与当地教育局合作，则教育局所有关于政策的咨询信息都由当地都市报来整理、发布和传播；如果和交通局合作，都市报可以通过"快出行"之类的产品为当地用户提供出行服务。通过这种方式的合作，都市报把城市原来的政务服务功能进行了细分并产品化，把原来的社会生活领域的娱乐消费服务也进行产品化，将有利于报纸的用户价值和服务价值的提升。

3. 营销平台：整合传播＋全站服务

都市报应充分利用报纸、网站、微博、微信等多种平台进行整合传播，扩大用户群。同时，利用全媒体平台，为用户提供全站式服务，满足不同层次的生活需求；打造媒体品牌，加大媒体公信力和影响力，通过报纸平台、网站、移动产品等进行多方向的品牌传播，增强媒体的市场竞争力。

如上文中提到，未来媒体空间主要表现为家庭空间和移动空间两种形态。家庭空间的媒体多指电视媒体，报纸的媒介产品不易于形成共同观看的亲情体验，因此，都市报的营销平台应该将重心放在移动空间上，除了常规的移动客户端上的信息呈现和推送以外，还可以将营销范围拓展到地铁、公交车等交通工具上以及车站、机场、商业中心等公共场所。

(三) 体制：探索多元体制

改革开放以来，中国报业长期实行"事业单位，企业化运营"的运营体制。一方面，这对报业融合提供了行政资源和政策支持，另一方面又对报业转型带来了一些限制，阻碍了媒体建立现代企业制度。如何把体制的限制、带来的负面效应降到最小，同时放大其正面效应，是都市报转型过程中需要重点考虑的问题。

党报在报业转型过程中或许会更加突出其宣传功能和政治功能，而重视市场效益的都市报则应更加强化其企业身份，推进管理运营的产权制度创新。党报的事业体制想要转型成现代企业制比较困难，而都市报将可能率先转型成为混合所有制的现代企业。虽然混合所有制能否成功实现有待观察，但这是一个发展趋势——现代都市报下面会孵化出越来越多的细分的子公司，报纸逐渐从大规模、组织化的媒介形态转变成小型组织或者中小企业的联合体。

1. 激发创业文化

从企业管理的角度出发，都市报要实现媒介融合的全面转型，需要敢于尝试新媒体、任用有创新能力的员工。在报纸内部建立完整有效的奖励制度，有利于提高大家试水新媒体的积极性，使整个团队快速转变观念，建立互联网思维和创业思维，从而进一步推进整个报纸的融合转型。比如，报纸管理层可以划拨出部分资金用于奖励运营出色的微信公众号，以及细分市场的整合营销项目，其奖励考核标准是该公众号或项目吸引的用户规模及其所产生的商业价值。据悉，浙江日报报业集团、上海报业集团等已经开始实行奖励微信公众号等奖励机制。

2. 实现多元发展

鼓励财务性投资，拒绝战略性投资。适当的财务性投资对媒体的经营发展是有益的，有利于实现经营性资产的多元生态。然而，媒体的企业化运营可能会影响新闻专业主义的客观中立性。因此，不影响媒体内部决策的财务性投资可以尝试，但不要做战略性投资，以免影响到报纸内容生产或内部决策。

3. 探索多种体制

对内部创业项目进行股权激励，建立中小企业联合体。随着整个报纸行业的新闻生产逐渐从组织化走向社会化，都市报的媒体形态也将从中型组织转型为小型化组织或小型化组织的联合体。对内部创业项目进行股权激励，是鼓励新媒体创业的又一策略，也有利于报纸的多元化产权制度创新。将都市报发展为中小企业的联合体的设想能否成功实现，有待检验，但仍可为都市报的融合转型提供一个明确的发展方向。

综上而言，都市报的融合转型尚处于尝试、探索阶段，未来仍将面临未知的挑战。都市报管理层和一线工作人员应该树立彻底实现媒介融合转型的信心和决心，不能仅仅把互联网当作报纸传播渠道的延伸，进行报网联合、网报互动，而应该真正从观念上转变传统媒体唯"内容为王"的理念，培养用户意识，建立互联网思维，探索深层次的融合和变革，实行服务本地的转型策略。体制方面，未来的都市报要处理好体制因素带来的便利和壁垒，不断推进产权制度创新，向现代企业制转型，还可以通过内部奖励、股权激励来激发团队进行新媒体创业的热情。

都市报转型应从观念、策略和体制这三重角度出发，对报纸的传播理念、生产方式、经营模式等方面进行全方位的深刻反思和大胆创新，实现多方位的媒介融合，同时兼顾自身经济效益和社会效益，构建媒体自身公信力和品牌影响力，在全新的信息传播格局中获得话语权，实现长足发展。

三、都市报融合转型的五大突破口

作为市场化取向的都市报，在融合转型的过程中面临着多重挑战。首先，不同于党报融合转型的是，都市报融合转型缺乏政策红利；其次，都市报年轻读者群体最容易流失；再次，都市报的服务功能也正更容易被网络所替代；最后，都市报在新型盈利模式方面并未取得根本性突破。可以用五个关键词来探讨都市报社的融合转型的主要突破方向。

（一）新闻

不管报业如何转型，首先需要明确的是，向公众提供新闻依然是报纸的基础功能。都市报走融合转型的道路则要首先推进新闻融合，新闻融合意味着实施融合生产、探索形态创新。

随着互联网技术和社交媒体的发展，公众能够随时随地通过智能手机获取新闻资讯，已逐渐变成"无社交、不新闻"。在此过程中，公众对于信息的接收呈现出即时、移动、互动等社交化的特征。这就需要都市报在融合转型的过程中，逐步打破以"报纸"为核心的生产流程，建立以"互联网"为核心的全新生产机制（张志安，2014）。

一直以来，以"报纸"为核心的生产机制对新闻生产、新闻从业者造成了双重压制的情况。一则，报纸有固定的出版周期和版面限制，对新闻的容量有一定的限制。二则，报纸相对固定的截稿时间会对记者造成发稿压力。而以"互联网"为核心的生产机制则要求建立新的发稿机制和生产平台，形成"即采即编、动态发布"的流程。

这种新的生产机制，不仅要在时间上的实现"全天候"发稿，更要体现在新闻生产方式的转变。应对重大新闻事件时，要形成前方记者和后方编辑的协同合作，后方编辑随时掌握前方记者所遇到的情况，及时帮助记者进行采访调整和资源调度。同时，还要整合不同内容生产线上的工作，来应对不同平台的传播需求，做到一次采集、分类加工、多元发布，从而实现媒体资源效益的最大化（张志安、刘杰，2015）。

比如依托《东方早报》采编团队建立起来的澎湃新闻，其生产机制就是以"互联网"为核心的。新建立的内容生产平台，除了整合《东方早报》原有的夜班编辑平台和专刊编辑平台外，其余主要依靠澎湃新闻所搭建的4个平台，包括24小时编辑平台、互动社交平台、内容营销平台和视觉平台。除了记者和编辑岗位以外，还增加了产品经理、内容营销、投资和法务人员等。

（二）产品

据《中国互联网络发展状况统计报告》统计显示，截至2018年12

月，我国网民规模达8.29亿，全年新增网民5653万，互联网普及率为59.6%，较2017年年底提升3.8个百分点。其中，手机网民规模达8.17亿，网民通过手机接入互联网的比例由2014年年底的85.8%提升到高达98.6%（余俊杰，2019）。显然，中国已经步入了移动互联网时代，面对如此规模的用户基数，都市报应该如何布局移动互联网战略和产品？

总体来看，目前都市报普遍采取"产品矩阵"策略，主要采取了三种措施。第一，整合报社现有资源，根据市场需求，进军垂直和专业化细分的领域。第二，入驻网络公司已搭建好的强大平台，如微博、微信。第三，建立新闻客户端作为标配。

比如《华西都市报》实施的产品开发"I战略"，涉及网站、广播、平面媒体、户外媒体等领域，建立了移动新媒体与掌上四川客户端等。"I战略"具体包括资讯（i-Media）、社交（i-Link）、互联网金融（i-Finance）、电商（i-EB）4个平台。此外，《南方都市报》也进行了"一报一网两微三端"的布局，其中包含两条产品线：一是以报业为中心的纸媒产品线，二是以奥一网为中心的互联网产品线，三端则分别为新闻客户端、社区客户端和行业垂直客户端。

当下，大部分都市报的移动产品布局基本完成，最为迫切的是如何评估产品价值、实现新型营收。对于微博来说，可进行商业化运营但期望不宜太高，一些都市报微博一年的收入可达到数百万元，但增长空间比较有限。对于微信来说，可以帮助报社吸引和建立用户数据库，增加平面广告的价值。以《广州日报》微信公众号"求学指南"为例，它的主要受众是家长群体，用户需求相对集中，对报纸的教育版广告有明显的促进作用。

（三）行业

长久以来，都市报大多依靠广告收入作为经济支柱，而如今面临发行量和广告收入都严重下滑的困境，其生存也愈发堪忧，为此必须对经营模式进行重新规划。

显然，都市报当前面临的生存压力，实际上是报业整体危机的折射。都市报不能再局限于单一的经营模式，应该进行行业延伸、拓展多元经营。

都市报在延伸产业触角、增加多元收入的过程中,需要注意两个方面的问题。第一是考虑产业的选择。拓展哪个产业,要取决于报社的定位、资源和所处的区域环境,诸如云南日报报业集团力推的智慧旅游、浙江日报报业集团进军的游戏产业,都是利用自身优势,通过行业延伸来反哺报纸。第二是服务的转变。包括在服务对象上,由报刊读者向多元用户转变;在服务形式上,由大众化传播向分众化传播转变;在服务内容上,由提供单一新闻资讯向综合文化服务转变。

在行业延伸方面,浙报集团已取得诸多实效,该集团将提供的内容和服务分为四层,最顶层是向用户提供主流新闻,下面是提供专业资讯,再下面是提供文化娱乐,最底层是提供生活服务。围绕服务内容方面,建立了四层服务体系,逐步达到了由提供单一新闻资讯向以新闻资讯为核心的综合文化服务转变。此外,该集团已还通过"传媒梦工场"为平台,组织"新媒体创业大赛"、实施新媒体领袖计划、建立"中国新媒体第一创业孵化基地",以期发现有增值潜力的新项目进行投资和孵化。

(四)资本

多数市场化取向的都市报,并不是真正意义上的市场竞争主体。要想改变这种局面,都市报需要建立治理结构完善的现代企业制度,同时推动管理运营的多元产权治理创新,实现真正的公司化治理。这方面,可借鉴的有"绝对产权控制""绝对产权控股与相对产权共持""绝对产权与相对产权均相对控股"等三种模式。

都市报融合转型的目标,不能仅停留在"保住报业"这个层面,还应当有做大传媒业的追求。为此,有必要实施项目孵化、资本驱动战略,谋求项目上市、实现交叉补贴。

目前,不少媒体都建立了"内部孵化器"机制。比如,《21世纪经济报道》建立的"小团队孵化机制";广州日报报业集团拿出300万新媒体基金,鼓励员工尝试新媒体项目;新加坡联合早报控股集团规定,员工有3个月带薪孵化期,可以向集团申请5万新加坡元(约合25万元人民币)资金进行创业,如果创业不成功则返岗继续原来的工作。

"内部孵化器"机制的建立值得肯定。一方面，它可以有效调动部分员工的创业激情，孵化出真正有竞争力的项目，对其产业发展和行业延伸的探索具有重要的推动作用；另一方面，可以发挥留住人才的作用，适当缓解传统媒体人才流失的速度。

以《华西都市报》的"创客行动"为例，报社既做好资金支持，又提供制度保障：拿出50万元用于征集创业"金点子"活动，拿出100万元和1000万元分别作为创业培训和创业投资的专项资金。报社还规定，员工不用辞职就可创业，报社还提供全程创业辅导，管理团队可给予期权、股权激励。在项目筹备期间，需完成本职工作；在创业开始阶段，报社对员工进行独立核算，商量薪酬标准；当创业项目正式开始，员工就可跟报社解除劳动关系。这些比较细致的制度设计，有利于在报社内部将"内部孵化器"落到实处、做出实效。

（五）观念

今天，互联网技术的发展，改变了传统媒体垄断性生产的地位，不少传统媒体人的思维和理念已经跟不上时代的发展。都市报的融合转型，看似是"报"的转型，背后实际上也是"人"的转型。传统媒体人应该告别本位意识，更新职业思维，实现从一元意识向多元意识转变，从精英意识向"草根"意识转变，从主场意识向客场意识转变等。

依据腾讯网副总编李方的观察，今后的媒体需要三种层次的人才：初级专业人才只会写稿子；中级人才则习惯于制定年度目标，通过对组织内部流程的输入端、输出端的关键参数进行设置、取样、计算、分析，把企业的战略目标分解为可操作的工作目标；而高级专业人才则能洞察行业变化、用户需求，依托媒体属性向更广阔领域拓展。

针对传统媒体人的转型，小米副总裁陈彤也给出了四点建议。第一，传统媒体人要有勇气抛弃既有利益，敢于跳出"围城"去看看世界；第二，以新方式在更有前景的领域，继续曾经的"光荣和梦想"；第三，提高学习和创意能力，深刻理解新闻产品的要求；第四，把握移动互联网媒体的要素：内容＋形式＋社交＋场景。

综上所述，都市报的融合转型，要紧紧围绕新闻、产品、行业、资本、观念等五个关键词展开。具体就是，在新闻融合方面，要实现融合生产，探索形态创新；在产品服务方面，要打造不同终端，拓展营销渠道；在行业延伸方面，要发展文化产业，拓展多元经营；在资本驱动方面，要谋求项目上市，实现交叉补贴；在观念更新方面，都市报的管理层要告别本位意识，拥抱思维革命。

与一线城市相比，欠发达地区的报业竞争没有那么激烈，当地的都市报占据的市场份额仍然比较大，转型的市场周期也相对较长。在转型期内，一旦一、二线城市有可供借鉴的成功模式，只要合理消化、因地制宜，就有可能找到适合自身的发展路径。

（本章第一部分由张志安、刘杰撰写，主要内容原以《媒介融合的年度观察及展望》为题，首发于《新闻战线》期刊"传媒观察"栏目，2015年2月（上）第03期，第36～38页。第二部分由张志安、张小瑞撰写，主要内容原以《都市报融合转型：观念、策略和体制》为题，首发于《传媒》期刊"特别策划"栏目，2015年1月（下）第02期，第22～24页。第三部分由张志安、章震撰写，主要内容原以《都市报融合转型的关键词》为题，首发于《新闻战线》期刊"传媒观察"栏目，2015年10月（上）第19期，第25～27页。本书出版时，根据最新情况进展做了部分修订。）

第八章　佛山传媒集团：抢占全媒体时代高点

在媒体改革层面上，佛山非常好地体现了广东"敢为天下先"的勇气和探索精神。早在 2003 年，因应佛山现代化大城市发展的需要，市委、市政府已着手整合本土传媒文化资源。2003 年 12 月 28 日，以《佛山日报》为主报，整合市区平面媒体，组建佛山日报传媒集团；2005 年 1 月 26 日，在佛山日报传媒集团基础上，横向整合全市广电、报刊、音像出版以及部分文化产业，纵向整合市、区、镇各级传媒和文化资源，正式成立佛山传媒集团。佛山传媒集团宣告成立时，并没有大规模宣传，但很快引起了国内新闻业界和学界共同的关注。某种程度上，佛山之所以能较早地迈开全媒体探索这一步，得益于时任广东省委常委、佛山市委书记黄龙云的高瞻远瞩。他向佛山传媒集团提出了"小城办大媒体"、推动城市新跨越的殷切期望，并指出，佛山传媒人应当紧紧抓住这一机遇，力争在跨媒体合作领域有所建树，在中国新闻史上留下重要的一笔。

一、整体情况

截至 2019 年，经过 15 个年头的发展，佛山传媒集团在媒体融合方面已经走在全国地市级媒体的前列，成为全媒体资源初具规模、硬件设施完备、资产质量优良、年营收规模稳定在 9 亿元以上的传媒标兵。

（一）资源覆盖全媒体

集团旗下拥有《佛山日报》《珠江时报》《珠江商报》《佛山广播电视周报》《广佛都市报》《珠江青少年》《佛山文艺》等报纸、杂志，佛山电视台及所属分台共 5 个电视频道，佛山电台及所属分台共 6 个广播频率，佛山新闻网、各媒体网站等新媒体资源。

(二) 硬件设施完备

佛山新闻中心占地 130 亩，建筑总面积 9.4 万平方米，是一座集集团总部及属下的佛山日报社、佛山电台、佛山电视台、佛山新闻网等多家新闻媒体的大型建筑群，具备广播电视节目制作、播出、传输、报刊采编、新闻发布、文化艺术表演、城市服务等多种功能。其中，电视台 1500 平方米大型演播厅技术设备达到国际标准，至今仍处于全国前列。此外，集团还拥有佛山电视台制作基地、佛山广播电视中心、佛山珠江传媒印务与发行有限公司印刷厂，以及三水区、高明区广电中心等驻区媒体硬件资源。

(三) 资产保值增值，年营业收入稳定

截至 2018 年 12 月末，该集团资产规模由 2005 年年末的 11.18 亿元增加至 21.79 亿元，增长 94.9%，年均增长 5.3%；负债总额由 2005 年年末的 5.2 亿元增加至 8.25 亿元，增长 58.6%；净资产由 2005 年年末的 5.98 亿元增加至 13.54 亿元，净资产保值增值率为 138.7%，净资产年均增长 6.48%，实现了国有资产的保值增值。2018 年，集团汇总合并营业收入总额为 91603 万元，同比上年增长 6.5%，实现利润总额 5473 万元，在地市级媒体集团中走在前列（见图 8-1）。

二、主要历程

在 2014 年国家正式提出"媒体融合"之前，佛山传媒集团的全媒体发展，主要是推进新媒体的发展；此后，则是顺应国家顶层设计的要求，不断探索推进传统媒体和新媒体融合发展。

(一) 推进新媒体发展

集团自 2005 年成立以来，就依托跨媒体集团优势，探索党报、党台数字化转型，进军互联网络、社交平台、移动传播等新兴传播领域。目前，依托传统媒体资源、品牌、人才优势，集团已基本构建包括报纸、电

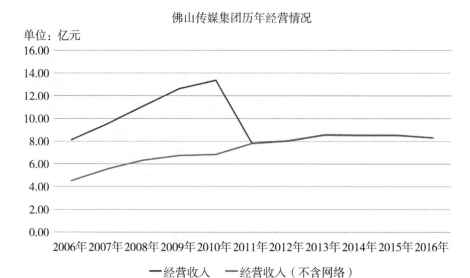

图8-1 佛山传媒集团历年经营情况

台、电视台、网站、微信及微博矩阵、APP客户端在内的立体传播体系，基本实现主流舆论场与网络舆论场的协同发展。

一是大力推动网络媒体建设。2009年，集团依托《佛山日报》网站"佛山在线"，整合各媒体数字报、视频、音频等内容资源，创办"广佛都市网"（现改名为"佛山新闻网"），其迅速成为本土最有影响力的门户网站；依托集团品牌及各媒体之间互动推广，各媒体开设的微博、微信公众号，以平均每天近千的关注人数快速上涨。

二是依托第三方平台，组建多层次、立体化新媒体矩阵。佛山新闻网除加强自身平台建设外，还注重提供社会化服务，自2012年起，服务政府、企业等社会各界，运营维护涵盖APP、微博、微信等70多个新媒体产品。总体上，利用第三方平台，集团各媒体开设了近200个微博、微信公众号，覆盖时政、旅游、汽车、置业、微购、教育、健康、佛山、公益等多个领域，并在主报（台）、部门（频率）及栏目节目等不同层面都有分布，既彰显了品牌，延伸了舆论宣传触角，又大大黏合了活跃用户。

三是明确主攻方向，依托各媒体特色资源，实现差异化、特色化发展。如在集团统一规划下,《佛山日报》等平面媒体依托党报资源,以多元化需求为导向,积极探索"新闻+服务"的发展方式,激活线上线下资源。

四是以体制机制创新保障新媒体发展的规范化和常态化。一方面,以组织架构、机制转换推动新媒体发展,如各媒体打破传统职能部门条块分割,组建新媒体发展中心,统筹推进新媒体跨越发展,鼓励采编人员向全媒体记者转变。如集团制定并颁布实施《佛山日报报网融合绩效考核办法》、《珠江商报》制定《全媒体记者及编辑考核方案(试行)》等,以一系列激励措施和制度保障新媒体发展。另一方面,以问题为导向,在新媒体快速发展中,注入传统媒体把关经验及引进系统的流程管理制度,使其规范有序发展,如建立"三审制度"等。

(二)推进传统媒体与新媒体融合发展

自2014年以来,佛山传媒集团以传统媒体与新兴媒体融合发展为主线,厘清"深耕主业、多元拓展、加快转型、融合发展"的发展思路,以新媒体战略平台、两个舆论场、复合型传媒人才培养等为探索方向,努力在传统媒体与新媒体的技术应用、产品终端、人才队伍、管理机制等方面实现共享融通。

一是整合资源,搭建传统媒体与新兴媒体融合发展平台。作为全国地级市首家跨媒体集团,佛山传媒集团在成立之初就因兼具全媒体形态而被学界、业界寄予厚望。历经行政整合、资源整合、理念融合等不同改革发展阶段,集团全媒体运作水平已行进到一个新的高度,不仅培养一批跨媒体复合型人才,而且在内容、渠道、平台到经营、管理等一体化运作方面,也积累不少探索经验。因而,随着中国传媒业整体进入到传统媒体与新媒体融合发展这一新阶段,相较单一媒体乃至其他单一形态的媒体集团,佛山传媒集团已经具有融合的先发优势。首先,此前的改革已经为集团融合发展提供了全媒体的资源支撑,这种支撑包括多媒体生产架构、平台渠道以及人才等多层面。除佛山新闻网外,集团下属日报、电台、电视台、时报、商报都成立专门的融媒中心,共有从事融合产品开发、内容生产的融媒人才100多人。其次,集团历经整合,在受众一体化、载体一体化乃至采编流程和组织架构一体化方面，面临较少的融合阻力。最后，新媒体平台与传统媒体一起，在重大活动、重大事件中发挥同频共振作用，始终保持着网络舆论的主旋律及影响力，已经初具经济实力。比如，佛山新闻网2015年营业收入就超过800万元，大大增强了自我造血功能。

二是顺应移动优先战略，适时推出新闻客户端。如2015年，《佛山日报》积极发挥主流媒体的影响力强、可信度高等优势，上线"佛山在线"客户端，通过创新内容和传播方式，开设头条、时事、财经、民生、五区等频道，实现权威发布全覆盖，积极引导网上舆论，培育文明理性的网络舆论生态。另外，"佛山在线"客户端还为市民提供升学、政务、生活、文化等本地信息服务。广电媒体则依托其覆盖面广、渠道细分优势，积极开展垂直渠道新媒体项目开发。如电台在微博、微信公众号外，还围绕亲子、交通等各需求领域，开发"花生FM""花生宝贝""畅驾APP"等新媒体客户端，线上线下互动，以定期举办活动、开展讲座等方式，增强用户参与度及黏性，实现经济效益与社会效益统一。

三是采编流程全媒体再造、一体化发展。适应"融媒时代"的变革，搭建涵盖采集、制作、加工、共享等环节的生产创作技术化、制作流程一体化、资源共享便捷化的内容制作平台。如集团下属《佛山日报》开展以融媒体部门为中心的"中央厨房"采编机制，启动媒体融合一体化采编发布平台建设，无论是报社的自采稿件还是新华社等权威媒体的通稿、专题策划、网络稿件都能统一存储、统一管理，使资源价值最大化，实现发布口径统一、来源一致。同时，将报纸的内容融合领域，从全媒体平台的自我运作，逐步扩展到整个报社传统的采编部门与全媒体技术服务相结合，实现报业"内容生产—发布—增值"的完整链条，实现"一次生成，多次售卖"的价值增益。报社通过全媒体平台的发展，带动并最终促成了新闻内容生产方式和流程的创新。现在，报社已形成报纸、佛山在线网站、佛山在线APP、佛山日报官方微信、佛山日报官方微博以及子微信矩阵的宣传报道平台，覆盖超过150万的受众。

佛山电台立足自身优势，紧跟技术变革潮流，加快采编流程一体化发展步伐。在采编方面，突破传统媒体单向采、编、播的功能，建立基于全网资源的采集系统，建立社交化的移动采编平台，与GPS定位、GIS地图系统结合,实现基于地理位置快速任务发放和协调指挥调度,保证全媒体记者能够第一时间获得及时的第一手采访资料和报道素材,实时回传到电台编辑后台,并建立面向多个渠道的定制编辑发布平台。在制作播出上,结合电台的融媒技术升级,打造全媒体的"民生直通车"新直播间,从以往的热线电话为主改进为图文和音频、视频并举,搭建全方位政民互动平台。在节目开发方面,依托传统媒体品牌及主持人资源,开辟粤语节目互动社区,以台网互动及UGC(用户生产内容)粤语音频众创空间和互动社区等方式,推动内容和产品孵化,制作一批自有版权的粤语精品节目,开发粤语有声读物、粤语精品小说、广播剧等。

佛山电视台经过一系列探索和实践,不但在系列新闻栏目及节目中成功应用新传播技术,如以数字化技术推进"630新闻节目"改版,而且以一体化发展为导向,依托电视台丰富用户资源,积极推进节目评价体系科学发展。例如,通过收集、存储、计算互联网内容及相关数据(含历史数据、网站、微博、微信、APP),系统将会全方位关注并分析收听数据、阅读量、网站点击量、微博、微信转发量、APP装机量及活跃用户数等,进一步分析新闻报道的首发率、关注度、引发的话题量等,为电视台提高内容的品牌影响力提供技术支撑。

《珠江时报》以快速提升服务能力为目标,成立全媒体协同指挥中心,根据海量信息、滚动发布、多向互动、立体传播的要求,全面整合《珠江时报》纸媒和新媒体生产流程,通过开发基于H5数字化产品、微视频、长微博等全媒体产品为支撑,使纸媒逐渐实现可视化、互动化、"入口化"。

《珠江商报》则在新一轮综合改革中,以再造组织架构及生产流程为重点,组建全媒体采编中心、全媒体发布中心、全媒体品牌中心,依托统一的生产平台生成两种生产模式。在报纸产品的生产上,继续保留统管并联、切实高效的采编合一模式;在新媒体产品的生产上,实行分段串联、层级把关,确保舆论导向不出偏差的采编分离模式。

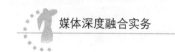

三、主要经验

作为全国地级市媒体改革的排头兵,佛山传媒集团自2005年成立以来,就以跨媒体运作、资源整合为探索方向;自2014年以来,则以融合发展为战略指引。该集团媒体改革发展经验做法及创新探索主要有四个方面:

(一)内容方面:加强统筹策划,推进资源共享

一是加强集团编委会功能,牢牢把握正确舆论导向。集团编委会由集团总编辑担任编委会主任,副主任为集团主管宣传副总编辑,主要成员为集团下属各媒体分管宣传的负责人。编委会每月定期召开,针对当月的重大宣传选题,进行策划部署。根据实际工作需要随时召开临时编委会,专题研究策划重大主题新闻宣传,及时传达落实中宣部、省委宣传部和市委宣传部的有关要求。编委会会议内容也根据新闻宣传的需要,集团编委会不断提升编委会会议的质量和效率,提前布置讨论议题,会上深入探讨各媒体重要报道计划和方案,进行集团层面选题统筹,对重大选题导向进行严格把关,对报道实操层面进行研究和部署。

自2018年以来,集团围绕党委、政府中心工作,统筹策划了"全国两会""大学习大讨论""村级工业园""乡村振兴战略""大城工匠""一环创新圈""企业家精神""脱贫攻坚"等重大题材的报道,取得显著的宣传效果。

二是加速推进"重大时政新闻策划指挥中心"等融媒体指挥平台建设,提升新闻宣传统筹质量和效率。加快建设重大时政新闻策划指挥中心,指挥中心计划于2019年6月建成启用,借助人工智能和大数据技术,再造传统业务流程,以重大时政报道的全环节统筹,全链条覆盖,切实增强佛山传媒集团在宣传上的策划统筹及内部资源共享。以改革提升佛山新闻网为抓手,集团于2018年下半年启动了佛山新闻网三年改革提升计划,打造佛山网络宣传主阵地、网络舆论引导主力军,强化和突出其网络新闻宣传主体功能,打造强有力的网络宣传舆论阵地。目前,集团正与相关方面沟通对接，探索区级融媒体中心建设模式，计划按中央要求以"新闻＋政务＋服务"的定位，采用"互联互通、共建共享"的合作发展模式，进一步促进媒体深度融合的基层覆盖，增强佛山传媒服务基层党委政府舆论宣传，尤其是网络舆论宣传需求的能力和水平。

（二）机制方面：深化改革，盘活资源

建立有利于事企分开的公司化运营模式，从创新经营渠道，盘活可经营资源等方面入手，为传媒集团的经营发展破局解困。一是落实放权，释放活力。集团在目前实行事业部制管控架构的情况下，最大限度将投资权、采购权等有序下放到各媒体单位，加大了各媒体在经营活动、对外投资中的自主权，激发了经营活力。自2018年以来，各媒体举办的经营性活动进一步增多，多元化经营探索逐步展开。二是公司母子化，治理体系化。集团以母子公司制为基本架构，推进集团公司法人治理体系改革。以集团公司为母公司，在各媒体成立主营业务平台子公司，承接原各媒体事业部对应的媒体主营业务，实现"一媒体一平台"；根据各媒体业务发展的需要，成立相应的项目子公司、分公司或参股公司。

（三）经营方面：项目制激活团队，增量有大的突破

近10年来，随着互联网的冲击，媒体经营结构发生了巨大变化，广告收入与活动收入比例呈现此消彼长的态势。因应变化，早在2012年集团下属的佛山日报社便灵活探索项目制（阿米巴模式），在《佛山日报》实践的基础上，集团从战略层面提出"项目管理""精益管理"思维，以项目管理、精益管理水平的提升，持续激活单元团队的创造力和执行力，重新定位全媒体产品的内涵和外延，灵活对接细分市场及上下游产业链的需求，实现重点项目经济效益与社会效益相统一。

最早实践的佛山日报社已经形成较完善的运作模式，通过强化各经营部门资源整合的力度，强化内部经营协同，完善和创新经营模式，靠策划促成项目，用活动拉动刊登，用新媒体进行增值，经营工作保持平稳发展。三水项目组、南海项目组相继突破千万元营收，其他各项目组也每年保持持续的增长态势。

项目制的实施，让集团各媒体经营模式趋向更加多元化，客户的新需求给媒体开展经营工作提供越来越多的经营机会。例如，"2017潭州国际车展"三场车展的运作中，实现的整体收入为774万元；佛山电视台"50公里徒步活动"整体活动营销也接近千万元。

（四）营销方面：以口碑和品牌提升集团影响力

佛山传媒集团成立以来，一直注重媒体品牌打造，通过一系列公益和经营活动，打造了一批在佛山甚至珠三角均颇具口碑和影响力的品牌产品，形成以品牌拉动品牌经营活动，以品牌经营活动提升品牌影响力的良性循环。10多年来，佛山传媒集团打造了"佛山房车展""佛山市民最喜爱的佛山品牌""温爱佛山元——宵慈善文化人人行""年度口碑榜""珠江形象大使""50公里徒步""小升初咨询会""高考志愿填报咨询会""佛山美食节""新年音乐会"等系列重点品牌活动，这些品牌活动丰富着佛山市民的文化生活，也为各级党委、政府工作提供良好的传媒服务，并持续为集团和各媒体的品牌增值。

四、下一步探索的重点

在新媒体及社交媒体引发传播生态和格局剧烈变革的背景下，传统媒体正以生动实践探索转型升级之道。在佛山传媒集团党委书记宋卫东看来，如何利用新传播技术带来的机遇，以业务整合为契机实现媒体深度融合，以多元化战略服务受众个性化、多样化需求，巩固壮大主流舆论阵地，是集团下一步重点探索的方向。

（一）集团发展目前面临的主要问题和体制机制的掣肘

（1）集团改革发展面临体制机制创新的瓶颈。佛山传媒集团自2005年组建以来，中央关于传媒发展政策环境和传媒体制都发生了较大的变化，但目前管理体制有些地方还没有完全理顺，权责不清等问题日益突出，国有文化资产的管理和监督在某些层面缺乏运作指引，改革动力和发展活力不足，跟上海、成都、杭州、宁波等较为发达的城市已经构建起完善、规范的国有传媒文化资产经营管理制度体系仍有较大差距。授权不清导致集团与下属单位之间责、权、利不清晰,对集团开展新闻、经营的系统性整合以及"集中力量办大事"形成了较大的制约,难以发挥主流媒体深度融合发展的优势。

(2)机构设置仍存在"叠床架屋"现象,在顶层设计上推动改革难免面临掣肘。作为全国首批成立的跨媒体文化传媒集团,2017年,佛山传媒集团由佛山市直属公益三类事业单位转为二类事业单位。自2005年成立至今,已有10余年发展历史,但集团发展更多的是"相加"而并没有实现"相融",面临着"融而不合"的体制瓶颈。目前,全集团共有集团总部及下属佛山日报社、佛山人民广播电台、佛山电视台等4个正处级事业单位,珠江时报社、珠江商报社等2个副处级事业单位。这种机构设置方式,在集团成立发展初期,以传统业务为主导的发展阶段,较好地发挥了各大媒体业务发展的积极性和自主灵活性,但是随着国内传媒政策和发展环境的变化,集团属下各大媒体在发展中有较强的本位主义、分散主义,各自为政的发展导致资源分散。而在融合传播环境中,资源分散难以产生集约发展的协同效应,对进一步加快推进媒体深度融合、做大做强主流思想舆论的改革发展形成制约。

(3)事业与企业、事业与产业的关系边界不清晰,拓展、壮大发展传媒产业、文化产业和新媒体产业面临体制机制的掣肘。国内媒体传统广告市场持续下滑,集团以传统媒体业务为主,业务结构和产品形态单一,受制于事业单位的体制改革掣肘,在传媒产业、文化产业、新媒体产业的发展新空间仍未能打开。一是媒体格局和传播技术发生巨大变化,各种新兴信息渠道不断分流传统媒体读者和受众,传统媒体和新兴媒体在内容、渠道、平台、经营、管理等方面的深度融合步伐较为缓慢,两个舆论场亟待进一步打通,未来在互联网传播领域的聚焦、发动、放大等核心能力面临挑战,对集团在新形势下进一步拓展和扩大党媒舆论阵地形成制约。二是事业和产业边界不清晰,导致各大媒体事企不分,传媒经营行为欠缺规范,专业建设不足,资源分散和缺乏有效统筹,传媒文化资源、资金没有打通、汇聚和整合,一体化、融合化、市场化、集约化发展面临机制瓶颈。

(4) 媒体薪酬对人才吸引力不足，一方面核心业务骨干人才外流增多，另一方面对融媒体、产业经营等专业化人才吸引力不足。目前，媒体人才结构不尽合理，主要体现在采编人才多，新媒体人才少；传统广播专业人才多，全媒型、专家型人才少；保守人才多，创新人才少。集团以传统媒体采编业务为主的人才激励机制，对人才发展激励不足影响发展活力。一方面，在互联网新媒体的竞争下造成业务骨干人才外流，新闻采编核心骨干很难留得住；另一方面，媒体深度融合进一步加快，数字化、融合化、专业化的发展，对人才的需求呈现多样化，以新闻采编专业为主的人才结构对主流媒体的转型形成制约，融媒、经营、管理、大数据、文创等专业化人才严重不足。

(5) 集团传统媒体业务经营增长空间萎缩，新型主流媒体建设的资金、资源投入不足，难以进一步做大做强。经过多年发展，集团结合自身特色和资源优势，把握分众化、融合化的传播趋势，加快媒体融合发展，传媒经营业务收入保持了逆势稳健增长，但是经营成本、市场经营压力逐年增大，利润留存不多，很难再有更多的资金投入到新媒体的发展中去。

（二）进一步深化改革、集约发展的思考与建议

一是深化国有文化资产管理体制改革，进一步构建国有文化资产授权经营和管理监督新机制。

二是支持推动深化管理体制和事企分开改革，理顺事业与产业的关系，形成责、权、利相统一的管理新体制。

三是强化顶层设计，以深化媒体融合为突破口推动集团集约发展，集中力量办大事。建议在保持集团主流媒体存量业务稳健发展的基础上，党委、政府强化顶层设计，在坚持一体化发展方向和坚持移动优先策略的前提下，以深化推进媒体融合为突破口，推进集团体制机制的改革，打造新型主流融媒体平台。以新型主流媒体建设为抓手，强化集团人财物等资源的集约统筹，集中力量在网络传播领域投入，加快一体化融合发展，在"互联网"上下精力，做大做强主流舆论，加快全媒体融合传播体系的构建，实现人、财、物的集约化、专业化发展。

四是加大政策扶持力度，深化采编、技术等专业职务序列改革，加快

培养全媒化、融合型、专家型人才。

五是建立财政资金支持宣传事业的稳定长效机制,为加快推进媒体深度融合提供强力保障。

(本章作者:柳剑能。)

第九章　从"媒体平台"到"平台媒体"

——海外互联网巨头的新闻创新及其启示

2015年，海外科技公司掀起一场网络新闻大战。先是通讯应用快拍（Snapchat）上线"发现"（Discover）功能，在该页面上传来自合作媒体的视频、图片、文章等信息；后是脸谱网（Facebook）推出"即时文汇"（Instant Articles），为用户提供更优的新闻阅读体验，年底又推出独立新闻聚合App"Notify"，统一为用户推送订阅内容；苹果公司也推出聚合类新闻应用苹果新闻（Apple News），除与Facebook类似的算法推送外还附加人工筛选推送；谷歌的新闻实验室（News Lab）项目鼓励新闻工作者使用系列谷歌工具，并通过谷歌的渠道发布新闻，10月份又推出AMP计划为"移动页面加速"；推特（Twitter）推出实时新闻服务Moments，根据重大事件整合Twitter平台内部的推文，实现新闻事件的多媒体、实时播报。

这些科技公司开始寻求与传统媒体合作，向新闻业投入资源，比拼新闻内容呈现方式和内容传播途径的创新。从表面上看，这是传统媒体与互联网巨头寻找互利共赢的合作方式——传统媒体提供内容，互联网公司提供信息入口；而从更长远的角度看来，互联网公司可能利用技术手段，在这场合作中逐渐取得主导，由"媒体平台"发展到"平台媒体"，实现从"入口"到"媒体"的升级。但这不意味着传统媒体应该从这场合作中抽身出来，拒绝拥抱移动互联，相反，只有更好地嵌入新媒体生态系统中，才能获取新的用户，寻求新的发展道路。

一、海外科技公司新闻创新的积极举措

(一) Facebook 推出 Instant Articles 及 Notify，优化动态新闻读者体验 (Facebook, 2015)

2015 年 5 月，Facebook 推出交互式媒体内容创建工具"即时文汇"(Instant Articles)。首批达成合作的 9 家媒体包括《纽约时报》(*The New York Times*)、《国家地理》(*National Geographic*)、《大西洋月刊》(*The Atlantic*)、《明镜》(*Spiegel*)、《图片报》(*Bild*)、《卫报》(*The Guardian*)、NBC 新闻、BBC 新闻和 BuzzFeed。

Instant Articles 作为"一款帮助发布者提供更优读者体验的工具"，通过将新闻内容直接储存在 Facebook 系统上，令使用者点选动态信息上的新闻链接时不再跳转到新闻网站上，而是直接进入到 Instant Articles 页面中，以此可以把原本耗时 8 秒的移动网页加载速度提高 10 倍。同时，该产品还加入一系列互动功能，使文章发布者可以用不同形式展现他们的报道，比如用户可以通过倾斜手机来查看高清图片，滚屏阅读故事时视频会自动播放（见图 9-1），内建字体放大、缩小、高分辨率网站，还有交互地图（见图 9-2）、音频注释等功能，用户还可以针对文章段落点赞和评论（见图 9-3）。

图 9-1 文章可内置视频

图9-2 文章可内置交互地图　　图9-3 用户可针对段落点赞和评论

　　Instant Articles 在技术创新的同时也在探索新型商业模式。Facebook 将开放业者利用 comScore、Omniture、Google Analytics 等分析工具计算新闻流量。同时，允许业者直接在新闻内置入广告，并由出版商收取 100% 的利润。但如果展示的是 Facebook 销售的广告，则 Facebook 将获得 30% 的收入分成。

　　2015 年 11 月，Facebook 进一步推出独立新闻聚合类应用 Notify（见图 9-4），允许用户订阅各大新闻机构内容，并由 Notify 统一推送。与 Instant Article 相比，Notify 可以免去登录 Facebook 浏览新闻的操作，用户不必持续刷新信息栏或社交网络，未来也将可以通过应用上的 Facebook 入口分享新闻，或跳转到 Instant Articles 页面。

图9-4　2015 年 11 月发布的独立聚合类新闻应用 Notify

(二)苹果推出 News 应用,招聘新闻编辑人工弥补算法不足

2015年9月,苹果公司正式推出聚合类新闻应用 Apple News,这款 iOS 9 自带的新闻应用取代原使用率较低的报纸杂志应用 Newsstand,达成合作的有《卫报》(*The Guardian*)、《纽约时报》(*The New York Times*)、《每日邮报》(*Daily Mail*)等主流媒体。

Apple News 上发布的内容基于 RSS 供稿,发布者需要先注册,然后通过一个名为 News Publisher 的接口向 News 供稿。这种将新闻内容保存到苹果公司服务器上的做法和 Facebook 类似,用户无须跳转到第三方新闻媒体的网站上,阅读新闻的体验更加流畅。Apple News 提供全屏体验,用户通过手势滑动即可在文章之间进行切换,而照片和视频也可以直接嵌入到文章中,用户也可以对文章等显示方式进行自定义。和 Instant Articles 类似,Apple News 也支持内置广告功能,许诺"你自己做广告能获得100%的收益",同时提供营销活动管理、消费者定位及市场报告等功能。

Apple News 包含了一百余万条不同的话题,这些话题是"由苹果公司的专业编辑通过复杂的算法计算得出"。为了更快捷高效地提供新闻,Apple News 会从用户的行为活动中分析出他对什么新闻感兴趣。用户也可以选择自己感兴趣的新闻话题和新闻来源(见图9-5),Apple News 再根据用户的选择,将合适的新闻打包推送,而"保存"功能使用户在离线状态下也可以阅读已保存文章(见图9-6)。

图9-5　用户可以根据自己的喜好选择订阅主题

图 9-6 "保存"功能使用户在离线状态下也可以阅读已保存文章

早前针对此款应用，苹果公司对外发布招聘广告招聘编辑。按照其发布的招聘要求，应聘者至少有 5 年以上的采编经验，有能力"选出计算机算法无法识别或捕捉出来的、传播性强的原创内容"。这也使其与口号"为你量身推荐来自世界各地的优质新闻"更加贴近，从中也可以看出，单纯依赖机器写作并不能完全解决信息的独家、原创和品质问题，人工编辑和机器写作互补将是新闻生产的新趋势。

（三）谷歌：News & Weather App 丰富 Watch 应用，News Lab 多工具助力新闻业者（Jared Dipane，2015）

2015 年 5 月，谷歌推出公司首款 Apple Watch 应用 News & Weather App。这款已在安卓平台上线的应用无须从安装应用中启动即可查看推送内容（见图 9-7），提供来自 6.5 万家出版物的新闻摘要，并按照"科技""体育""时尚"等类别对新闻头条进行分组。

随后谷歌启动名为新闻实验室（News Lab）的项目，向来自各种背景的记者提供资源，如谷歌地图（Google Map）、公共数据查找器（Public

图9-7 News & Weather App 无须从安装应用中启动即可查看推送内容

Data Explorer)、YouTube 和谷歌趋势（Google Trends），帮助记者更好地获得即时数据，实时追踪新闻，利用数据进行报道，并通过谷歌的渠道进行新闻发布。而在早前，谷歌曾发布三个新项目推动众包新闻业务的发展，其中包括 YouTube 和新闻集团（News Corporation）旗下视频网站 Storyful 合作，联合推出 YouTube Newswire，聚合 YouTube 用户每天上传的、有新闻价值的内容。

（四）Twitter：Moments 基于热点事件聚合平台相关信息（Mat Honan，2015）

10月份，Twitter 正式推出新功能 Moments，即此前内部代号为 Project Lightning 的项目。该功能基于体育赛事、娱乐活动和重大新闻之类的场景，通过整合 Twitter 平台上的推文、照片和视频内容，给用户一个完整的、沉浸式的体验。

具体而言，在 Twitter 的移动端 App 首页上会出现闪电形的 tab（标签）（见图9-8），只要是很多人都在讨论的事件，Twitter 就有可能将其推送到 tab 导向的页面上。而底部的进度条方便用户了解内容长短，且提供一键分享功能（见图 9-9）。围绕这些事件整合出来的内容不只是聚合，还经过了 Twitter 运营人员的筛选，同时还会将 Vine 和 Periscope 上的视频内容页整合进去，这些视频将在用户浏览的过程中自动播放，并且几乎没有延迟。

图 9-8　点击 Twitter 页面上的闪电图标可进入 Moments 的全屏视窗

图 9-9　底部的进度条方便用户了解内容长短，且提供一键分享功能

整合的内容将不会出现在用户的时间轴中，换言之，用户一次只能浏览一个事件。用户也可以选择关注这个事件，与事件相关的内容就会被推送到用户的时间轴内，而系统也不会帮你自动关注这些内容的生产者的账号。

目前，大部分 Moments 事件由 Twitter 人工筛选编辑，但也提供合作伙伴如《纽约时报》《华盛顿邮报》以及 *Vogue* 等媒体整理的事件。内容筛选工作负责人凯蒂·雅克布斯·斯坦顿（Katie Jacobs Stanton）所带领的编辑团队大多拥有新闻从业者经验，利用数据工具梳理事件，了解事件发展态势，然后把最有价值的内容挖掘出来呈现给用户。这就使得该产品有权力决定用户应该看到些什么。

（五）Snapchat：上线 Discover 功能，多种形式呈现新闻（Snap Inc.，2015）

2015 年 1 月 27 日，以"阅后即焚"为特色的通讯应用 Snapchat 在博客上宣布 Discover 功能正式上线。在这个页面中，每个频道会显示固定的品牌广告和不断更新的内容，包括视频、图片、文章等信息。Discover 现有的媒体合作伙伴，主要包括 National Geographic、Vice、CNN 等（见图 9-10），发布影片能够累计达到百万次点击，观众通常是投入程度很高的年轻人。

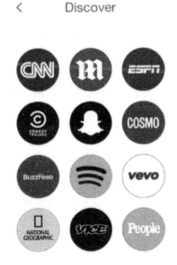

图 9-10　用户可以通过 Discover 观看来自上述媒体的视频

此外，Snapchat 还推出自己的原创内容，成为真正的网络出版商。它从新闻集团、MTV 等公司挖来编辑和视频制作人员，并由新闻集团前高级副总裁 Nick Bell 带队。在 2016 年 4 月，CNN 知名时政记者彼得·汉比

(Peter Hamby)从他服务了8年的电视台离职,加入Snapchat成为新闻负责人。

二、海外科技公司新闻创新的主要特点

(一)重视阅读体验,实现个性化定制

移动互联网时代,受众在获取信息的同时对获取信息过程中的体验效果也越来越重视。科技公司在推出新型新闻产品或更新新闻产品时,需要积极迎合受众、重视阅读体验,进行人性化设计、满足个性化的需求。无论是允许用户对阅读界面进行的个性化设置,还是用户对分类信息的自主化选择,抑或针对节省用户流量、时间而进行的自主性设置,都使用户获得了更加优质的阅读体验。

Facebook的Instant Articles和苹果公司的Apple News,在提升用户阅读体验方面,有较多相似的动作。如Instant Articles内建的字体放大、缩小功能,和Apple News提供的全屏阅读模式、手指滑动切换模式,均是出于对用户阅读舒适度的考虑。两者都将新闻内容直接储存到服务器上,使得受众在阅读新闻时,无须跳转到外部网页,节省等待加载所耗时间。而Apple News和Moments在新闻定制、自主选择阅读内容方面也做出类似尝试。其中,Apple News允许用户自主选择自己感兴趣的新闻话题和新闻来源,Moments允许用户选择关注的事件,以此获得事件相关信息的推送。

(二)呈现形式多样,重视信息整合

新闻信息的呈现早已突破文字的单一呈现形式,走向文字、图片、视频、音频多样化呈现的手段,"读图时代"拥有高质量的图片乃至视频往往更能抓住受众的眼球。多样化的传播形式,不仅可以满足多层次受众的需求,还可以一站式满足受众对媒体内容的需求。

互联网公司在推出新闻产品时,均非常注重新闻信息呈现形式的多样化,允许合作媒体发布文字、图片、视频、音频等多种形式的新闻内容,

或将图片、视频、音频内嵌于文字中,并通过提供高清图片、高清地图、高清视频等方式,补充文字新闻所不足以表达的信息。而 Twitter 则是将自身平台上与热点事件相关的文字、图片、视频聚合在同一个 tab 中,使受众在点击热点 tab 时可以通过多种形式沉浸式地了解事件的发展。

(三)算法聚合新闻,实现智能推送

对具有新闻聚合功能的产品而言,新闻来源的丰富性和多样性是其优势,而这些产品最核心的竞争力,就在于其算法,即搜集内容、整合内容、推送内容等的一系列规则:一方面,这些互联网科技公司会对新闻内容进行要素分析,另一方面,又会对用户进行偏好分析,然后将这些分析进行匹配,计算出新闻内容对于用户的价值、重要性和感兴趣的程度,实现"智能推送"。

随着互联网科技的发展,新闻内容已逐渐从 PGC(专业人士生产)发展到 UGC(用户生产),再向 AGC(算法生产)过渡。Facebook、苹果公司和 Twitter 的新闻产品的竞争,一定程度上也是算法的竞争,通过算法实现新闻内容的精准推送,无疑将提升新闻产品的用户黏度。

(四)人工专业把关,弥补算法不足

尽管算法能实现新闻的即时整合推送,却有可能导致信息发布者一味地进行算法排序中的竞争,或者因为算法的天然不足使得部分用户的信息需求无法得到满足。

从现在的实践来看,苹果公司和 Twitter 的新闻产品除了算法外,还利用人工筛选的方式,力求"识别出难以被算法发现的原创好报道","把最优质的内容在最恰当时间推荐给最正确的人"。而早在 2008 年,聚合类新闻应用 Techmeme 就开始雇佣编辑,弥补其自身算法带来的不足。

算法与人工的结合,使得一些独特的、"小而美"的内容得以呈现在用户眼前。同时,也可能考虑到在用户中占少数的受众的兴趣,让他们有机会获取自己感兴趣的信息。算法和人工相结合的实践背后,既反映出这些科技公司对新技术的运用水平和追踪意识,也体现出他们对专业精神和品质新闻的尊重和追求。

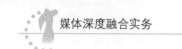

（五）即时报道热点，增强报道深度

互联网公司对网络热点和即时信息的把握，具有传统媒体无可比拟的优势。谷歌公司的 News Lab 项目，帮助传统媒体获得即时数据，实时追踪新闻。而 Twitter 的 Moments 更是基于推特平台当下用户讨论、关心的热点进行平台推文、图片和视频的聚合。

在注重"即时性"的同时，这些海外网络科技公司也在新闻深度方面进行尝试。一方面，与传统媒体的合作，使平台获得深度新闻内容有了保障；另一方面，通过对大数据的把握以及新闻资讯的整合，也将提供一个更全面、更深入、更沉浸式的新闻报道环境。

除上述五个方面的特点外，海外网络科技公司的新闻产品在调动传统媒体积极性的同时，也注重发挥用户的积极性，保持并利用 UGC 的原生优势。如谷歌公司与新闻集团（News Corporation）旗下视频网站 Storyful 合作，联合推出的 YouTube Newswire 项目，就将聚合 YouTube 用户每天上传的、有新闻价值的内容；而推特公司的 Moments，更是直接将平台上用户推送的文章、图片、视频作为热点事件的素材来源。由此，专业人士生产的内容与用户生产的内容在"算法＋人工"的筛选之下，取得良好的结合和有益的互补。

三、海外科技公司新闻创新的实践动因

海外科技公司的这些新闻创新背后，既离不开整个新闻传播生态的变迁和公众日益提高的信息需求，也离不开科技公司强化新闻质量的战略目标和实施路径，同时又给传统媒体的融合转型提供了新的机遇。

（一）新闻传播业的生态变迁

互联网的深度发展彻底改变了以新闻媒体机构为单位的媒介生态环境，其对个人的赋权为社会化传播的发展带来可能。从上述海外科技公司的新闻创新实践看，兼具平台建设和内容强化、技术优化和专业提升的价值理念，背后则是对用户需求和行业变迁趋势的精准把握。

1. 个人对信息的偏好获得实现的可能

在传统媒体掌握绝对话语权的过去，媒体扮演着选择议题、设置议程、单向传播的"传播者"角色，其对信息的选择和传播在很大程度上影响着受众所能接触到的信息。随着互联网技术的发展，媒体与受众之间的不对等关系被打破，受众可以通过多层次、多渠道的信息网获取信息，其对传播内容个性化、呈现方式多样化等需求拥有了实现的可能。因此，无论是对传统媒体而言，还是对互联网公司而言，要在信息市场上被受众选择，就需要为受众提供高品质内容、个性化定制、多方式呈现的可能。上述海外科技公司的新闻创新实践，基本上都体现出对用户需求更智能、更灵活的开发和满足。

2. 新型传播生态促成互联网公司与传统媒体的合作

个人传播能量的激活，助推传播生态由以往单向度、不对等格局向互动性、对话式格局发展。在此基础上，拥有广大用户基础的互联网公司与拥有专业采编队伍的传统新闻机构的联合，一方面，利用技术实现用户的精准化定位、个性化定制，降低或消除用户在获取信息时所需的时间成本和精力成本；另一方面，通过优质新闻内容的呈现吸引用户，形成黏性，为扩大用户基础群体、增强互联网公司和传统媒体的传播影响力服务。这种联合对科技公司来说，最大的价值是实现了偏软的资讯和偏硬的新闻之间的有效平衡，能够通过自身强大的传播平台实现对用户需求的一站式满足。

（二）科技公司向平台媒体的升级

科技公司寻求与传统媒体合作，开发新闻产品，目的在于提升新闻质量、优化阅读体验，并最终由转载、发布的"媒体平台"，逐渐向整合、原创的"平台媒体"转变。"媒体平台"侧重平台和技术，更加强调汇聚和展现的价值；"平台媒体"则更加侧重信息和服务，更加强调内容和选择的价值。

1. 提升新闻质量，满足用户需求

传统媒体既定的采编人员、机构设置、运作机制、内容生产方式，确保新闻内容品质，也成为公信力的象征。通过与传统媒体合作，科技公司

无须雇用另一套采编班子,通过技术手段即可获取和分发高品质的新闻内容,而且还可以对这些内容进行更加高效的筛选和更加精准的推送。

美国皮尤研究中心(Pew Research Center)4月底发布的《2015新闻媒体现状》(Amy Mitchell & Dana Page,2015)显示,在美国,近一半使用互联网的成年人通过Facebook查找与政治和政府有关的"硬新闻"。但在过去,传统媒体要求社交平台用户点开链接后才能阅读相关内容的模式,使得超过60%的用户不会打开链接,或者因点击反应不及时而放弃访问相关网站。因此,像"即时文汇"和"苹果新闻"这样邀请传统媒体直接"入驻"、将新闻传送到平台服务器上的做法,能够为用户带来更快的速度和更好的阅读体验,满足他们在线社交过程中对"硬新闻"的信息需求。

2. 强化信息整合,增加广告份额

从长期效果来看,随着传统媒体对科技公司提供的这一入口的依赖度提高,这些互联网科技公司将在更加高效、强大的信息整合过程中占据整个传播业的主导地位。一方面,科技公司可以利用传统媒体无可比拟的优势,如对大数据、网络热点和即时数据的把握,创建原创内容,真正成为"新闻媒体"。另一方面,在一个"人人皆是信息发布者"(喻国明、焦建、张鑫,2015)的互联网时代,科技公司可以通过算法,将网络信息进行整合,并精准定位推送人群,提高信息—受众匹配度。而科技公司对新闻专业人才的引进(如快拍、苹果和推特招聘有多年传统媒体工作经历的编辑团队),则通过人工的方式,弥补了上述算法的不足,进一步提高了科技公司的信息质量。从短期效果看,移动互联网时代,用户在移动端的使用时长已经占据美国媒体消费总时长的24%,但移动端广告只占全部广告费用支出的8%(comScore Inc.,2015),两者间的巨大缺口显示出移动广告市场的巨大商机。互联网公司通过推出优质新闻产品和新闻服务,在进一步扩大市场份额的同时有利于提升其与广告主的议价能力。而Facebook等推出的互联网公司与传统媒体合作共赢的新型广告模式,也为互联网公司获得一部分新的广告收入。

(三) 传统媒体融合转型的需求

传统媒体与科技公司合作，是在试图扩大流量、增加收入的基础上，嵌入以社会关系为桥梁的"互联网+"时代的体现，为融合转型探索新的路径。

1. 利用优势入口，提高传播效果

与原生于互联网时代的科技公司相比，中外传统媒体在新媒体领域所做的努力总体上收效甚微。喻国明教授认为，在用户根据自身需要、依托于社交关系决定信息来源的移动互联网时代，传统媒体的唯一转型机会，是通过为移动社交平台和移动新闻客户端提供信息产品和服务版权，来获取广告和版税收入（NBS 传媒前沿，2015）。也就是利用自己的核心竞争力（内容生产能力），和外部做得好的相关资源（入口级平台）去做整合（即"新木桶效应"）。从这个角度看，海外传统媒体与科技公司的合作，无疑是瞄准了后者所能提供的大额流量（如 Facebook 的超过 10 亿的每月移动活跃用户、Twitter 和 Snapchat 近 2 亿的每月移动活跃用户）。这一庞大的信息需求群体，为传统媒体的新闻传播提供了结实的受众基础。

2. 分享广告营收，促进内容变现

2012 年后，包括纸媒、电视、广播在内的整个新闻传媒产业，广告收入和发行量下降趋势已不可逆转，大量读者、观众转向社交网络，其中，美国纸媒广告收入在 2012 年下降了 15 亿美元，为 30 年来首次低于 200 亿美元（the State of the News Media 2013，Pew Research Center）。而来自移动互联网终端载体的广告收入增长了 80%。到了 2014 年，美国国内数字广告总营收比前一年增长了 18%，达到 507 亿美元，其中的大部分都被谷歌、Facebook、微软、雅虎等科技公司收入囊中，仅 Facebook 一家就占了 24%（史安斌，2015）。

在此次传统媒体与科技公司的合作中，双方正在进行广告模式的新尝试，如 Facebook 和苹果公司允许传统新闻媒体百分之百地获得内置于其新闻报道中的广告收入，即便是由科技公司销售出的广告，传统新闻媒体也可从中得到一定的分成。同时，科技公司还利用自身具备的分析工具，有效计算新闻信息流量，提供营销活动管理、消费者定位及市场监测等功

能。这实际上就在广告主、媒体和用户架起连接的桥梁，帮助媒体更精准地掌握读者的特征和偏好，协助广告主更清晰地了解媒体的定位和其吸引的读者，使得广告投放在分众的基础上更加精准、更加到位。此外，科技公司为传统媒体带来的流量，也为后者进行"二次售卖"提供了资本。

四、结论与启示

根据中国人民大学2014年的一项媒体接触调查（贾茹，2015），中国公众当下接触频率最高、时间最长的媒介是手机，平均每个智能手机用户每天接触手机的次数超过150次。在移动互联网时代，传统纸媒的持有率低，且读者群体老龄化、社会阶层中低层化情况严重。而与纸媒信息传播密切相关的三种移动媒介终端接触行为：线上阅读报纸杂志、线上社会交往和线上浏览新闻资讯等，则在时间、空间、社会关系、线下伴随行为等方面有着出色表现。中国新闻出版研究院2015年4月发布的数据（息慧娇，2015）也显示，受数字媒介迅猛发展的影响，2013年数字化阅读方式（网络在线阅读、手机阅读、电子阅读器阅读、光盘阅读、PDA/MP4/MP5阅读等）的接触率为50.1%，较2012年的40.3%上升了9.8个百分点。

这些数据，为当下传统媒体在移动互联时代的转型方向提供了重要路径，即立足面向移动互联网这个主导性传播趋势，要么通过与互联网公司联合、发展移动阅读，实现传统媒体新闻价值的落地，要么通过实施"新闻+资讯+服务"的模式，建立独立的移动终端产品，将政策红利和内容优势发挥到极致。前者缺乏自主性，但影响力提升快、回报见效快，后者缺乏可复制性，成功者必然是极少数。

与传统的独立发展新闻客户端、微信微博账号不同，新路径要求媒体转变多渠道搭建"媒体平台"的做法，以形成"平台媒体"为新的实践目标。平台媒体（platisher）缘起美国人乔纳森·格里克（Jonathan Glick）《平台型媒体的崛起》一文，他将platform（平台商）和publisher（出版商）合并，并由名为Digiday的撰稿人给出定义：平台型媒体指既拥有媒体的专业编辑权威性，又拥有面向用户平台所特有的开放性的数字内容实体。

反观海外科技公司向媒体行业的"进击",既与传统媒体形成了竞争,又为传统媒体提供了创新的内容呈现方式和内容传播途径,而其对数据、渠道和用户的掌控有利于自身实现"媒体化"的原生优势。上述互联网科技公司的新闻创新,实际上就蕴含着搭建平台媒体的操作逻辑。综观这些海外互联网巨头的新闻实践,正在进行融合转型的中国媒体可从中获得的一些启示,比如:

(1) 充分重视"即时新闻"和"整合新闻"的重要性,满足移动互联网用户人群对信息的基本需求。注重在"即时新闻"的第一落点中设置公共议题、实施舆论引导,并通过"整合新闻"还原事件原貌、提供多方信息。

(2) 在移动客户端新闻产品中引入数据分析、智能推送等"机器算法",但同时要充分强调专业编辑的"新闻把关"和"人工判断",以平衡满足用户个性需求和传播高质量品质新闻的关系。在移动互联网新闻生产和传输的过程中,不能过度迷恋技术本身,而要始终强调对品质新闻的追求和对人文价值的坚守。

(3) 鼓励传统媒体与百度、腾讯、阿里巴巴等互联网企业合作,各自发挥原创内容优势和用户、数据和技术优势,共同开发和运营移动互联网项目。双方可采取多元股权的产权治理结构,并注重资本市场运作,以取得经济效益和社会效益的双丰收。不过,在引入互联网企业的投资过程中,要建立必要的"防火墙"制度,以避免对新闻独立性的干预和操控,导致事实上的商业话语霸权。

(4) 继续扶持"平台媒体"的打造和创新,继澎湃新闻主攻原创新闻、今日头条主攻平台媒体之后,国家可再大力扶持若干个兼具原创性和平台型特征的移动新闻客户端,以服务于"一带一路"等国家发展的重要举措、满足不同区域受众差异化的需求,同时也有利于整体提升互联网新闻的原创性和专业性。

不少研究者认为,传统媒体跟互联网巨头的合作仅仅是延缓了传统媒体的"半衰期",并不能从根本上解决其融合转型的可持续发展问题。如哥伦比亚大学数据新闻学研究中心主任埃米莉·贝尔(Emily Bell)所说:

"新闻空间不再属于新闻从业者了。报刊媒体无法继续扛起新闻自由的大旗,因为新闻故事抵达读者的主要渠道不再掌握在他们手里。如今,硅谷的少数几家私营公司把持了全球公共信息和舆论空间。"清华大学新闻与传播学院史安斌教授也认为,传统媒体在这种合作模式下,对社交媒体平台将产生高度的依赖,逐渐失去对内容生产的主导权;而社交媒体在新闻生产和传播过程中则将享有更大的话语权,最终完成由"服务商"向"主流媒体"的质变,彻底将传统媒体边缘化(史安斌、杨轶,2015)。这些观点把握了新旧媒体的格局转换,也指出了纸媒终将衰落的残酷现实,值得关注和思考。

笔者认为,我们必须直面的现实是,互联网作为一种改变社会资源配置、"权力结构"和游戏规则的革命性力量,传统媒体自绝其外或者仅将互联网作为延伸自身影响力的工具的做法都是难以持久的。面对新的传播生态,传统媒体应考虑自身如何作为传播节点嵌入这个全新的传播生态链条并发展为有话语影响力的节点,在这个"人人皆为传播者"的传播网中占据一席之地。同时,我们也不必过度为纸媒唱衰或为纸媒的边缘化而慨叹,面对日益兴起的新新闻生态系统,只要保持追问:这些纸媒承载的最重要的价值是什么?这些价值有否出现新的替代者?这些价值是否会伴随纸媒渠道的边缘化或相继死去而有所减弱?如果价值仍在或仍然以新的方式在实践和延续,那么,公众的整体利益也不会受损。

(本章作者:张志安、曾子瑾。曾子瑾为中山大学传播与设计学院2015级硕士研究生。本章主要内容首发于《新闻记者》期刊"本期专题"栏目,2016年1月第01期,第16~25页。)

策

略

本编聚焦于资本、技术、人才、国际传播4个维度，研究推进媒体深度融合的具体路径和方法。

发展是第一要务。关于资本运作的第十章，主要是梳理、总结国内媒体资本运作的主要方式并进行利弊分析，为各级媒体集团进一步把握推进媒体融合和资本运作的关系提供借鉴。

技术是第一动力。关于技术赋能的第十一章，在坚持移动优先的策略下，梳理了5G、4K、人工智能、大数据、云计算、区块链等近年来在媒体融合发展过程中闪亮登场的新技术，分析了引入新技术推动媒体融合面临的主要问题，并从媒体业务流程的角度归纳IT技术赋能媒体融合的主要切入点。

人才是第一资源。关于队伍建设的第十二章，分析了媒体深度融合背景下传统采编人才供需的主要变化以及当前采编队伍人才建设普遍面临的主要问题，总结了加强采编队伍建设的主要举措，期待业界共同努力，加快培养造就一支政治坚定、业务精湛、作风优良、党和人民放心的新闻舆论工作队伍。

参与国际竞争是最终目标。关于国际传播的第十三章，从加强国际传播的体系建设和能力建设入手，着眼于探讨提升国际传播能力的四组辩证关系，并由此提出进一步突出战略性、体现前瞻性、强化技术性、坚持专业性、彰显有效性、提高灵活性、注重策略性、确保系统性等8条建议。

第十章　媒体融合与资本运作

——主流媒体国际化的重要动力

党的十八大以来，随着中国成为全球第二大经济体并且越来越具有成长性，在国际新秩序的重建上扮演越来越重要的角色时，中国政治经济的国际影响力与中国的国际话语权严重不对称的问题越来越突出。2018年9月26日是中央电视台建台暨新中国电视事业诞生60周年，习近平总书记致信祝贺中强调，要"努力打造具有强大引领力、传播力、影响力的国际一流新型主流媒体"，"统筹广播与电视、内宣和外宣、传统媒体和新兴媒体，加强国际传播能力建设"是重要抓手，"锐意改革创新"是实施途径，"壮大主流舆论"是主要目标（胡浩，2018）。当今世界媒体融合是大势所趋，从中央到各省市的各级媒体集团想要打造国际一流新型主流媒体，就要特别注重吸取现有的国际一流媒体集团的成功经验，注重提升资本运作能力，从而更好地讲好中国故事，参与国际竞争。

一、国际一流媒体的资本运作与媒体融合情况概述

在20世纪，最有创造力的媒体集团首先是靠资本运作快速形成全媒体的产品形态和运营能力，进而跨越国界，成为具有全球影响力的国际一流媒体集团，比如新闻集团和维亚康姆等。

新闻集团的缔造者鲁伯特·默多克最初拥有的澳大利亚新闻有限公司只是一家地方报业公司，其发行量还不到10万份，但他通过一系列并购，掌握了澳大利亚约2/3的报纸。1970年，默多克从澳大利亚移民美国，获悉美国宪法规定"外国人不能同时拥有美国的电视台和报纸"后，他于1985年加入了美国国籍，同年收购了20世纪福克斯（FOX）电影公司50%的股份，此后，他陆续拥有了FOX新闻频道、FOX体育频道、国家地理频道、速度频道和35家电视台，占全美电视台总数的40%。为了多

渠道募集资金，新闻集团分别在纽约、伦敦和澳大利亚的证券交易所上市交易，通过成功的资本运作跃升为享誉世界的"全媒体集团"，其核心业务既包括报纸、杂志、书籍出版等平面媒体，也涵盖电影、电视（包括无线电视和有线电视）广播等广电媒体，还涉及加密和收视管理系统开发等等（王枭，2003）。2013年7月1日，新闻集团进行业务分拆，新成立的新闻集团（News Corporation）在纽约和悉尼上市，主要负责出版业务，默多克在拆分后仍担任新闻集团的总裁，目标是在智能手机的新闻、娱乐和信息领域称霸市场，体现了面向移动互联网的市场判断。

1986年，维亚康姆公司（Viacom）从美国运通和华纳公司手里买下了MTV全球电视网，作价5.13亿美元（成欣萌，2013）。而1986年出任国家娱乐公司董事长的萨姆纳·雷石东从一家麻省的汽车影院连锁店起家，历经30多年的苦心经营创造了美国最大的一家连锁影院系统，此时的雷石东正在谋划一场惊心动魄的收购战。1987年6月，雷石东以国家娱乐公司为主体，出资收购了维亚康姆公司的股权，并担任维亚康姆公司董事长（恩蓉辉，2004）。1994年，雷石东收购了派拉蒙影业和百事达；1999年，收购了哥伦比亚广播公司。通过这三大收购战和一系列兼并整合，维亚康姆公司的主要业务领域涵盖了以下7个部分：电视（最著名的是到达140个国家和地区3.84亿个家庭的MTV电视网）、广播与户外、电影与剧院（如派拉蒙电影公司）、因特网和主题公园，成为在全球拥有广泛影响的媒体集团。

进入21世纪至今，在应对传统媒体下滑、推进媒体融合方面，国际主要媒体主要进行了几个方面的探索：

（一）运用资本的力量，直接整合不同的媒介形态

有互联网企业主导的模式，但整合后再分拆的也有。比如2000年1月10日，当时全球著名的互联网服务商美国在线（America Online，简称AOL）与时代华纳宣布合并，号称组成"世界上第一家面向互联网世纪的完全一体化的媒体与传播公司"。但是到了2009年11月17日，时代华纳和美国在线公司（AOL）宣布分手，美国在线同年12月9日剥离出来，成为独立的公司。2013年3月7日，时代华纳集团又剥离其属下杂志集

团时代公司（党东耀，2016）。更多的是著名媒体或媒体集团并购整合互联网企业的模式。比如，2004 年 12 月，微软旗下的在线观点杂志 Slate.com 被知名平面媒体华盛顿邮报公司收购了，据传收购价格不低于 2000 万美元；同年底，道琼斯集团收购了财经新闻网站 Market-Watch.com，收购价为 4.63 亿美元（黄小雄、张志安，2005）。2005 年，维亚康姆以 1.6 亿美元收购了游戏网站 Neopets，以 5000 万美元收购视频点播网站 iFilm；2006 年 5 月，以 1.02 亿美元收购拥有 400 万注册用户的在线游戏公司 Xfire（Saul Hansell，2006）。2005 年 2 月 17 日，纽约时报公司（New York Times Co.）宣布斥资 4.1 亿美元购并 Primedia 出版社旗下的门户网站 About.com，该网站由 500 位编辑创造出上千个议题，涵盖了从消费金融到数字电子商品等非常广泛的内容，据信每月有 2200 万个不同的造访者，凸显了互联网的互动特性。2005 年 7 月，新闻集团收购的全球最大的社区网站之一的 Myspace 时，其用户不到 2000 万，而截至 2006 年 5 月初，该网站用户已突破 7000 万。

（二）在同一个媒体集团，掌舵者利用手中所掌握的不同媒体资源，寻求媒介融合之路

比如，通过设立"多媒体新闻总编辑"岗位，媒介综合集团（Media General Inc.）实现了不同媒体间的"合作操作模式"，该总编辑"统管各类媒介的新闻报道，负责对各重大新闻报道的策划，并组织各类媒体的记者一起工作，协同完成报道"（杨兴锋，2008）。这种模式开启了从"策、采、编、发"业务流程环节探索不同媒介的内容融合之路，中国有很多报业集团已借鉴了该模式。

（三）不同报业集团之间的联合协作，共同整合互联网

2007 年 10 月 1 日，《日本经济新闻》《朝日新闻》及《读卖新闻》三大报社社长召开新闻发布会联合声明宣告在网络、发行和应急系统等方面展开合作，而此前三家报社作为主要竞争对手从未携手。同年，包括《日本经济新闻》、中日报社、北海道报社和共同通讯社等多家报社共同参与的"47NEWS"开始运营。从 2008 年 1 月起，《日本经济新闻》《朝

日新闻》及《读卖新闻》共同组建"日经—朝日—读卖网",读者能从这个联合网站同时阅读三家报社的各种报道,也能链接三家报纸的独立新闻站点查阅更详细的报道,这也有利于日本这三大报纸提高其在网络的影响力,可谓共赢(崔保国,2008)。

在技术创新驱动下,资本捕捉到互联网从门户、电子商务、博客、搜索、视频、社交、VR、人工智能等一个个风口,催生了一系列互联网平台级企业,如 BAT 等。

这些大型互联网企业越来越呈现出超级链接能力和超级媒体的特征,其用户数、经营收入规模和体量远远超过传统媒体,经常运用资本的力量展开战略布局,并表现出整合传统媒体的意图和能力。

二、当前中国媒体资本运作的主要方式

如新闻集团、维亚康姆之类的国际一流媒体集团,都是以上市公司为资本运作平台进行一系列的跨区域扩张、跨行业并购、重组,从而保持着生机和活力。因此,对中国媒体来说,在迈向国际一流媒体的过程中,必须重视资本这个重要的驱动力。

中国媒体资本运作的主要方式,归结起来有:

(一)发行股票

较理想的是通过首次公开募股(IPO)募集到一大笔资金。在媒体融合改革领域,中央是下了决心给予政策扶持的。在网络媒体板块,人民网(代码603000,实际控制人为人民日报社)于 2012 年 1 月 13 日在上海证券交易所首次公开募股,筹资 5.27 亿元;新华网(代码603888,实际控制人为新华社)于 2016 年 10 月 28 日在 A 股上市交易,每股 27.69 元人民币,IPO 拟募集资金 13.8 亿元。此后几年,A 股没有新的传统媒体的网络板块成功上市。业界普遍认为,这是给中央级媒体的"特殊待遇"。

在中央推进媒体融合之前的十几年,由于中国内地证券市场有严格规定,不仅拟上市公司必须改制且满足一定的经营收入和利润指标,而且必须在主管部门进行前置审批,有名额限制,因此大多数的报业集团,都选

择了借壳上市，上市之后再择机展开资本运作。1999 年，成都商报投资控股了四川电器（代码600880）并在 2000 年将四川电器更名为博瑞传播，探索了借壳上市的路径。2006 年，华闻传媒（代码000793）借壳燃气股份在深交所上市，当时注入的是陕西华商传媒集团有限责任公司30% 的股权。2006 年，新华传媒（代码600825）借壳"华联超市"上市，先后注入了新华书店、《解放日报》等传媒类的资产。2007 年，粤传媒（代码002181）借壳"清远建北"在深交所上市，注入的是广州日报报业集团的核心资产。2011 年，浙报传媒借壳*ST 白猫在上交所上市，实际控制人是浙报集团，2017 年更名为"浙数文化"（代码600633）。2014 年 12 月 19 日，华媒控股（代码000607）成功借壳华智控股上市，实际控制人是杭州日报报业集团。

（二）到全国中小企业股份转让系统（俗称"新三板"）挂牌

2014 年 2 月 14 日，舜网传媒（代码430658）成为继人民网之后全国第二家上市新闻网站，但登陆的是新三板（周斐斐、王旻、郭雪颖，2014）。此后，荆楚网（代码830836）、龙虎网（代码831599）、北国传媒（代码832647）、大江传媒（证券代码833072）、北方新媒（代码833612）、东方网（证券代码834678）先后于 2014 年 7 月 1 日、2014 年 12 月 25 日、2015 年 6 月 16 日、2015 年 7 月 28 日、2015 年 10 月 12 日、2015 年 12 月 25 日挂牌新三板。两年 7 家，东西南北中，蔚然成风。

（三）引进战略投资者

在媒体融合的过程中，引进时侧重考虑两个维度，一是解决融合发展急需大量资金投入的问题，二是解决传统媒体缺乏技术基因和互联网思维、平台的问题。同时满足这两个条件的就是类似 BAT 这样的互联网头部企业。比如，2015 年 6 月 4 日，上海文广集团（SMG）旗下的第一财经传媒有限公司引入阿里巴巴集团 12 亿元人民币的战略投资，双方都希望充分发挥各自在传媒与大数据领域的资源优势，往"新型数字化"方向打造主流财经媒体（高方，2015）。华西都市报社和北京青年报社也引入了阿里巴巴的战略投资。

(四) 发行融资券

自 2014 年 9 月起，南方报业传媒集团已顺利注册募集资金 8.9 亿元，滚动发行了两期短期融资券和两期超短期融资券，用于置换利率较高的银行贷款，促使集团融资成本逐年下降，年利息支出从 2013 年的 8479 万元降至 2017 年的 1028 万元，从 2014 到 2017 年，共为集团节约利息支出近 2 亿元。表面上看融来的资金不是直接用于投资新媒体产品，实际上省下来的就是可动用的资源，放在同一个资金池里，最后还是转化为媒体融合方方面面的投入（张俊华，2018）。受南方报业启发，2016 年，重庆日报报业集团产业有限责任公司也成功发行了 10 亿元超短期融资券。

(五) 发起设立基金

报业领域比较早进行探索的有浙报传媒、上海报业集团和南方报业传媒集团。2009 年 5 月，由浙江日报报业集团牵头成立了东方星空创业投资有限公司，该基金联合中国烟草总公司浙江省公司和浙江省财务开发公司共同组建，首期注册资本 2.5 亿元人民币（朱馨，2009）。2014 年 8 月，由上海报业集团、元禾母基金和管理团队华映资本三方共同发起了"八二五新媒体产业基金"，第一期规模 12 亿元，经过近两年的运作之后，上报集团继续联合各方基石投资人及管理团队，发起"八二五基金"二期，管理规模增加到 20 亿～25 亿元（裘新，2016）。2018 年 5 月 11 日，由南方报业传媒集团与深圳市投资控股有限公司联合发起"深圳湾文化产业基金"，由投控东海作为基金管理人，基金总规模为 10 亿元人民币，重点布局泛文化领域以及与文化发展紧密相关的高科技、金融领域，并全力加强在文化创意、大数据、高新技术、智慧城市建设等领域的投资与整合，助力"智慧湾区建设"（张艳丽，2018）。

三、主要资本运作方式利弊分析

上述五种资本运作方式，没有一种是万能的，通常优秀的企业要学会综合运用多种运作方式，以期达到利益最大化，不同阶段根据不同需求，选择的资本运作方式也不同。这就需要掌舵者对各种资本运作方式的利弊做辩证分析：

（一）上市

上市是首选，但可遇不可求，而且上市并不能直接改变企业及所在行业发展态势。

总体而言，成功登陆国内A股的网络媒体和传统媒体，都属于走在行业前列，具有地域、行业、发展模式的代表性，他们虽然值得学习却难以学习，主要在于中国证券市场的某种限制，使得上市模式"可遇不可求"。

近年来，传统媒体上市显得越来越不现实，主要是资本市场对行业发展周期有一个判断，认为在新型媒体快速发展的背景下，传统媒体是在走下坡路。过去十几年，少数几个市场化的平面媒体选择了香港上市，上市之后有过发展，但在平面媒体整体衰落趋势下，还是避免不了经营收入不断下滑，同行在吸取其成功经验时更多地还要关注其失败教训。比如，2002年，财讯传媒（00205.HK）在香港上市，但股价长期在港币几毛钱徘徊，整体市值在10亿港元之下。2004年12月22日，北青传媒（01000.HK）在香港联交所挂牌交易，但2005年6月，包括负责北青传媒广告和投资业务的副总裁郑谊军、钮明以及广告部主任于大公等6名经营管理人员，因涉嫌经济问题接连遭到司法部门的刑事羁押，公司利润大幅下滑（陈安庆，2005）。现代传播（00072.HK）于2009年9月在香港主板上市，是一家以出版国际化、时尚、高品位的平面媒体（如《周末画报》）为宗旨的企业，但经营收益波动很大，2014年盈利3779万元，2015年利润下滑为2092万元，2016财年利润进一步下滑到约300万元，2017财年，整个集团亏损近4000万元，直到2018年才扭亏为盈（晓雪，2018）。

（二）新三板挂牌

新三板挂牌相比A股上市容易些，但融资能力很有限。跟A股上市相比，同样有一套严格的程序，在建立现代企业制度、完善公司治理、吸引优秀职业经理人、便于资产定价和交易等方面的作用是类似的，但在最核心的作用融资和流动性方面则完全不可比。新三板长期日均交易额在几亿元人民币，交易极其低迷，资产流动性较差，这使得通过新三板融资的功能基本难以实现。

正因为这样，一些新三板挂牌的优质企业纷纷考虑转移战场。比如，2015年11月26日，中信出版成为新三板首支"国有出版股"，但一年之后，很快决定"放弃"新三板，谋划通过IPO在创业板上市（刘莎，2017）。据全国中小企业股份转让系统有限责任公司函件（股转系统函〔2019〕2483号），自2019年6月19日起，中信出版公司股票终止在全国中小企业股份转让系统挂牌。

（三）引进战略投资者

引进战略投资者，媒体集团不仅得到一大笔资金，更重要的是战略投资方其他资源禀赋上的支持，特别是提供媒体融合改革中急需的配套资源。不足之处是媒体集团要出让一部分控制权，与战略投资方基于不同的企业文化开展紧密合作，能否磨合得好，是很大的问题；战略投资不同于财务投资，财务投资通常不参与企业实际运营，而战略投资通常是要参与到企业的实际运营中，怎么把握"度"，这在意识形态领域还是比较敏感的。因此，引进战略投资者受政策影响非常大，有些投资之后有反复。比如，2016年4月，北京新媒体集团与奇虎360合资成立了北京时间股份有限公司（以下简称"北京时间"），奇虎360持股60%，并且由奇虎360的总裁齐向东兼任"北京时间"董事长。360自己不再生产新闻，"北京时间"的原创内容由集团子公司生产。360开机助手、360浏览器等平台的新闻入口一律指向北京时间后，北京时间的流量优势瞬间爆发；360的UV[①]、PV[②]已经超过了新浪、搜狐等四大门户（郭全中、胡洁，2016）。这样的战略投资对双方都是互惠互利的。但是，2019年4月，三

---

① UV是unique visitor的简写，是指通过互联网访问、浏览这个网页的自然人。
② 指日访问总页面。

六零（601360）旗下北京奇虎科技有限公司将手中持有的60%股权悉数转让给北京新媒体集团，退出北京时间股份有限公司，合作只持续了3年。

（四）发行融资券

跟发行股票相比，发行融资券好处是募集到一笔资金而又不用出让股权，弊端是到期要连本带息偿还。但总体来说，融资券的资金成本比银行贷款低，因此需要企业本身具有相当好的信用。

当传统媒体收入和净利润双双下降时，发行债券融资比股权融资的风险要高一些，可能存在到期难以支付的问题。因此，发行融资券通常用于解决短期流动资金问题，在降低负责率方面有明显效果，但不是用于长期投资的项目。目前，媒体集团能想到去用并且把这个方式用好的并不多。

（五）发起设立基金

发起设立基金，好处是引入了市场机制，一旦项目成功，效用成倍放大。不足之处在于，它首先不是直接带来收入，在发起时首先要放进去一大笔钱，投资成功之后才能兑现收益。

媒体集团主导发起产业基金，一般出于三个目标：一是克服传统媒体体制、机制、人才上的障碍，通过基金公司这样的市场主体，以其市场化、专业化优势，通过一定的投入，成倍撬动社会资本，实现规模收益；二是适度界定风险，特别是对于投资新媒体项目来说，产业基金的模式能够在一定程度上平衡中早期投资的风险，并缓解投资集中期给集团报表带来的压力；三是希望从基金的投资组合中，培育与集团主业具有战略协同效应并具有高成长性的项目。媒体集团主导的产业基金，最难的是如何遴选出既能懂媒体、又能懂市场的基金经理，使得所投项目能够为媒体融合提供较好的支撑，而不是像财务投资一样仅仅是赚到一笔钱。

四、媒体融合改革中如何有效发挥资本引擎的作用

中央高度重视发挥资本市场的作用，助力媒体融合改革。2018年3

月 30 日，中央网信办和中国证监会联合印发的《关于推动资本市场服务网络强国建设的指导意见》指出："充分发挥资本市场作用，推动网信企业加快发展。支持符合条件的网信企业利用主板、中小板、创业板、新三板、区域股权市场、债券市场等多层次资本市场做大做强。鼓励网信企业通过并购重组，完善产业链条，引进吸收国外先进技术，参与全球资源整合，提升技术创新和市场竞争能力。营造有利于各类投资主体参与的市场环境，为不同发展阶段的网信企业提供资本支持。"（中央网络安全和信息化委员会办公室、中国证券监督管理委员会，2018）媒体融合是涉及内容、渠道、平台、经营、管理等方方面面的综合改革，是一个系统工程，对照最新政策，资本运作能在如下几个方面发挥重大作用。

（一）低成本、多渠道融资的作用（相比银行贷款而言）

发行股票、融资券，引进战略投资者等，都是获取资金的方式。资金用于支撑媒体融合中在技术、平台、人力等方面所需的大量投入。比如，各媒体集团在建设融媒体中心（经典案例如人民日报社的"中央厨房"）时都是动辄上千万元的研发投入，这些都需要集团党委慎重决策。

（二）建立现代企业制度的作用

A 股上市、新三板挂牌、发行融资券等，都要求公开的信息披露，这种市场的外在压力，迫使媒体集团必须按照现代企业制度的要求，完善公司治理，提高市场拓展能力，提高自身的管理水平。

（三）资产证券化之后，便于定价、交易和重组的作用

媒体融合一大难题是如何与互联网等创新型企业进行并购重组。传统行业资产评估比较注重净资产、销售收入、净利润等指标，媒体单位甚至普遍希望将品牌价值（商誉）折现；而互联网行业特别是风险投资主导的创业型企业，有些尚未盈利，但是拥有比较好的用户基数和巨大增长潜力，采用以用户数为主的估值方式一定会显得溢价水平很高，这使得国有传媒集团一般很难直接投资互联网企业。2011 年 9 月，浙江日报报业集团借壳白猫股份成功上市，并更名为"浙报传媒"；2013 年 4 月 27 日，

浙报传媒自筹资金和通过非公开发行 A 股股票筹集 31.9 亿元收购盛大网络旗下的杭州边锋、上海浩方公司 100% 股权（詹新惠，2015）。收购行动能够获得上级首肯，是因为这两家游戏公司本身有较好的营业收入和净利润，符合传统定价方式，再加上以上市公司为主体操作，符合有关规定，并购之后，也如期完成了业绩承诺。尽管这样，业界当时还是有很多不同声音。在与互联网企业并购重组的过程中，如果没有上市公司这个标准的市场主体，就很难操作。

（四）吸引优秀人才的作用

资本运作和技术研发方面的专业人才，在市场体系中定价较高，传统的媒体单位因为体制机制的限制，往往难以提供具有竞争力的薪酬和配套激励，因此推进资本运作、确立移动优先的发展策略方面，总是雷声大雨点小，成功案例不多。究其原因，还是对人才的吸引力和配套措施不足。

（五）整合社会资本，发挥杠杆作用

发起设立基金的杠杆作用明显，发起者可以 10%～20% 的本金，撬动 80%～90% 的社会资本参与，相当于投资能力放大到 5～10 倍。

（六）运用特殊管理股的作用

2014 年，笔者在《中国报业集团发展历程和转型策略》一文中预测，从发展趋势来说，未来报业集团将呈现几个趋势，其中第四个就是"围绕传媒特殊性和资本普遍性的关系，传媒企业实行特殊管理股制度试点，报业集团在融资战略和体制机制创新方面获得新的突破"（柳剑能、余锦家，2014）。在 2017—2018 年度，当时的预测陆续变成现实。

人民网 2017 年 8 月的公告显示，拟斥资 720.61 万元参股新三板公司北京铁血科技股份公司，业界普遍认为，这是运用特殊管理股机制的开始。特殊管理股在未上市的互联网公司以及在国内上市或者在新三板挂牌的互联网公司先设试点，特殊管理股一般提供给国有传媒媒体以承担内容审核责任，随着相关规定的进一步落实，传统媒体集团运用特殊管理股机制参股互联网项目会越来越多（董剑，2018）。按照中央主管部门的设

想，特殊管理股是确保网络媒体内容编审方面保持主流价值观的制度安排，既为网络媒体提供规范发展的出路，也为传统媒体通过资本手段实现融合发展提供了抓手。国有传统媒体在内容审核把关方面有非常好的先天优势。这个政策对促进媒体融合有积极意义。

（本章作者：柳剑文、柳剑能。柳剑文为广东省潮州市韩山师范学院副教授。）

第十一章　媒体融合过程中的技术采纳和技术赋能

2019年1月25日，中共中央政治局成员来到人民日报社新媒体大厦，举行第十二次集体学习，主题是"全媒体时代和媒体融合发展"。在人民网全媒体播控中心，习近平总书记主持学习并发表了重要讲话。在讲话中，有四个要点值得特别关注：一是媒介使用习惯，"新闻客户端和各类社交媒体成为很多干部群众特别是年轻人的第一信息源"；二是由此引起的策略变化，"要坚持移动优先策略，建设好自己的移动传播平台，管好用好商业化、社会化的互联网平台，让主流媒体借助移动传播，牢牢占据舆论引导、思想引领、文化传承、服务人民的传播制高点"；三是增强技术赋能的机遇意识，"要运用信息革命成果，加快构建融为一体、合而为一的全媒体传播格局"；四是目标任务，"要增强紧迫感和使命感，推动关键核心技术自主创新不断实现突破，探索将人工智能运用在新闻采集、生产、分发、接收、反馈中，用主流价值导向驾驭'算法'，全面提高舆论引导能力"（习近平，2019）。

从习近平总书记的讲话中可以看到，党中央高度重视IT技术在引领媒体融合转型中的关键作用。能否科学认识网络传播规律、高水平地用网治网，将成为事业发展的最大变量和增量，决定了融媒体时代新闻舆论的传播力、引导力、影响力、公信力。

在坚持移动优先的策略下，本文梳理了5G、4K、大数据、云计算、人工智能、区块链等近年来在媒体融合发展过程中闪亮登场的新技术，分析了引入新技术推动媒体融合面临的主要问题，并从媒体业务流程的角度归纳IT技术赋能媒体融合的主要切入点，提出初步解决思路。

一、媒体融合发展过程中涌现的新技术

从"铅与火"的印刷媒体时代,到"光与电"的广电媒体时代,再到"数与网"的网络媒体时代,技术驱动一直是现代传媒业发展的主线。特别是从互联网到移动互联网,再到物联网的变迁中,技术应用的速度和质量决定着媒体融合的速度和走向。从主管部门到媒体单位的掌舵者,对 IT 技术的及时了解和创造性吸纳能力,很大程度上决定着媒体融合改革的速度和深度。2019 年以来,最热门的 IT 技术是如下五个。

(一)5G 技术

第五代无线通信技术(the 5th Generation Wireless Communication Technology,简称"5G"),是一种在之前无线通信技术上实现改造和升级的技术类型,相比传统的 2G、3G、4G 技术,5G 无线通信技术的性能更为卓越(朱惠,2018)。5G 的性能目标是高数据速率、减少延迟、节省能源、降低成本、提高系统容量和大规模设备连接。

在国际电信联盟 ITU-RWP5D 第 22 次会议上,专家们指出未来 5G 主要服务于三大场景:

(1)增强型移动宽带(eMBB)。高速、高流量、高密度是最重要的特征,将着重加强局部重点区域的移动网络传输。

(2)超高可靠与低时延的通信(uRLLC)。接近 100% 的可靠性保证、毫秒级端到端时延是其重要特征,主要面向车联网、工程设备控制等各产业的应用。

(3)大规模机器类通信(mMTC)。将人和设备、设备与设备之间更高效互联,使大规模物联网得以广泛应用,主要面向工农业的广阔环境。

2019 年 1 月 13 日,中央广播电视总台联合中国移动、华为在广东省深圳市成功通过 5G 网络为 4K 超高清信号在北京、深圳两地开展实时传播测试。2019 年 6 月 6 日,国家工业和信息化部为中国移动、中国联通、中国电信、中国广电颁发 5G 商用牌照,我国正式进入 5G 商用元年。以此为起点,5G 在媒体行业的应用将会明显更广、更深。

（二）4K/8K 超高清

早在 2009 年 1 月，美国第 44 任总统贝拉克·奥巴马（Barack Obama）就职典礼时，摄影师 David Bergman 就曾经拍摄了一张具有 14.7 亿像素的现场照片（David Bergman，2009），清晰可见上千人的现场表情，引起新闻界轰动。2012 年 3 月 6 日，一张由《南方都市报》制作的《全国政协十一届五次会议开幕》亿像素照片（胡可可，2012），成为网络热图，高清全景展示了在人民大会堂出席开幕式的所有人员的表情，引发网民热议。这两个案例可以说是高清晰分辨率视觉内容的初级应用。不过，受当时技术所限，一是只能拍摄静态画面，未能反映动态场景；二是高像素照片其实是多张照片后期合成，仍存在拼接痕迹。

随着科学技术的进步，包括液晶面板制作工艺的提升、HDMI/DP 等线缆传输标准等的迭代升级等，具有高清分辨率的动态视频传输从理论走向了现实。720p、1080p、蓝光高清、2K、4K、8K 等技术概念逐步走向商用。

"4K"指的是电视机的分辨率（4K Resolution），4K 名称得自其横向解析度约为 4000 像素。较为通用的有两种具体标准，即数字电影的 4K 是 4096×2160 的分辨率，电视屏或显示器的 4K 是 3840×2160 的物理分辨率，均属于超高清分辨率（姜希尧，2015）。在同尺寸屏幕大小的情况下，分辨率越高意味着屏幕越细腻，即能够将画面的细节呈现得更加清晰，能大大增加用户的视觉体验。与之对应，还有 8K 分辨率（简称 8K），指水平分辨率达到约 8000 像素的级别。在实验室里，10K、16K 等更高级别的像素已经初步研制成功。如此高的分辨率，带来超高清乃至极致高清的动态视频视觉享受。

2017 年 12 月 23 日，全国首个 4K 超高清电视试验频道在广东广播电视台正式启动，我国 4K 发展史开启了新一页。2018 年 10 月 1 日上午 10 点，CCTV-4K 超高清频道作为国内首个上星超高清电视频道在中央广播电视总台开播。

(三) 人工智能

人工智能（Artificial Intelligence），英文缩写为 AI——"是研究、开发用于模拟、延伸和扩展人的智能的理论、方法、技术及应用系统的一门新的技术科学"（梁俊毅，2011）。AI 的核心问题包括建构能够跟人类似甚至超越的推理、知识、规划、学习、交流、感知、移动和操作物体的能力等。

人工智能其实并不是一个新的概念。麻省理工学院的约翰·麦卡锡（John McCarthy）在 1956 年的达特茅斯会议（Dartmouth Summer Research Project on Artificial Intelligence）上提出：人工智能，就是要让机器的行为与人的智能行为并无明显差别。然而，自此概念提出以来，研究者往往低估了人工智能发展道路上的工程难度，造成了人工智能发展的若干次发展高潮和低谷交替出现。

2016 年 3 月，人工智能再一次成为新闻报道的头条，由英国伦敦 Google DeepMind 开发的人工智能围棋系统 AlphaGo，挑战世界冠军韩国职业棋手李世石（이세돌）九段。透过自我对弈数以万计盘进行练习强化，AlphaGo 在一场五番棋比赛中 4：1 击败顶尖职业棋手李世石，成为第一个不借助让子而击败围棋职业九段棋手的计算机围棋程序，立下了人工智能深度学习的里程碑。2018 年 12 月 7 日，《科学》杂志封面文章（David Silver, et al., 2018）报道了更加进化的 AlphaZero，它在国际象棋中，从零开始自学训练 4 小时就超越了世界冠军程序 Stockfish；在日本将棋中，从零开始自学训练 2 小时就超越了世界冠军程序 Elmo；在围棋中，从零开始自学训练 30 小时就超越了与李世石对战的 AlphaGo。深度神经网络的人工智能，在棋类竞技上已经超越以往的最具代表性的计算机棋类程序，更不用说与人类对战。

具体到媒体行业的应用中，人工智能最杰出的表现，莫过于机器人工智能写新闻。该项技术也称"机器人新闻写手（Robot Journalism 或 Automated Writing）"，是指一整套计算机程序运用算法对输入或搜集的数据自动进行分类、筛选、重组等加工处理，从而自动生成可供刊发的完整新闻报道。2006 年 3 月起，信息供应商汤姆森金融公司（Thomson Financial）

开始运用电脑程序来替代财经记者,自动撰写经济和金融方面的新闻。该公司称,它的机器人记者可以在公司发布信息后的 0.3 秒内提取有效数据,并分析整合成为一篇报道——这可以算是关于机器人新闻写手的最早报道(徐曼,2015)。在中国,腾讯财经开发的自动化新闻写作机器人 Dreamwriter 于 2015 年 9 月 10 日编写的经济消息(《8 月 CPI 同比上涨 2.0%,创 12 个月新高》),第一次使"人工智能新闻写作"走进国内从业人员的视野。随后,越来越多的传统传媒机构开始尝试人工智能写稿程序。除了这些隐形的 AI 写稿程序之外,也有更全能、具备机器人形状的 AI 记者,如新华社的"i 思"、《深圳特区报》的"读特"、浙江卫视的"小聪"和香港大公文汇传媒集团的"小宝",可以出去采访和录制广播电视节目。

(四)大数据与云计算

大数据(Big Data)——"是以容量大、类型多、存取速度快、应用价值高为主要特征的数据集合,正快速发展为对数量巨大、来源分散、格式多样的数据进行采集、存储和关联分析,从中发现新知识、创造新价值、提升新能力的新一代信息技术和服务业态"(中华人民共和国国务院,2015)。

云计算(Cloud Computing)——"是以虚拟化技术为基础,以网络为载体提供基础架构、平台、软件等服务为形式,整合大规模可扩展的计算、存储、数据、应用等分布式计算资源进行协同工作的超级计算模式"(吴吉义等,2009)。美国国家标准和技术研究院(National Institute of Standards and Technology,NIST)提出了云计算的三种服务模式:

(1)软件即服务(Software-as-a-Service,SaaS):软件供应商以月租或年租的概念提供软件服务,而非需要用户一次性购买,比较常见的模式是提供一组账号密码。例如,Adobe Creative Cloud,Microsoft Office 365,Google G Suite。

(2)平台即服务(Platform-as-a-Service,PaaS):用户在供应商提供的平台上运行自己的应用程序,但不需要也无法参与平台的网络基础架构、硬件、操作系统建设和维护调整。平台通常为应用程序提供基础架构。例如，Cloud Foundry，腾讯开放平台。

（3）基础设施即服务（Infrastructure-as-a-Service，IaaS）：用户可以使用供应商所提供的计算处理、存储、网络、中间件等服务，供应商也允许用户自行部署操作系统、存储方案、应用程序、网络组建等。服务通常以虚拟化设备提供，用户并不实际接触硬件设施和基础建设。例如，Google Cloud Platform，Amazon AWS。

云计算和大数据相辅相成。云计算就是硬件资源的虚拟化，大数据就是海量数据的高效处理。互联网造就了云计算，云计算使大数据的处理和挖掘成为可能。大数据是云计算最大显身手的应用场景之一，云计算通过处理和挖掘大数据使软硬件技术、网络资源得以充分应用。

媒体的融合转型，离不开大数据和云计算技术。2014年3月18日，光明网应用微软Azure云计算技术建立中国首个"媒体云"平台；2015年7月7日，以"中央厨房"式新型全媒体采编发空间揭幕和一批新技术系统的启用为标志，新华社全媒报道平台启动运行，此举被视为国家通讯社积极推进传统媒体与新兴媒体融合发展的"关键一步"；2016年8月22日，人民日报媒体技术股份有限公司联合腾讯云共同发布我国首个媒体融合云服务平台——中国媒体融合云，提出将为所有合作媒体提供各类新型内容生产、大数据运营、人工智能等应用，一站式解决融合发展技术难题，从选题策划、采编生产、分发传播、盈利分成全流程突破融合瓶颈。

（五）区块链

区块链（Block Chain）——"是一种在对等网络环境下，通过透明和可信规则，构建不可伪造、不可篡改和可追溯的块链式数据结构，实现和管理事务处理的模式"（中国电子技术标准化研究院，2017）。区块链以分布式账本技术为基础，能够安全地记录点对点网络中的信息。一般认为，区块链技术具有如下显著特点（姚忠将、葛敬国，2017）：

（1）去中心化。它不依赖任何中心机构的硬件设备和制度管理，而是以分布式计算和存储完成自我记录、自检校验、自动传播分发。这是区块链技术最革命性的特点。

（2）开放性。基于开源代码，除了交易各方的关键隐私信息被不可逆算法加密成密码外，所有的数据都是公开可查，所有人都可以公开地查询接口获取数据并以此开发独特的程序应用，不存在权限等级对数据可视性的限制。

（3）独立性。基于交易各方共同协商一致使用的规范、协议、算法，无须借助任何第三方，所有交易方的数据交换均可安全地自行验证。

（4）安全性。要修改区块链中的任何一个数据，都必须掌握所有参与方所形成的区块链数据网络51%以上节点的控制权，而由于区块链数据网络从理论上可无限扩大和分布于全世界，这使得篡改变得并不现实，相对保证了区块链数据网络的安全性。

（5）匿名性。除非各国政府强制立法，否则就技术而言，各交易方节点的身份信息可自行以不可逆算法加密无须公开，且加密后也无须验证即可传输，使得匿名传输成为可能。

2017年3月19日，人民日报"中央厨房"与中国通信工业协会区块链专业委员会联合举办了区块链技术融媒体应用合作交流会，倡导在版权保护、企业管理、信息安全技术等领域开展紧密合作。这是中央媒体第一次对媒体区块链项目进行探索。2017年4月，腾讯FiT（支付基础平台与金融应用线）和腾讯研究院发布《腾讯区块链方案白皮书》，表示将搭建区块链基础设施，打造区块链共赢生态，将鉴证证明、共享账本、智能合约、共享经济、数字资产等核心技术开放给合作伙伴，并推出机器人理财、航空延误理赔、知识产权保护等应用。2017年6月9日，首届中国报业版权大会发起倡议成立中国数字内容区块链版权联盟，致力于构建一个去中心化的、可信的、可追溯的数字版权内容流通生态系统。

二、引入新技术推动媒体融合面临的主要问题

从传统的印刷媒体和广电媒体，进入到网络媒体行业，事实上在技术领域是一个巨大的跨度。媒体融合不光是媒体机构在策采编发流程上的重组，还涉及不同技术对不同媒介产品和形态的重塑，需要一个不断适应的过程。因此，尽管上述IT技术近年来在媒体融合发展过程中开始闪亮登

场，也取得了一定的成效，但是离大规模应用还有相当长的距离。概而言之，引入新技术推动媒体融合，面临如下主要问题。

（一）传统媒体领导层和员工层都存在结构性问题，技术驱动难以成为决策的主流

第一，由于历史的原因，传统报业集团的领导层从职数配备来说，内容管理者占绝大部分，经营管理者占小部分，有专职的党务和纪检等领导岗位配备，但基本没有设置过"总工程师"之类的管理岗位，仅限于中层职能部门有技术部，这就使得技术驱动思维难以进入决策层，更谈不上成为主流。2018年，东方网总裁兼总编辑徐世平的反思很有代表性："现在传统媒体集团的领导层，几乎都是文人出身，靠写文章一路走来，媒体管理团队，基本都是做内容的。这个数字，估计在98%以上。当然，也有少量技术背景的人。但是，他们的知识结构，也是较为单一的。做报纸的，以照排技术为主，外加少量印刷出身，做广播电视的，也以广播电视的门类技术为主。这些技术，同互联网技术没有太大关系。"他同时指出："传统媒体的领导人，要么有一种'新技术麻木效应'，要么面对新技术有一种'新型本领恐慌'。这样的领导结构，导致媒体转型中的传统媒体，互联网技术投入有限，团队力量十分薄弱，不能胜任互联网+的技术需求。现在，传统媒体的新媒体产品，技术都不是自己的，外包是主要的特征。用别人的产品，用别人的服务，难以成为行业趋势的引领者。"（徐世平，2018）

第二，同样由于历史的原因，在传统媒体的从业人员结构中，技术人员也不占优势，能够良好驾驭IT技术的人才紧缺。传统报业集团中，有采编人员、经营人员、行政管理人员和技术人员，往往技术人员占比最低；而技术人员中，一般又是运维人员占多数，研发人才占少数。报业集团主办的网络媒体中，技术人员也很难占到1/3以上的比例，这与互联网企业研发人员占比高的结构是有巨大差距的。因此，传统媒体事实上无法具备"技术基因"。

(二) 网络软硬件设施投入大，技术选型风险高，且容易受制于人，往往令决策层望而生畏

其一，技术设施投入大。比如，媒体融合的发布平台"中央厨房"，投入动辄上千万，仅此一项，就令很多省级和地市级报业集团望而生畏，在传统媒体营业收入近几年接连下滑的背景下，不论研发还是购买的决策，都面临很大压力。上述提到的 IT 技术，5G、4K/8K、人工智能、大数据与云计算、区块链，都需要配备相关的硬件和软件资源。这些都是传统报业集团和广电集团没有配备的资源，需要较大规模的添置，必然产生较高的成本；而新技术应用何时产生效益存在很大的不确定性，难以从财务指标上精确计算投入产出比，特别是新技术产品的研发和测试阶段，一边不见有收入来源，另一边却是天文数字般的高额支出，是决策层面临的难题。

其二，技术选型风险高。比如，云计算服务固然有种种优点，但如果采用云计算服务而关停传统媒体以往购置的服务器，未来数字资产都存储在云平台，就会开始受制于人，一旦云服务提供商突然坐地起价收取高额费用，传统媒体集团如何应对？任何一项新技术的引入都要做充分的利弊分析和风险评估，并做好应对预案，而这是传统媒体集团能力结构中的短板。

(三) 传统媒体的文人文化和互联网企业的工程师文化难以兼容，导致媒体融合难以进行原创性的技术研发

为了避免受制于人，传统媒体在选择技术时，战略上都曾考虑过自主研发，但是，传统媒体由于历史沿革往往以文人文化居领导地位，欠缺互联网思维和理工技术基因，而互联网企业基本上是工程师文化主导，这就使得自主研发难以成功。

这方面有过失败的教训。2010 年 9 月，奥运会乒乓球冠军邓亚萍出任人民日报社副秘书长、人民搜索网络股份有限公司总经理，领军开发搜索引擎"人民搜索"（后更名为"即刻搜索"）。邓亚萍在 2011 年 8 月的中国互联网大会上演说认为："竞技体育与互联网工作有非常多相似的地

方。两者都非常崇尚实力又追求技术，同时也都非常崇拜英雄。"（周颖，2014）尽管邓亚萍并非互联网技术出身，但她发挥自身人脉资源优势，邀请了谷歌中国工程研究院原副院长刘骏、前谷歌总部数据中心工程师王江、安卓 1.0 系统开发参与者钱江等人，组建了一支技术队伍，公司规模由初创时期的百余号人攀升至巅峰时期的超过 400 人。然而事与愿违，2013 年 11 月"即刻搜索"多个业务消失，搜索结果跳至"盘古搜索"（刘夏，2013）。从上线至被合并的 3 年时间里，"即刻搜索"一直徘徊在搜索市场的边缘，在国内搜索引擎市场中的占用率几乎为零，没有丝毫存在感。与此同时，业界也传出了"'即刻搜索'亏损 20 亿元"的传闻（梁君艳，2013）。2016 年 6 月，完成了人员安置和产权清理等善后工作后，邓亚萍正式宣布辞去人民日报社副秘书长职务。业内对此案例有诸多反思和分析，但有一点是可以肯定的——即便是背靠人民日报社的"国家队"强大资源，要进入互联网领域并成为某项技术的研发引领者，还有相当多的困难，也有相当多的课要补。

（四）跟随型技术应用较容易掌握，但仍处于炒概念阶段，商业价值待考

媒体的天然属性决定了其必定比其他行业更加快地接触到新鲜事物，一旦新的 IT 技术在全世界各媒体中有一些新的应用，大至国家级媒体，小至县级媒体，都有一种跟风尝试的冲动。比如，人工智能技术应用中的"机器人辅助写作"系统，越来越多的媒体开始尝试，并以此作为媒体融合创新、拥抱新技术的亮点对外宣传。然而，这些新的尝试中，对内有提高写作效率的作用，对外是否给予用户新的颠覆式体验，是否带来新的价值，目前还看不出来。对于用户而言，获取最新鲜的新闻资讯是核心需求，至于是通过人工采写播报的新闻获取，还是通过机器人采写播报的新闻获取，则并非他们所特别关心的部分。除了对机器人辅助写作觉得新鲜以外，其获取的新闻并没有带来更多颠覆式的体验和新的价值。因此，媒体在拥抱新技术、试水新内容产品时，有时会出现"叫好而不叫座"的局面，甚至纯属媒体人自娱自乐，广告商也不会因为机器人辅助写作的概念就投放广告，其商业价值还需要市场检验。

三、媒体融合过程中有效发挥新技术作用的主要切入点

要实现深度融合的全媒体传播,需运用的是信息革命的最新成果,需强调的是技术赋能的机遇意识。具体如何实施,需要精通新闻采集、生产、分发、接收、反馈的全流程,从媒体融合的高度和业务流程的角度,推动关键核心技术自主创新不断实现突破,并且探索如何用主流价值导向驾驭各项新技术,全面提高舆论引导能力。就目前情况分析,IT技术赋能媒体融合的主要切入点有如下四个方面。

(一)围绕新闻生产的流程再造,发挥人工智能技术运用的潜能

要聚焦新闻采集、生产、分发、接收、反馈的全流程,充分发挥人工智能在内容分发(智能推荐将成为主流分发方式)、内容生产(人工智能将丰富内容生产方式)和媒体形态(人工智能将成为"个人生活智能助理")三个方面的重要作用(王成文,2018)。

比如,人工智能在传媒行业内容生产中的一项突出应用,是"以假乱真"的人脸合成技术。2017年8月建军节期间,人民日报客户端与腾讯"天天P图"技术联手推出"我的军装照"活动,将用户上传的照片与特定形象进行脸部层面融合,将用户照片合成穿上不同时期军装的军人形象。该活动的H5页面访问量达到10.74亿,独立访客达1.68亿,成为人脸合成技术的第一次大规模应用。除了静态的图片"换脸"技术以外,2018年11月7日,在浙江乌镇举办的第五届世界互联网大会上,一个新的视像新闻主播"AI合成主播"惊艳亮相——这是新华通讯社和北京搜狗信息服务有限公司利用人工智能技术联合开发的全球首个克隆合成主播,在外形和声音上成为新华通讯社主播邱浩的"分身"(陈倩、程昊、朱涵,2018)。这是AI技术模仿真人形象进行实时音视频合成的创新突破,并首次在新闻传播领域得以实际应用。

（二）在新闻信息的存储、分析、分发、互动、反馈逻辑链条上，充分发挥大数据和云计算的支撑力

大数据是传统媒体与新媒体融合发展的驱动力。大数据的技术手段作为支撑，有助于推动解决媒体，特别是传统媒体面临的困境。通过数据分析，实现三项突破：一是可以精准实现用户定位，聚焦细分市场，从而调整媒体的战略，连接更多的产业链，真正实现"传媒+"在产业中的作用；二是从数据中挖掘出容易被忽略的新闻线索，从而产生独家的新闻内容产品，形成媒体独特的新闻视角和对用户的吸引力；三是实现对不同用户的精准画像，真正做到"千人千面"，从而做好差异化推送和差异化营销，让用户有"懂我"的感觉，增强黏性。

只要运用好数据挖掘的分类、聚合、关联、预测、索引等功能，就可以服务于传统媒体生产全链条各环节，在内容生产、流程管控、精确营销、用户画像和前瞻性预报等方面进行全方位更新（冷媚，2018）。

云计算将成为媒体融合发展、数字化变革的加速剂。在传统媒体已有的IT架构中，孤岛效应较为明显，每个系统单独服务于一项业务，高度订制，导致信息数据资源不能互通，也增加了硬件的采购成本，造成传统媒体运营成本高企，效率低下。云计算无处不在、时刻在线的强大内容分发和多用户交互操作能力，有效降低内容产品的制作成本和制作时间。

随着大数据和云计算技术在媒体行业应用的不断深入，近年来还诞生了独特的"媒体云"。媒体云有如下功能：一是"采"，又快又好地集成内容信息；二是"编"，真正互联互通，彻底突破时间、空间、器材、制式标准的限制，满足媒体在新时代全方位、全天候的需求；三是"发"，通过云端进行内容的分发，一键操作，跨平台、跨屏幕自适应实时响应刷新推送（赵华，2017）。

（三）聚焦于新闻接收环节的高质量，充分发挥 4K/8K 和 5G 在提高产品清晰度上和传输速度上的作用，争取分享产业升级换代的"红利"

2019 年 3 月 1 日，中华人民共和国工业和信息化部、国家广播电视总局、中央广播电视总台联合印发《超高清视频产业发展行动计划（2019—2022 年）》。在这份行动计划中，"4K 先行、兼顾 8K"是总体技术路线；目标是到 2022 年，"产业总体规模有望超过 4 万亿元，超高清视频用户数达到 2 亿，4K 产业生态体系基本完善，8K 关键技术产品研发和产业化取得突破，形成技术、产品、服务和应用协调发展的良好格局"（工业和信息化部、国家广播电视总局、中央广播电视总台，2019）；同时，"要在广播电视、文教娱乐、安防监控、医疗健康、智能交通、工业制造等领域打造一批超高清视频典型应用"（工业和信息化部电子信息司，2019）。这对传统广电行业和网络视频板块都是巨大的利好。

5G 的出现，又会为媒体带来如下两项最根本的变革：一是万物智能互联。3G、4G 都是人与人之间的连接，而 5G 将实现人与物的连接、物与物的连接。二是信息传播将在内容、载体、形式等方向发生革命性变化。可以预见，在 5G 时代，以视频为主的媒体流将成为信息传播的主要形式，直播将无处不在，"无人不播"。由此可见，20 世纪加拿大著名传播学学者赫伯特·马歇尔·麦克卢汉（Herbert Marshall McLuhan）在《理解媒介》一书中所提到的"冷媒介"（媒介传递的信息少而模糊，在理解之际需要更多感官和思维活动的配合）和"热媒介"（能够高清晰度地延伸人体某个感官的媒介）的界限将会被打破，进入 5G 时代，全部都会变成"热媒介"，而且可能会是"超级热媒介"。

5G 时代传媒的巨大商机在于：一是市场潜力巨大，流量争夺战更加白热化。要尽一切可能满足用户各种感官的需求，抢占其有效注意的时间。二是彻底推倒屏幕墙，万物皆连接，从"媒介即信息"，到"万物皆信息"。三是信息的预测将越来越准确，通过将 5G 技术与人工智能、大数据、区块链等技术相结合，海量的实时信息传输、分析处理，将有助于我们更加准确地预测新闻事件的进一步发展。

（四）聚焦于新闻行业的版权保护环节，充分发挥区块链的技术优势，大力提升传媒业付费市场的发展空间

2017年2月，英国德勤公司（Deloitte Touche Tohmatsu Limited，世界四大会计师事务所之一）的南非咨询部门发表了一份《区块链：改变媒体的游戏规则》（*Blockchain@Media: A new Game Changer for the Media Industry*）的报告（Deloitte Touche Tohmatsu Limited，2017）。报告针对区块链如何改变传媒产业提出了五种猜想：一是内容的碎片化将因为区块链而实现货币化，内容变现将更为容易；二是进一步削减了广告营销过程中的中间环节，效率进一步提高；三是版权问题将会得到规范，创作者的经济权利和精神权利将会得到更好的保护；四是行业将会向更加安全和更加透明的方向迈进，假新闻和盗版等问题将会得到解决；五是在区块链技术完全普及后，媒体业将会形成一个新的付费市场，用户为内容付费，且这个市场将不再有媒体机构的边界，由此困扰业界多年的用户付费订阅意愿不高和版权维权难问题将得到彻底解决。

2019年3月1日，经过两年的摸索，美国区块链新闻网络平台Civil在其官方博客中宣布正式运营（Matthew Iles，2019）。作为一个基于区块链技术的新闻出版发行平台，Civil旨在为新闻业创造一个可持续的全球市场，摆脱广告、假新闻和其他外部因素的影响。该项目的生态系统有其原生CVL代币，旨在提供金融可持续性和改善对新闻行业的信任。持有CVL代币则代表在Civil生态系统中拥有投票权。中国的版权市场非常庞大，在充分借鉴英美等国家区块链技术应用的基础上，完全可以通过行业协会和主流媒体的共同努力，开创有中国特色的区块链应用。

结　语

随着媒体融合的不断深化，IT技术在媒体中的应用只会越来越多、越来越深入，倒逼媒体生产流程变革。因此，只有尽一切可能去拥抱、学习、运用、驾驭最新的IT技术，才能使媒体人、媒体单位立于不败之地。可以预见，未来的媒体人个体之间的竞争，一定是"人+智能终端"之

间的竞争。能否娴熟使用新的IT技术，通过智能终端，用足够的IT技术去武装媒体人，很大程度上决定了媒体人能否达到新的职业高度。而媒体单位之间的核心竞争力，不再是人海战术，而更大程度上取决于"媒体+IT技术"的整合能力——以IT技术的迭代进步引领媒体融合发展，最终达到以主流价值驾驭IT技术的新境界。

（本章作者：柳剑能、周全。周全为南方报业传媒集团战略发展部主任助理兼品牌管理主管。）

第十二章　媒体融合背景下加强采编队伍建设的分析与对策

2016年2月19日，习近平总书记在党的新闻舆论工作座谈会上强调，媒体竞争关键是人才竞争，媒体核心优势是人才优势。当前，中国正处在媒体融合发展、产业转型升级的关键时期，加快培养造就一支政治坚定、业务精湛、作风优良、党和人民放心的新闻舆论工作队伍，培养一批具有媒体深度融合采编运营能力的全媒型专家型领军人才，事关中国传媒业改革发展大计。

一、媒体深度融合背景下传统采编人才供需的主要变化

2014年，自中宣部提出推进传统媒体与新兴媒体融合发展以来，需求侧这一端，传统媒体人员需求下滑，新兴媒体人员需求上升；供给侧这一端，高校应届生超量供给，业界采编人才再培养供给严重不足，导致总体上供需错配严重。三种态势越来越明显：

（一）传统媒体行业的发行量、广告收入继续下滑，导致对传统媒体人才的吸纳力和吸引力双双下降

据统计，2015年前11个月，电视、广播、报纸、杂志、传统户外等传统媒体广告市场出现7%的同比缩减，其中，报纸广告刊例收入下滑最为严重，同比下滑35.6%。2016年全年，报纸和杂志的刊例收入同比分别下降38.7%、30.5%；2017年前三季度，报纸和杂志广告刊例收入同比分别下降31.9%和21.2%。

经营连年下滑的结果是部分报刊关停。2014年，北京的《竞报》、上海的《天天新报》等报纸陆续宣布休刊；2015年，云南的《生活新报》、湖南的《长株潭报》、河北的《杂文报》、时尚集团旗下的《时尚新娘》

等将近30份报刊或宣布停刊，或关停纸质版转向发展电子业务。以上海报业集团为例，自该集团成立以来，在推进媒体深度融合的过程中主动压缩传统媒体产能，成立之初共有报刊35家（含挂靠托管），至2017年年初，整合为22家，压减了近三成的报刊数。

总体而言，伴随着发行、广告收入加速下滑和报刊关停，传统媒体的采编人员存在较大的分流、安置压力。

（二）新兴媒体加快发展，增强了对传统媒体人才的吸纳力和吸引力，加速了传统媒体的人才流失

21世纪的前10年，市场化程度较高的知名传统媒体，比如南方报业传媒集团旗下的《南方周末》《南方都市报》等，先后有李甬于2005年5月出任网易副总裁、总编辑，陈菊红于2007年加盟腾讯后任腾讯网总编辑，杨斌于2007年出任和讯网副总经理兼总编辑等，他们属于先知先觉"投奔"互联网的第一批传统媒体人，数量较少，但获聘的都是较高职位。

自2010年以来，移动互联网加速发展，此时投奔互联网的第二批传统媒体人，数量大幅度增长，但由于互联网优质企业已有十余年发展，管理团队日渐成熟，因此第二批中只有在传统媒体担任高管的人才能获得较高职位，多数只能获聘中层岗位。而且，相比较第一批"数字化转型"，第二批传统媒体人员离职"多元化拓展、职业化流动"的态势更为明显，既有优秀的媒体管理者转任地方党政领导，也有传统媒体总编辑投身于自媒体创业（比如第一财经原总编辑秦朔离职后创办微信公众号"秦朔朋友圈"等），还有不少资深财经记者、编辑转任知名企业担任市场、公关部门负责人或营销副总裁等职位，部分采编人员重新回高校攻读博士学位或担任研究员等。总体上，优秀传统采编人员出路比较宽广，从政、从商、从文的都有。留守的采编人员未必是最优秀人才，从一个侧面映衬出传统媒体面临人才"逆淘汰"危机。

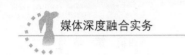
媒体深度融合实务

（三）全国大专院校的新闻传播类专业伴随着大学扩招快速膨胀，这使得新闻传播专业学生的供给与市场实际需求错配非常严重

据《中国大学及学科专业评价报告（2017—2018）》统计，全国高校已开设新闻学专业的有249家，开设传播学专业的有57家，开设网络与新媒体专业的有110家。其中，大多数偏重传统采编业务，而开设网络与新媒体专业的，时间也不长，质量参差不齐。总体而言，注重新闻传播类专业与计算机专业交叉发展的学院（如中山大学传播与设计学院等）开始凸显后发优势，学生较为抢手。

同时，近年来新兴媒体的勃兴对复合型人才提出了更高要求。在转型融合发展的关键时期，人才结构性失衡问题显得更加突出。目前，整个传媒界不仅缺乏既懂传统媒体又懂新兴媒体内容生产的采编复合人才、既懂传统媒体又懂新兴媒体运营的经营复合人才，更加缺乏对传统媒体和新兴媒体的内容生产和运营都有深入了解的复合人才。

二、当前采编队伍人才建设普遍面临的主要问题

作为"事业单位、企业化管理"的传统媒体集团，当前能提供给优秀采编人才的激励相当有限。一是受整体经营形势影响，传统媒体采编人员的薪酬相比新兴媒体特别是BAT等优秀互联网企业，越来越不具备竞争力。二是事业单位高层管理岗位有限，上级管理部门还经常委派干部，优秀采编人员晋升通道越来越窄；受意识形态行业管理要求制约，管理团队股权激励始终难以落实，激励约束机制离市场越来越远。三是传统媒体加速下滑和新兴媒体技术快速迭代，都使得从业人员的不安全感剧增。"防火防盗防记者"等不良舆论氛围进一步消减了新闻行业的职业荣誉感。总体而言，受行业发展趋势限制及传统的体制机制约束，薪酬、职位、安全感等核心要素均难以提供强有力的支撑，这使得"待遇留人、事业留人、感情留人"操作难度越来越大。

就采编岗位的特点而言,当前采编队伍人才建设可归纳为"三难三易":

(一) 激情很难持久,但很容易懈怠

传统媒体的采编人员历来被认为吃的是"青春饭",因为新闻采访和深度调研的时间往往不规律、地点多变、事件突发或情况复杂,为了赶稿,常常需要加班加点甚至熬夜,为了拍摄取景常年奔波劳累,更有可能遭遇人身伤害,相当一部分采编人员从业不到5年就有很大的"职业倦怠感",一般超过30岁就会感到越来越吃力。大部分优秀记者如果不能转为编辑,或者担任部门主任以上的职务,往往选择跳槽。

(二) 激励很难奏效,但很容易消解

不少媒体都启动过深化采编专业职务序列改革,比如上海报业集团和南方报业传媒集团,都设置过媒体首席记者(编辑)岗位,搭平台,聚资源,给项目,通过让首席牵头负责比较重大的采访报道项目来体现其成就感,甚至在薪酬上比照或高于部门主任等中层管理岗位。这在一定时间段内都是有效的。但是,首席记者编辑制度属于媒体的"自选动作",与国家新闻行业的职称制度不衔接,与其他媒体单位和高校等研究机构不通用,往往过了一段时间就走向"准行政化",其突破行政岗位限制的初衷大打折扣,激励作用很快被消解。

(三) 人才很难培养,但很容易流失

推进媒体深度融合,对编辑、记者的职业技能提出了全新的要求,不管是应届生还是一线采编人员,为了顺应新兴媒体灵活多样的表现形式,比如微视频、H5、虚拟现实场景呈现等,往往需要学习许多新知识,适应许多新变化。一次采集、多渠道发布的"中央厨房"运行机制,要求记者、编辑转型为全媒体记者、融媒体编辑,要求记者能够写出适合在手机客户端、新闻网站、报纸杂志上的不同版本,要求从原来的以文字为主,大大提升到文字、照片、音频、视频甚至漫画配图和动画动漫等多种技术手段并用。这样的采编人才很难培养,却很容易让互联网企业以2~

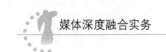

5倍的薪酬直接挖角，所谓"培养要花好几年，流失只需两三天"，流失率很高。

三、媒体深度融合过程中加强采编队伍建设的主要举措

大环境所致，南方报业同所有传统媒体集团一样面临人才流失的隐忧，一直在积极应对。在媒体深度融合背景下，南方报业传媒集团结合自身实际，从供给侧结构性改革入手，着眼于基层员工、中层骨干、高端人才等不同层次的问题，努力探索加强采编队伍建设的有效举措，总结了"校园招聘调结构、在职员工提水平、高端人才双激励"等一系列具有"南方"特色且较为有效的对策。

（一）着眼于基层员工：在招聘环节调结构，从源头解决供需错配问题

既然供给侧本身存在结构性问题，为更好地推动集团深入实施媒体融合发展战略，支持和配合集团若干重点新媒体项目建设，校园招聘就要重点遴选"网感"好的应届生。南方报业2016和2017年度的校园招聘工作，以"南方+"客户端等新媒体手段，吸引国内外百余所高校数万名应届毕业生报名应聘，做到了"三到位"：

1. 全媒体营销到位

由专人运营南方报业校园招聘"两微"平台，加强与应聘学生的互动；与全国重点院校点对点信息对接，发动往届校招员工进一步扩展沟通层面与深度。据不完全统计，2017年校招期间，仅南方报业校园招聘微信公众号点击阅读量过10万次，阅读人数5万余人，岗位信息推文转发量突破2000余次，微博端阅读量突破30万次；集团各媒体微信平台发布推文阅读量突破30万次，微博推送阅读量突破200万次；"南方+"活动页面校招查询点击数过5万次。这突破了原有以校园就业网信息发布为主的模式，充分发挥集团全媒体传播优势，大幅度提高招聘信息的覆盖面。

2. 招聘服务到位

集团借助"南方+"客户端平台开发个性化功能，应聘学生可以随时随地通过"南方+"全流程查询招聘进展和招聘信息，有学生反映，与许多单位发了招聘公告后只能被动等待不同的是，南方报业的招聘能在"南方+"上随时查询进度，与"微信小编"及时互动，工作效率高、有人情味，与南方报业的气质高度契合，提升了应聘者的信心和期望值。通过优化网络申报服务，集团进一步筛选有志于从事新闻工作的"网络原住民"。

3. 人才匹配到位

围绕集团融合发展的战略部署以及各新媒体单位建设发展需要，校招工作一方面加强集团新媒体项目展示，充分体现集团新媒体发展的蓬勃态势和对新媒体人才的旺盛需求，增强集团新媒体岗位的吸引力；另一方面，进一步强调综合素质，对具有跨学科学历的学生优先考虑，对兴趣广泛、知识面广、学习能力出众、对新媒体涉猎较多的学生高看一眼，充分挖掘学生成长为复合型人才的潜力。

（二）着眼于中层骨干：从在职员工中培育"南方网红"，力争以事业留人

2016年10月17日，在《南方日报》创刊67周年前夕，南方报业传媒集团举行"南方名记"评审会议，正式启动"南方名记培育工程"，着眼于中层骨干，培养一批具有新媒体采编运营能力的全媒型专家型人才。其中，最有特色的是推出了"南方名记工作室"制度。工作室原则上设在培养对象原所在部门，可根据需要物色集团其他单位的采编、经营或技术人员组成虚拟团队。所在部门领导要在项目规划、资源调配等方面全力支持培养对象开展工作。集团信息技术部主动提供技术支持、培训等服务。"南方名记"培养对象在集团的重点报、刊、网、端开辟专门栏目（如"名记特稿"），统一标识，形成品牌；作品（产品）统一冠以"×××（记者姓名）工作室出品"标识。

考虑了媒体深度融合的发展态势，南方报业灵机一动，又首创了"网红"概念。在以往纸质媒体风行的时代，名记施展的舞台更多的是报

刊；当前网民数量已经超过 7 亿，其中手机网民超过 6.2 亿，用户阅读习惯正在从报刊向移动端转移，因此对名记提出了更高的要求，要从"南方名记"迈向"南方网红"，具体要达到三个标准：一是有颜值，朝气蓬勃、活力四射；二是有素质，有专业素质、新媒体素质和服务素质；三是有气质，腹有诗书、心有用户、肩有担当。

2016 年遴选出来的第一批"南方名记"培育对象有 15 名，平均年龄 34 岁，是在政经、教育、医疗、军事、"三农"等领域具有明显传播优势和专业特色鲜明的青年才俊。他们在"南方网红培育工程"中转型升级为"南方网红"。培育工程实施半年，效果显著，推出《武松来了》这样点击量突破 1 亿次的现象级节目和一批单篇阅读量超过 100 万次的高质量融媒体作品，得到读者、网友的认可，得到中宣部和广东省委宣传部领导充分肯定。

2017 年遴选出的第二批"南方网红"培育对象有 25 位，来自集团旗下《南方日报》《南方农村报》《南方周末》《南方都市报》《21 世纪经济报道》以及《南方》杂志、南方新闻网等媒体，平均年龄 32.4 岁，主攻方向涉及时政、经济、军事、娱乐、视频等各个细分领域，与第一批"网红"一样，都是所在媒体的业务尖兵和创新能手。"南方网红"开启了事业留人的新尝试，对稳定中层业务骨干起到了重要作用。

（三）着眼于高端人才：组织申报人才专项资金，物质精神双激励

决定一份主流媒体精神气质的，首先是领军人物。集团在深化媒体融合过程中，特别注重高端人才的引进和培养。按照广东省委宣传部的统一部署，集团积极组织申报广东省宣传文化发展专项资金和广州市产业领军人才补贴，推荐青年文化英才人选、宣传思想文化领军人才等，为集团扶持和引进人才争取更多的政策和资金支持。专项资金政策性强、手续较为烦琐，人力资源部联合财务部等有关部门，围绕项目建设，加强政策解释等工作，为申报单位提供全方位的信息咨询和沟通服务。截至 2016 年 12 月，集团已获得省委宣传部批复专项人才资金 300 多万元。专项资金资助不仅是给予课题经费，同时也包含了对高端人才的认定，属于物质精神双

重激励，对于集团完善人才结构，引进和培养高端人才特别是采编人才提供了强有力的支持。

（本章作者：柳剑能。本章主要内容首发于《传媒》期刊"特别策划·传统媒体人才队伍建设"栏目，2017年12月（上）第23期，第20～22页。本书出版时有所修订。）

第十三章　加强国际传播能力建设的关系和对策

2016年2月19日，习近平总书记在党的新闻舆论工作座谈会上发表重要讲话，指出在新的时代条件下，党的新闻舆论工作的职责和使命是：高举旗帜、引领导向，围绕中心、服务大局，团结人民、鼓舞士气，成风化人、凝心聚力，澄清谬误、明辨是非，联接中外、沟通世界。讲话高屋建瓴，内涵丰富，立意深远，具有很强的政治性、思想性和指导性，为新形势下做好党的新闻舆论工作提供了强大思想武器和根本遵循。

自2010年以来，当中国已经成为全球第二大经济体，在国际新秩序的重建上扮演越来越重要的角色时，中国政治经济的国际影响力与中国的国际话语权严重不对称的问题越来越突出，中国国际传播能力建设变得越来越紧迫。在相当一部分领域，直接把对外宣传的目的变成对外宣传的表现形式，效果往往适得其反，突出表现为对外宣传耗费相当大量的人力、物力、财力，但是"联而不接（地气），沟通不到位"。在这样的背景下，习总书记讲"联接中外、沟通世界"，充分体现了新时期加强国际传播能力建设的新理念和新要求。

一、观念转型：从"对外宣传"到"国际传播"的新内涵

目前，国际传播语境里"西强我弱"的格局仍没有大的扭转，很大程度上跟以往的观念有关。

在中国国际传播的发展历程中，由于历史和时代的局限性，从管理部门到执行单位，都沿用了"对外宣传"的概念，这与当下的"国际传播"理念完全处于不同的认识水平上。

首先，"对外"与"国际"，视野完全不同。对外从字面上就打上了"以我为主"的烙印；"国际"从内涵上体现了国与国平等、国际关系多元化的思维，是通用语言。

其次,"宣传"与"传播",适用的规律完全不同。宣传强调导向,典型的表达方式是"你听我说",给人的感觉是主观性强;传播注重平衡,通常的表达方式是"你听他说",给人感觉是客观性强。宣传基本上是政治行为,讲政治效益;传播既可以是政治行为,也可以是市场行为,既可以注重政治效应,也可以注重经济效应,普适性更强。

综合起来,"对外宣传"和"国际传播"更显"代沟"。对外宣传实际上是冷战的产物,是"内宣"的延伸,通常受国内宣传纪律约束,充满着较为强烈的意识形态斗争属性,表达方式较为显性;国际传播是国际格局多元化、全球经济一体化的结晶,是外交的延伸,通常遵循国际传播惯例,交织着国家硬实力和软实力的竞争,不仅包含意识形态竞争,也包含市场经济竞争和文化竞争,表达方式更为隐性。对外宣传是单向传播,名为对外,内容往往以纯国内题材为主;国际传播是多向传播,强调受众意识,内容往往是国内外题材并重。即便同样以新闻为载体,对外宣传往往专题报道多,国际传播往往新闻信息多。对外宣传形式上常常直接反映国家或政府利益,但收效不理想;国际传播形式上常常间接反映国家或民族利益,但因其隐蔽性、技巧性,往往收效甚好。

用"国际传播"替代"对外宣传",恰恰是党的十八大以来,以习近平同志为核心的党中央在治国理政新理念指引下,在新闻舆论工作上又一次重大的理念更新,对于扭转"西强我弱"的国际舆论格局有着非常重要的指导意义。我们清醒地认识到,加强国际传播能力建设,事关国家战略,事关意识形态安全,事关经贸文化交流,极其重要。在实现中国梦的伟大征途中,中国必须不断调整与世界其他国家的关系,通过讲好中国故事,传播中国文化,弘扬中国精神,让世界更好地了解中国,让中国智慧更好地造福世界。

二、辩证分析:国际传播体系建设与能力建设的新思想

在对外宣传领域,中国以往较长一段时间忽视"宣传"与"传播"的区别,造成了中国国际形象较为刻板与传媒国际传播能力比较弱的困局。从国际传播的理念演进来看,中国对如何扭转局面已经有相当的问题

意识，中央有关部门高度重视，着手制定了《关于加强国际传播能力建设的指导意见》，各地有关部门也陆续出台了《加强国际传播能力建设实施方案》。但是，加强国际传播能力建设具有系统性、长期性和复杂性，难以一蹴而就，我们对当代国际传播的规律性把握还有待进一步提高，突出体现在四组辩证关系上。

（一）内与外的关系

用"国际传播"替代"对外宣传"，并非抹杀对外宣传的特殊性，而是更加辩证地理解内与外的关系。对外宣传与国际传播在目标上是完全一致的，当下考虑问题的重点是为了真正达到效果，根据形势的变化调整执行层面的方法论。

首先，毫无疑问，内外有别。对内、对外新闻舆论管理的指导思想、职责使命、工作重点、表现手法完全不同，这种差异性仍是考虑问题的基准线，一直不变。而且，国际传播的议题设置，很大程度上仍然要借鉴和使用宣传的技法，只是更强调表达的场合、技巧性以及目标受众的可接受、易接受性。

其次，不可避免，内外联接。中国是世界的一部分，中国市场已经全面融入国际市场，"你中有我、我中有你"的格局不仅是经济层面的，更是政治、文化层面的，新闻舆论工作交织在其中，国际传播承担起"联接中外、沟通世界"的重任是题中应有之义。尤其是当前及今后一段时期，在互联网高度发达的时代条件下，世界已经变成了"地球村"，内与外的界限有时相当模糊。有些不良信息"出口后倒灌"，不断影响国内的舆情的情况时有发生。因此，从管理层到执行层都要充分理解内与外的辩证关系，正确把握国际传播问题的复杂性。

（二）硬与软的关系

中国政治经济的国际影响力与中国的国际话语权严重不对称，也就是硬实力与软实力不对称的问题越来越突出。因此，要更加深入地理解硬与软的辩证关系。传播力需要硬实力支撑，但在日常生活中更多地表现为软实力。现在各级管理部门考虑的问题，往往先从硬件和渠道入手（比如考虑了网络传输速度，在社交平台上注册账号进行推广，等等），实际上是加强国际传播的条件建设，而比较少涉及能力（"软件"）的建设。

美国好莱坞电影，不管什么题材，最后都是具有典型美国价值观的传播，中国作为大片引进，美国人在赚中国人的钱的同时，还向中国观众"倾销"其价值观，这就是较高水平的国际传播能力。如何把价值观输出做成产业，这需要启用市场机制。韩国的"外宣"也比较值得借鉴。作为消费者，我们并没有强烈地感受到韩国媒体在"外宣"上的作用，但是韩国的电视剧和各种小商品却在中国很有市场。在比较长的一段时期里，我们的"外宣"体系，往往是沿用"我说—你听"的单向传播模式，是反市场机制的，成效如何有目共睹，这值得我们深思。付费的商品比免费的商品更具传播能力，其秘诀就是市场机制。中国的管理层要更充分地意识到，新闻传播的基础是文化传播、文化认同。有两个"品"是国际传播的有效支撑：一个是商品，一个是作品。这也是一组硬和软的配合。

（三）虚与实的关系

讲好中国故事，发出中国声音，传播中国形象。这是国际传播能力建设的总要求。用一个词可以很好地概括，那就是"中国梦"。但是中国梦是一个弹性很大的词，是虚的，需要很多具体的、可感的、实在的东西来填充。这就需要对国际传播的议题做分类，包括基于内容选题的分类（比如时政、财经、文化体育娱乐等），基于用户年龄层次的分类（老中青三代）以及基于周边外交的地区分类等；同时，执行的主体也要在中国梦的大框架下，根据中央和地方各自的资源、实力和具体诉求制订具体有效的传播策略。

国际传播（特别是涉及外交层面）的事权在中央，地方党委和政府如何参与，需要明确规划和授权，从上到下、从内到外，从战略目标到任务分解都需要清晰的界定，否则无从实施。中央媒体历来承担着国际传播的主要任务；接下来需要进一步改进的是地方重点媒体集团在国际传播层面如何有效配合中央。中国有漫长的海岸线，沿海、沿边省（市、区）各自有配合国家外交战略的特殊地缘优势，地方重点网络媒体也有各自的表达重点。地方党委、政府在国际传播中应该更多扮演实的角色，加强经济和文化交流；中央根据外交战略的顶层设计，扮演虚实结合的统筹角色，在海外也要积极布点，允许"小骂大帮忙"，积极统战国外当地主流媒体，从而形成内外有别、统分结合、虚虚实实的立体传播格局。

（四）知与行的关系

首先要明晰责任主体。国际传播是以国为单位展开竞争的，国家是加强国际传播体系建设和能力建设的责任主体。体系建设着重解决"知"的层面；能力建设着重解决"行"的层面。体系建设和能力建设辩证统一，相互影响，融会贯通，才能做到"知行合一"。

在方向性的把握上，往往知难行易。国际传播体系建设，目前尚未发布一整套规范性的文件，这说明总体上我们的战略规划和业务布局还不是很完善，在"知"的层面上仍需积极求索。国际传播体系应该包含几个层次的建设，包括目标体系、实施方法体系、软硬件配套体系、监测体系、评价体系、纠偏体系等。国际传播能力的建设，恰恰需要紧密围绕体系建设来展开，是一一对应的关系。

在执行层的落实上，往往知易行难。包括中央网信办在内的管理部门，是加强国际传播体系建设和能力建设的领导主体；各级主流媒体，拥有海外传播能力的企业（如互联网企业）及在海外某些地区拥有影响力的自媒体，具有符号价值的体育娱乐明星如姚明、章子怡等，都是加强国际传播能力建设的执行主体。可资借用的资源越多越复杂，统筹执行的难度越大，技巧性要求越高。

三、创新举措：传播中国形象、凸显中国价值的新实践

如何加强国际传播能力建设？理念是前提，思辨是基础，但最关键还在行动。在进一步思考国际传播四组辩证关系的基础上，要加强国际传播能力建设，集中讲好中国故事，传播中国形象，凸显中国道路的价值，特别需要在如下 8 个方面大胆创新实践，着力打造具有较强国际影响的"外宣"旗舰媒体，从而进一步增强中国的国际话语权。

（一）进一步突出战略性

互联网是国际传播的主战场。中央网信办对国际传播领域要有整体规划和业务布局。外交层面的战略当然是由中央统一考量，而沿海、沿边省区，在中央指导下，需要进一步增强国际传播能力建设，通过经贸往来、文化科技教育等交流适度融入外交诉求。比如，借助华侨因素，广东、福建对东南亚的国际传播可扮演战略支点角色；广西在地缘上连接东盟，针对东盟国家的国际传播，广西、广东都可以出力。

（二）进一步体现前瞻性

在先进制造业、生物科技等很多行业，中国跟西方发达国家的差距还很大，而互联网行业是唯一跟美国的差距相比较小的，中国有庞大的网民可以为移动互联网行业提供足够的市场空间，从而培养起行业巨擘，激发创新活力。中国必须更好地把握技术发展趋势，对传播从技术逻辑到产品逻辑的演进应该提出有穿透力的研究和把握。微博的活跃度已经大大降低，微信渐入成熟期，APP客户端也许还能热一段时间，但是之后呢？下一个流行的产品将是什么？包括现在正热的VR（虚拟现实）、AI（人工智能）等，我们有没有这个雄心，在从移动互联网到物联网演进过程中努力实现弯道超车，掌握下一代的国际传播主导权？

（三）进一步强化技术性

在增强国际传播能力上隐含的条件是提供足够的技术支撑。不能让技术成为传播效果的掣肘，而是为国际传播提供更好的平台。2016年4月19日，在网络安全和信息化工作座谈会上，习近平总书记专门提到，要"坚定不移实施创新驱动发展战略，抓住基础技术、通用技术、非对称技术、前沿技术、颠覆性技术，把更多人力物力财力投向核心技术研发"，这是对国际传播的技术性提出的全新要求。

（四）进一步坚持专业性

一是人才的专业性。要着力培养更多的多语种传播人才。不光是语言文字的翻译问题，更重要的是请那些更深层次地理解和制定中国国际战略的高参为国际传播策略出谋划策。二是传播方法的专业性。央视新媒体在海外社交平台上注册了@cctvnews账号，注重以专业视角介入国际突发事件报道，粉丝高达2177万，较好地呈现了央视强调"事实—平衡—负责任"的媒体形象，获得上级主管部门充分授权、放手去做的难得机遇，这一经验值得大力推广。

（五）进一步彰显有效性

国际传播运行过程中既要给予必要的资金扶持，又要鼓励市场机制的引入。给钱是必须的，但是光给钱还是远远不够的，要使得传播效果真正到达国外主流社会、主流受众，市场机制非常关键。要学会运用大数据分析，掌握受众心理特点和接受习惯，决定传播什么内容，以什么方式传播，不断提高国际传播的针对性和有效性。南方英文网在中共广东省委宣传部、网信办的支持和指导下，注重国际特色和用户理念，自2015年10月启动移动端改版以来，整体流量大幅提升，页面浏览量从2015年10月的日均97360提升到2016年3月的日均282488，增幅为190%；从IP地址分析，全球有175个国家和地区的网友浏览过南方英文网，海外访问量排名第一的国家是美国，占比12%，排名第二至五位的分别是法国、德国、澳大利亚和英国，朝广东省委常委、宣传部部长慎海雄同志"直接面向国际主流社会"的目标定位迈进了可喜的一步，国际传播能力建设初见成效。

（六）进一步提高灵活性

根据有关数据分析，纯粹时政类信息，外国受众关注度低；经济类信息有硬需求，关注的人群特点鲜明，是中国最需要影响的实力阶层；外国普通民众对文化体育娱乐信息也感兴趣，但关注度相对分散。因此，在海外受众的沟通机制上，要有高度的灵活性。青年外交、民间外交、公共外交对国家外交的配合，要分类实施，奇正相倚，各司其职，更具灵活性和技巧性。

（七）进一步注重策略性

建议中央网信办尽快出台鼓励各级网络主流媒体积极利用国际社交媒体平台开设账号抢占舆论阵地的操作指引和规范，并编制一整套用以对外解释中国互联网管理规则的话语体系。建议有针对性地并购或间接持有一批国际主流媒体，尤其是先从财经媒体入手。2015年日本的《日本经济新闻》并购英国《金融时报》时，中国没有出手竞购，值得反思。

（八）进一步确保系统性

要建立一整套科学有效的评价体系，能够及时跟踪和评价各个执行单位在国际传播层面上做出多少贡献，取得多少实际效果。单纯追求点击率，以"3G"（Girl，Game，Gamble）话题吸引流量最奏效，可是做这些内容获得的短暂流量到底有什么价值，符不符合坚持主流价值的取向？这个问题对于"内宣""外宣"都是如此，都要反思。评价系统是指挥棒，要体现战略与执行的高度一致，尤其需要上下齐心，共谋发展。

（本章作者：柳剑能。本章主要内容曾以题名《融媒体时代的国际传播能力建设》首发于《网络传播》期刊"探索"专栏，2016年10月号，第88～89页。本书出版时有较大幅度修订。）

第五编

报告

本编主要由中山大学传播与设计学院研究团队调研完成。在研究方法上，既有量化方法，对数百名总编辑和典型个案内部的从业者（包括采编和经营部门）进行问卷调查；同时又辅之以深度访谈、焦点小组和田野观察等质化方法，从而既能整体呈现报业融合转型的结构性特征，又能阐释不同层次、类型的报业组织作为行动者的实践策略和影响因素。另外，在汇总相关行业数据的基础上，总结梳理中国报业的现状和面临的严峻挑战。

其中，《2015年中国地市党报媒体融合发展年度报告》主要以全国各地77家报社和45家报业集团为研究案例。报告数据主要来源于2014年首届中国报业新媒体发展大会和2015年第二届中国报业新媒体发展大会的会议材料、有关报社负责人的调研报告，以及相关调研和公开资料。《2017年中国新闻业年度发展报告》从新闻传播者、新闻内容、传播渠道、受众、传播效果5个方面，以相关案例、事件和数据为基础，整体勾勒2017年中国新闻业的主要特点和发展图景。《2018年中国新闻业年度观察报告》从宏观维度的新闻业年度变化，以及中观维度的新闻行动者、内容、分发、受众4个方面，以相关案例、事件和数据为基础，整体勾勒2018年中国新闻业的变化图景。

第十四章 2015年中国地市党报媒体融合发展年度报告

一、导言

(一) 报告背景与研究意义

2014年8月18日,中央全面深化改革领导小组第四次会议审议通过了《关于推动传统媒体和新兴媒体融合发展的指导意见》,习近平总书记发表重要讲话,深刻阐述了媒体融合发展的工作理念、实现路径、目标任务和总体要求。中宣部部长刘奇葆同志强调,要抓好中央决策部署的贯彻落实,牢固树立一体化发展观念,强化互联网思维,坚持以先进技术为支撑、内容建设为根本、机制创新为动力、重点项目为抓手、队伍建设为基础,把各项工作抓到位,加快推动传统媒体和新兴媒体深度融合。

在传统媒体融合转型过程中,基层党报的媒体融合具有特殊的地位和作用,概括起来,主要有三个方面:其一,基层党报是中国报业融合发展的中坚力量之一,党报需要继续发挥其作为国家意识形态和主流价值观的传播载体,引领主流舆论、传播先进文化、提升国家治理能力与执政合法性等重要作用。其二,与中央及省级传媒集团有所不同的是,基层党报社承担着宣传中央精神、塑造基层形象、强化政治认同、服务区域发展的独特使命,因而,其融合发展具有独特的战略意义。其三,探索基层党报的媒介融合策略具有紧迫性,基层党报面临财政支持能力较弱、政策空间相对较窄、盈利模式探索较难等诸多困难,从现实角度而言,基层党报更加需要迫切地实施转型融合。

2015年作为宣传文化系统"基层工作加强年",全国各基层党报社严格按照中共中央和中宣部的总体部署和具体要求,紧密联系各地实际,牢牢抓住转型之机,积极探索融合之道,在媒体融合发展上取得了阶段性成效。在此背景下，研究和探索中国以基层党报为主体的媒体融合实践具有重要意义，既可以整体把握整体报业融合转型的现状和趋势，给下一步政策规划提供决策参考，又可以通过对一些富有成效的融合案例进行总结，分享与推广其融合转型的成功经验。为此，中国报业协会和中山大学全媒体研究院联合推出《2015年中国地市党报媒体融合发展年度报告》。

（二）研究对象与数据来源

《2015年中国地市党报媒体融合发展年度报告》主要以全国各地77家报社和45家报业集团为研究案例，具体包括39家党报、29家都市报和晚报，以及9家行业报，分别占比50.6%、37.7%和11.7%（见图14-1）。45家报业集团主要涵盖省市两级，包括16家省级党报报业集团和29家地市级党报报业集团，分别占比36%和64%（见图14-2）。报告数据主要来源于2014年首届中国报业新媒体发展大会和2015年第二届中国报业新媒体发展大会的会议材料、有关报社负责人的调研报告以及相关调研和公开资料。

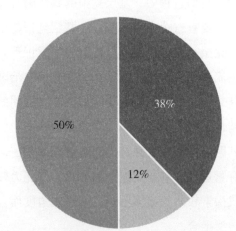

图14-1 研究样本覆盖的77家报社具体类别分布

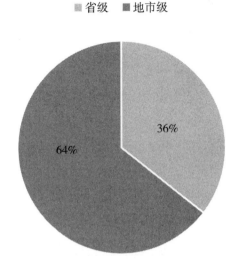

图 14-2　研究样本覆盖的 45 家报业集团具体级别分布

二、报业融合转型的基本理念

(一) 报社

1. 党报融合转型的首要目的在于巩固宣传阵地、强化舆论引导

首先,党报的融合转型是"主动探索+政策推动"内外合力的结果。自 2014 年 8 月 18 日中央全面深化改革领导小组第四次会议审议通过《关于推动传统媒体和新兴媒体融合发展的指导意见》(简称为"《意见》")以来,各地据此《意见》相继出台推动本地媒体融合转型的配套政策,地市党报也主要在此政策背景下积极探索开展融合转型。

在这次研究的 39 家党报融合转型的官方话语中,党报以"宣传话语"为主。其中,有 18 家党报明确提出以"巩固宣传阵地,强化舆论引导"为融合转型的主要目标和基本理念,占 46%;8 家党报更加侧重"商业话语",即当前主要以追求市场效益为紧迫任务,占 21%;另有 13 家党报"宣传话语"和"商业话语"兼具,占比 33%(见图 14-3)。

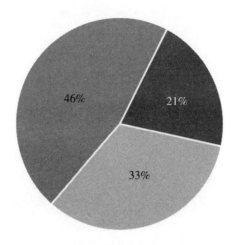

图14-3 39家党报融合转型的话语取向分布

2. 都市报和晚报加快布局移动互联网，以增加新媒体业务收入

相比党报，都市报和晚报的融合转型起步较早，其动因更多来自市场压力，面临广告和发行量严重下滑的生存危机，为此必须尽快通过转型来增加业务收入、探索盈利模式。早期，都市报和晚报通过开办网站、推出电子版、手机报等形式进行报网互动探索。当下，都市报和晚报已进入加快布局移动互联网产品与渠道的阶段，主要手段是开设"两微一端"（媒体微博、媒体微信公众号和客户端）。另外，多数都市报和晚报都进行了行业拓展和业务延伸，逐步从报业经营转向多元文化产业。在融合转型过程中，都市报和晚报还通过"新闻+服务"模式来为受众提供生活信息和便民服务，加强垂直领域的服务功能，获得新的收入。

29家都市报和晚报的融合转型全面偏向"商业话语"，主要通过新媒体创收、行业延伸等措施来追求市场效益。其中，有27家都市报和晚报在融合转型实践中表现出十分积极主动的姿态，它们在国家媒介融合政策意见[①]出台以前，就着手规划报业转型实践。另外2家都市报和晚报的转

---

① 这里的政策意见指2014年8月18日中央全面深化改革领导小组第四次会议审议通过的《关于推动传统媒体和新兴媒体融合发展的指导意见》。

型实践则相对被动（见图14-4）。

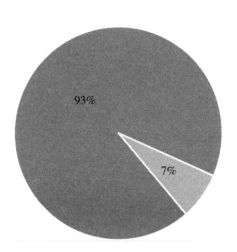

图14-4　29家都市报和晚报融合转型实践的起步时间

3. 行业报注重延续既往优势，更加突出信息供应和行业服务

总体上看，行业报的融合转型步伐相对较缓，大多以"商业话语"为主导。在这次分析的9家行业报中，只有2家明确提出了"全媒体"或"融合采编"，3家报社成立了新的部门或者在实际采编中开始实施媒介融合，但整体发展水平较低。还有2家报社的发展思路中没有提及新媒体，而是主要强调以纸媒为载体的优质新闻生产。

行业报融合转型相对缺乏整体布局、注重延续既往优势的主要原因在于，其受到互联网和市场的冲击较小，发行量和广告收益相对稳定，市场化竞争程度不那么激烈，由行业领先或历史形成的行业服务优势使其更加注重强化新闻生产而非大举开拓新媒体业务总体来看，行业报的发展理念没有根本性变化，"行业信息供应商"的定位得以延续。

（二）报业集团

1. "宣传话语"与"商业话语"并重，经济效益和社会效益并重

在这次分析的45家报业集团中，有36家侧重"商业话语"，占比

80%，有9家偏向"宣传话语"型话语取向（见图14-5）。从中可以看出，在媒介融合语境下，大部分报业集团进行融合转型的具体目标，比较务实地偏向追求市场效益。这与各报业集团旗下的公司和市场取向的报纸有关，他们面临市场压力，急需转型，主要想通过建立现代企业制度，实现公司化治理。这说明，报业集团在坚持做好正面宣传和舆论引导功能的基础上，高度重视探索新型盈利模式和解决可持续发展的问题。

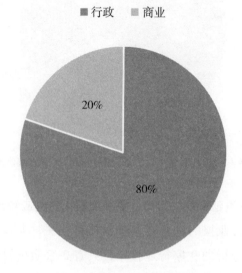

图14-5　45家报业集团融合转型的话语取向分布

2. 初步转型以"两微一端"建设为主，整体转型注重多元产业延伸

在这次分析的样本中，浙江日报报业集团等7家大型报业集团融合转型具有整体性、多元化特点，逐步从精耕报业转向布局多元文化产业，通过行业延伸进行多元创收，占比15.6%（见表14-1）。31家报业集团通过成立新媒体部或全媒体协调中心进行局部转型，占比68.9%，他们积极评估新媒体产品价值，实现新型营收。有7家报业集团融合转型还处于起步阶段，初步完成"两微一端"的布局和产品建设，占比5.6%。

表 14-1 报业集团的初步转型与整体转型情况

部分实施整体转型的报业集团	部分完成初步转型的报业集团
浙江日报报业集团	潍坊报业集团
南方报业传媒集团	石家庄日报传媒集团
四川日报报业集团	平顶山日报传媒集团
羊城晚报报业集团	莱芜报业传媒集团
重庆日报报业集团	开封日报报业集团
深圳报业集团	雅安日报传媒集团
广州日报报业集团	襄阳日报传媒集团

由表 14-1 可见，实施整体转型的报业集团以省级报业集团为主，比如浙江日报报业集团利用上市公司直接融资优势，通过资本手段并购边锋游戏等新媒体重大项目，快速抢占互联网阵地；南方报业传媒集团于 2014 年先后启动南方网与《南方日报》深度融合、南方舆情、289 艺术园区三大重点项目。289 艺术园区立足南方报业传媒集团文化传播优势，通过艺术园区、艺术杂志和艺术电商三位一体，探索"互联网+艺术""媒体+艺术"，打造新型文化业态。

广州、深圳作为改革发展走在前沿、经济实力强劲的南方城市，其市级主流报业集团与省级集团长期保持激烈竞争格局，也实现了从传统平面媒体经营业务向综合性全媒体经营业务的跨越。比如广州日报报业集团借力上市公司粤传媒的资本平台，通过收购、入股、自建等方式进军移动互联网广告、数字营销、在线互动娱乐、电商等领域，打造媒体融合生态圈。

相较大多数采取成立新媒体部门或公司、实施局部转型的报业集团，7 家处于起步阶段的报业集团主要是二、三线城市的地市级报业集团，他们在开展转型发展道路上会受到地方经济发展水平与集团自身规模的限制。不过，他们在融合创新发展思路的引领下，积极开展了"两微一端"的布局和建设，也取得了一定的成效。例如，河南平顶山日报传媒集团下属的官方微信——平顶山微报项目，在仅有 6.2 万订阅用户的基础上，2015 年上半年广告收入就达 100 万元。

3. 八成报业集团的融合转型实践具有主动性姿态，紧迫感较强

多数报业集团的融合转型实践相对主动，有 36 家报业集团主动进行融合转型，具有很强的紧迫感和使命感，占 80%；其余 9 家报业集团则主要受政策推动而实施融合，整体上转型步伐相对略缓，占 20%。（见图 14-6）

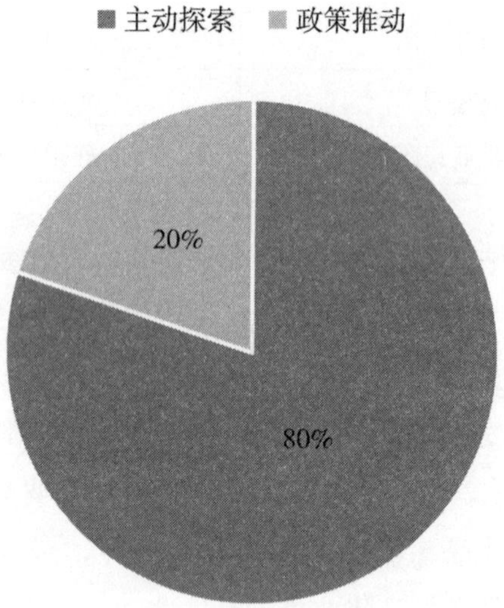

图 14-6 45 家报业集团融合转型实践的起步时间

三、报业融合转型的实践策略

（一）新闻生产流程再造

1. 六成报社进行采编流程再造，三成报社确立以互联网为生产核心

在 77 家报社融合转型过程中，有 8 家建立了相对完善的、以互联网为核心的生产机制，即以网络平台作为其重要的传播渠道，以此驱动内容生产、重构采编流程，占比 10.4%；有 14 家逐步建立以互联网为核心的生产机制，占比 18.2%；有 45 家完成了基本的采编流程改造，即推动传统媒体的采编部门与新媒体之间相互配合、协同传播，在采编流程改造中逐步形成了"先端后网再报"的发稿流程，占比 58.4%。不过，还有 10

家主要以传统的新闻生产机制为主,尚未进行大规模的采编流程再造工作,占比13%。(见图14-7)

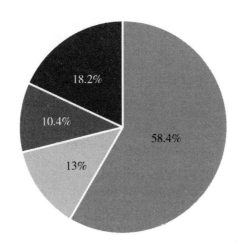

图14-7 77家报社新闻生产机制转型现状分布

在45家报业集团中,有5家报业集团建立了更为成熟的以互联网为核心的生产机制,占11%;有7家逐步建立以互联网为核心的生产机制,占15.6%;有31家完成了基本的采编流程改造,占68.9%,其余2家基本没有改造,占4.5%。

报业融合转型发展需要技术支撑。在这次分析的39家党报中,仅有6家透露了它们获得融媒体技术的途径,占15.4%;29家都市报和晚报的申报材料中介绍技术支持情况的,有10家,占34.5%;9家行业报中也有4家,占比44.4%(见图14-8)。45家报业集团中有22家公开了技术来源,包括省级报业集团8家、地市级报业集团14家(见图14-9)。

整体来看,报社技术支撑的主要来源,自主研发和寻求合作两种路径各占一半,也有自主研发平台后为了获得渠道流量而寻求与门户合作的案例。经济相对发达、报业资本化相对成熟地区的报业集团,如广州日报报业集团、浙江日报报业集团和钱江报系有限公司,出现了凭借资本运作优

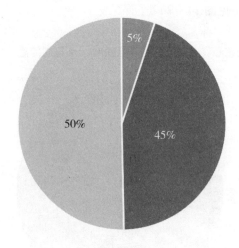

图 14-8　20 家报社融合转型的技术支持情况

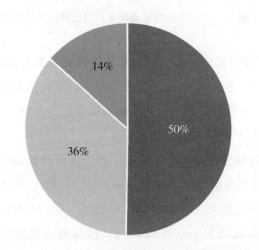

图 14-9　22 家报业集团融合转型的技术支持情况

势直接收购成熟技术公司为己所用的现象；此外，还有自主技术实力较强、将本土模式积极推广的案例，如盐阜大众报报业集团和青岛报业传媒集团为其他地区党报或企业提供一体化全媒体技术服务和解决方案。

2. 建设"中央厨房"的报社逐渐增多,"新媒体部"成为标配

新闻生产流程的改造,除了探索新的生产机制和考评体系,还需要具体落实到"中央厨房"的建设架构,即建立融媒体编辑中心,统筹报纸、网站、"两微一端"的内容采集、集成、加工与分发,做到一次采集、分类加工、多元发布,从而实现媒体内容资源的最大化利用。

在77家报社中,有11家建立了规模较大、整体运作较为完善的"中央厨房",占比约14%,大部分报社采取的实际措施主要是通过成立新媒体部,服务报社"两微一端"的内容生产和传播,采用这种做法的报社总共有58家报社,约75%(见表14-2)。尽管很多报社以"全媒体协调中心"来命名,但实际归属这个中心的人员规模还比较小,与新媒体部所发挥的功用基本一致,主要在处理重大新闻事件报道时更有利于整合报社资源、实现移动传播。另外,一小部分报社尤其是行业报,尚未设立相关部门,主要由记者承担全媒体的报道任务,约10%。

在45家报业集团中,有8家建立了规模较大、整体运作相对完善的"中央厨房",占比17.8%;有2家正在建立"中央厨房",占比约4.4%;大部分报业集团建立了新媒体部或小型的全媒体协调中心,共有26家,占比57.8%。其余9家基本变化不大,占比20%。

表14-2 部分报社设立新媒体部门的具体名称

部分设立新媒体部门的报社及其部门具体名称	
报社/报业集团	部门名称
中国青年报社	全媒体协调中心
光明日报社	融媒体中心
江西日报社	全媒体中心
株洲日报社	数字媒体中心
长治日报社	融媒体中心
咸阳日报社	全媒体协调管理中心
	全媒体融合发展中心
	全媒体采集中心
	全媒体发布中心

续表 14-2

部分设立新媒体部门的报社及其部门具体名称	
报社/报业集团	部门名称
厦门日报社	新媒体中心
中卫新闻传媒中心	采访中心
南京日报社	全媒体编辑中心
丽水日报社	报网融合小组
成都传媒集团	数字采编中心
成都日报社	全媒体采编中心
本溪日报社	中央控制室
羊城晚报报业集团	全媒体采编大平台
	全媒体指挥中心
	可视化编辑中心
	全媒体演播中心
河北日报报业集团	新媒体联动机制
浙江日报报业集团	数字采编中心
福建日报报业集团	综合采编指挥中心和夜班平台
重庆日报报业集团	新闻内容生产及运营监管服务平台
广州日报报业集团	中央编辑部

从研究样本对融合实践和新设部门的描述看，诸如"全媒体编辑中心""全媒体协调中心"等部门虽然名称有所不同，但都属于同一种"中央厨房"范式。而且，在具体操作的整合程度上有深有浅，个别媒体总体还停留在观念层面或"姿态性融合"层面，少数媒体尤其是行业报，仅在少数重要采编活动中尝试应用，距离真正的、常规化的"全媒体"仍有距离。

3. 新闻报道形式不断创新，多媒体、数据新闻、H5 产品等应用广泛

随着新闻生产流程的改造，基层党报新闻内容的表达形式也日益变化、更趋多样。在融合转型过程中，针对新闻产品的形式创新主要有三种：①多媒体报道。新闻报道逐步从单一的文字或图片报道转向多媒体报道，形成文字、图片、视频、语音等不同的报道形式，实现向不同的网络平台进行输送和分发。②数据新闻。一些报社已经在常规化的生产流程中通过数据挖掘等技术，并采用可视化的报道方式，制作并提供数据新闻产品。③H5产品。不少报社为满足移动互联网的传播需求，运用时下较为流行的 H5 技术，制作出 H5 产品主要投放在微信上，尽管无法客观评估其传播效果，但对于借力移动互联网、扩大作品影响具有重要作用。总体而言，大多数报社制作多媒体报道作品已成为常态，对数据新闻和 H5 产品来说，总体还处于尝试阶段，多数报社尚未建立专门队伍或开展专业化实践。

（二）移动互联网产品布局

1. "两微一端"建设中"两微"较强、"一端"较弱

基层党报进行移动互联网的产品布局，主要通过建立"两微一端"的方式来实现。第一，报社入驻新浪、腾讯等网络公司已搭建好的强大平台，主要是微博、微信，且报社所属的微博、微信大多采取了"产品矩阵"策略，以满足集团、报社、部门甚至栏目传播效果最大化的需要。第二，报社建立自己独立的新闻客户端，依托自身行政或广告资源进行推广。研究发现，报社和报业集团基本拥有微博、微信，但对新闻客户端的拥有与否取决于自身的发展定位和整体经济技术情况，其下载量和影响力数据表现出较大差异，存在几万、几十万、百万、千万下载量不等的情况。这说明移动互联网产品布局背后，需要比较清晰的战略规划。

2. 新媒体项目整体赢利能力不强，产品价值评估尚待时日

移动互联网的产品布局对报社和报业集团来说具有双重效益，社会效益体现在除了满足党报的宣传喉舌功能外，还提供包括创新创业孵化服务在内的面向全社会的整体效益。由于新媒体产品和渠道的布局大多刚刚完成，其产品价值尚有待评估，资金投入的回报尚待时日，因此相较而言，社会效益成为报社和报业集团强调的重点。

122 个研究样本中有 75 家披露了新媒体项目 2013 年至 2015 年营收数据。整体上看，新媒体项目收入增长速率普遍较高，中央级、省级媒体基

础用户群庞大,资源动员能力强,其新媒体收入能达到百万元至千万元人民币级,部分报社或集团的新媒体项目估值高达上亿元;地方报的新媒体经营规模则与区域经济状况紧密相关,一些县级报业的新媒体项目也能达到百万元级别,大多数地市级报业的新媒体收入在一百万元上下。此外,这些报社在介绍材料中也显示出了报业对新媒体项目盈利前景和能力的信心。

(三) 行业延伸

1. 过半报业集团拓展多元经营,电商、舆情、会展等覆盖领域广泛

报业在融合转型的过程中,已不满足于单一的经营模式,更多进行行业延伸、拓展多元经营。在这次分析的 45 家报业集团中,有 25 家报业集团通过开拓其他产业、实现多元营收,占比达到 56%。另外,在这 25 家进行业务拓展和行业延伸的报业集团中,有 8 家报业集团存在两种或两种以上的行业延伸,占 32%,只存在一种行业延伸有 17 家,占比 68%,其拓展和涉足的行业涉及电商、文化产业、整合营销、网络游戏、舆情服务、教育、彩票、会展等多个领域。(见图 14-10)

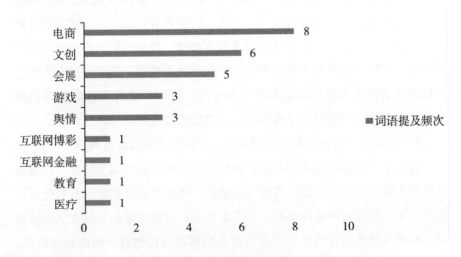

图 14-10　25 家报业集团在提及产业延伸时涉及领域频次分布

2. 都市报和晚报涉足多元业务、实施行业延伸的比例最高

在77家报社中，进行行业延伸和拓展多元经营的报社，共有34家，占比为44%，其中都市报和晚报的行业延伸比例最高，主要体现在两方面：一是在29家都市报和晚报中，共有18家进行了行业延伸，占比达到62%，而这个数字对党报和行业报来说都只有30%。二是在34家进行多元业务拓展和实施行业延伸的报社中，有9家报社存在两种或两种以上的行业延伸，其中有6家属于都市报或晚报。

3. 报社在主业之外延伸的行业以电商和文化产业居多

报业的延伸行业主要以电商和文化产业居多。在77家报社中，有9家通过搭建好的网络平台，进军电商行业，占比达到12%；有7家转向文化产业，占比9%；物流和金融行业占比均为3%。在报业集团的延伸行业中，电商共有10家，文化产业共有6家，整合营销活动共有5家，游戏和舆情服务均有3家，教育、彩票各有1家，其他行业共5家。

（四）资本运作

实现融合转型需要充足的资金投入以及相应的投融资政策。这次分析的122个样本中，只有22家报社或报业集团公开了资金来源。我们分析发现：资金大多以集团自投为主，沿海发达地区的浙江、海南和广东三省则有报社通过上市来公开募股。此外，争取财政拨款与政策资金支持、内部集资入股、投资获利以及吸引社会资本入股等，都出现在媒体融资过程中，尤其是投资外部项目是风险较小、回报客观的选择。结合这次分析的样本，资本运作的情况如下：

1. 6家报业集团实施资本运作

目前已有一些报业集团实施了资本驱动战略，主要以报业集团牵头进行资本运作，其中，有6家报业集团通过上市和参股等主要形式进行融资和市场布局。有5家报业集团在融合转型过程中实现对旗下公司进行控股，占比11%，主要通过控股的公司来建立现代企业制度，实现公司化治理。另外，还有些报社获得一些外部注资，如北京青年报社获得阿里巴巴集团注资。

2. 2家报业集团今年完成上市

2015年有2家报业集团完成上市。一家是实现经营性资产整体上市。2015年1月19日,杭州日报报业集团所属的"华媒控股"在深圳证券交易所实现经营性资产整体上市,自此,全国报业集团中共有3家党报集团实现经营性资产整体上市,分别为广州日报报业集团、浙江日报报业集团、杭州日报报业集团。另一家则挂牌新三板。2015年7月20日,江西日报传媒集团所属的"大江传媒"获批正式登陆新三板,成为"江西互联网第一股",江西日报传媒集团也成为全国第三家挂牌新三板的省级党报集团。此外,还有4家报业集团也正在积极准备上市。

3. 8家报社建立"内部孵化"机制

在分析的样本中,有8家单位从资金、股权分配等不同方面给予员工创新创业支持,通过内部孵化和股权激励机制来激发从业人员创业创新的积极性。(见表14-3)

表14-3 部分报社内部孵化机制及支持形式

部分形成内部孵化机制的单位	支持形式/力度
中国青年报社	200万元全媒体融合创新产品体验孵化基金
广州日报报业集团	300万元新媒体基金鼓励员工尝试
南方报业传媒集团	《南方都市报》"蜂巢"计划
浙江日报报业集团	内部创新孵化行动计划,随时提出孵化申报;3000万元孵化基金,可给予高薪,但暂未考虑给股权
重庆日报报业集团	制定出台鼓励支持员工创业创新的试行办法,立足自愿、相关、共赢的原则,鼓励员工创新创业,为集团融合发展寻找项目,拓展新的发展空间
无锡日报报业集团	正在设计集团孵化平台
钱江报系有限公司	建立事业部集群,成立钱报新媒体发展有限公司

续表 14-3

部分形成内部孵化机制的单位	支持形式/力度
深圳报业集团	成立报业集团媒体融合与数字产品实验室，出台集团《新媒体产品孵化运营管理暂行方案》，对新项目产生的收益实行"三三制"分配原则，1/3 归项目团队、1/3 归所在单位、1/3 用于再发展。条件成熟时在新兴业务中实行员工持股

（五）战略规划与制度设计

面对新媒体的冲击和媒体政策的变化，一方面，报业积极探索转型出路；另一方面，也要根据发展需要制定战略规划，完善体制机制，在采编流程再造、岗位绩效考评等方面设计配套制度。

四、报业转型的主要趋势与建议对策

（一）厘清转型理念和实施路径：党报更重视舆论引导，都市报和晚报更强调本地服务

在报业融合转型中，党报、都市报和报业集团因其角色和定位差异，媒体融合的理念和路径也各不相同。研究发现，党报的融合转型更趋向于以打造新型主流媒体，强化舆论引导，巩固执政党的合法性作为其发展定位，具有很强的"政治"取向；而都市报和晚报面临市场压力和年轻受众的大量流失、如何重新赢得受众青睐的巨大压力，除了整合渠道进行协同传播外，还将继续加强其本地服务功能，实现新业务收入和可持续发展。这使得党报和都市报、晚报的转型理念和路径将更加清晰。

报业应该整合"两微一端"、报纸、网站等渠道资源，加强协同传播。党报要加强舆论引导，首先需要掌握受众的"问题单"，从把握公共议题的角度进行舆论引导；另外，有效对话还需要改变公共话语，以"对话感"的语态进行传播。而都市报和晚报则要继续通过多种方式加强

其服务功能：一是提供生活类信息，从以前单一提供新闻类信息转向提供"新闻＋生活"类信息，这些生活信息需要覆盖医疗健康、美食攻略、交通出行、教育文化等内容。二是提供便民服务，衍生公共产品，报社可以通过建立的客户端或网站提供预约挂号、违章查询、家庭缴费等业务办理。三是通过行业延伸加强服务功能，不少报社会通过借力发展电商、服务于更多受众的消费需求。

（二）再造新闻生产流程及配套机制：建立以互联网为核心的全新生产机制，推进"中央厨房"内部功能区分及保障体系

各家报社和报业集团急需打通新媒体和传统媒体的采编部门，要加快新闻生产流程的改造，做到一次采集、分类加工、多元发布，从而实现媒体资源效益的最大化。在这一点上，各家报业达成了基本共识。不少报社和报业集团正在建立完善的以互联网为核心的生产机制，推进"中央厨房"建设，同时也日益深刻地意识到，如果没有配套的考核体系和激励制度，很难保证"中央厨房"的顺畅运作。

同时，需要注意两个问题：一是各家报社和报业集团需要根据自身发展需求和定位，不能盲目进行"中央厨房"的建设，否则很可能会耗费巨大的成本代价，却收效甚微。二是已建立好的"中央厨房"，需要进一步完善，并且需要进行功能区划分，如建立24小时编辑平台、互动社交平台、内容营销平台和视觉平台等，进行合理的功能划分，完善有效的运作机制。此外，报业通过新闻生产流程的改造，较好地处理了新闻生产内容与形式的问题，但对新闻深度的问题、成本和效率的问题还有待进一步考虑和解决。

（三）从"渠道融合"转向"经营融合"：在内容转型和业务转场的双向策略中摸索可持续的发展模式

当前，众多报社和报业集团完成了"两微一端"的布局，加快了新闻生产流程的改造，较好地完成了渠道融合的转型。而下一步，也将在经营融合的转型和深化中下更大功夫。具体包括：

1. 行业延伸与多元经营

如前所述，报社和报业集团的行业延伸领域十分广泛，但在产业的选择过程中需要注意，拓展哪个产业、延伸哪些行业，要立足和取决于报社的定位、资源和所处的区域环境。诸如云南日报报业集团力推的智慧旅游、浙江日报报业集团进军的游戏产业，都是利用自身优势，通过行业延伸来反哺报纸生产。

2. 盈利模式和价值评估

当下，大部分报业的移动产品布局基本完成，接下来，更加迫切的是如何评估产品价值、实现新型营收。目前，已有一些报社尝试通过"两微一端"增加广告收入，但各家报社和报业集团缺乏统一的行业标准，在实行过程中存在较大差异，不利于长远的发展。另外，随着报纸的广告价值逐步下降，也急需整合"两微一端"、报纸、网站的广告投放资源，比如通过"打包"方式完成整合、统筹售卖。

3. 多元产权与资本运作

报业若想在"经营融合"层面取得重要突破，则需要建立治理结构完善的现代企业制度，同时推动管理运营的多元产权治理创新，实现真正的公司化治理。这方面，可借鉴的有"绝对产权控制""绝对产权控股与相对产权共持""绝对产权与相对产权均相对控股"等多种模式。目前来看，已有一些报社和报业集团通过对下属的公司进行绝对产权控股，试图探索内部治理结构的创新。

在转型过程中，也有不少报业集团加快了上市计划，通过上市完成融资和市场布局。这样做，一方面可以扩大资本，另一方面可以倒逼内部机制改革，是目前看起来行之有效的做法。目前来看，传媒类公司登陆新三板挂牌居多，可供报业集团借鉴。此外，不少报业实行的内部"孵化"机制可以有效调动内部员工的创业激情和活力，还可减缓报业人才的大量流失，值得继续提倡。

综上所述，从行业环境和宏观政策来看，相对于中央级和省级媒体，基层党报不管是投入保障、人才支撑还是资源整合、技术开发等方面都不可与之比拟，急需搭建一个针对性、借鉴性、实效性更强的经验交流和协作发展平台，获得更多的政策支持和体制资源，共同探索一条符合基层党报实际的融合发展之路。从组织内部和运作机制看，也需要强调"一把手工程"，鼓励大胆的改革创新，充分将体制红利用足，结合自身实际探索转型路径。

（本章作者：张志安、陈席元、章震。陈席元、章震为中山大学传播与设计学院2015级硕士研究生。）

第十五章 2017年中国新闻业年度发展报告

2017年,全国两会、"一带一路"、党的十九大等重大专题的策划报道作品不断涌现,主流党媒重新夺回麦克风的现象令人关注;"榆林产妇跳楼事件""江歌案"掀起舆论反转高潮,"后真相"时代严肃新闻业的发展面对诸多困惑;AI、VR、算法推送等技术革命和创新运用给新闻传播带来诸多深层变革……在融合化、智媒化的语境下,中国新闻业既紧跟潮流,贴合受众需求,创新新闻产品,不断深化媒体转型改革,又面临着新型盈利模式的艰难探索、平台媒体整体崛起导致的专业媒体影响力衰减、社交媒体谣言传播的阻击难度加大等挑战。本章将从新闻传播者、新闻内容、传播渠道、受众、传播效果5个方面,以相关案例、事件和数据为基础,整体勾勒2017年中国新闻业的主要特点、发展图景和变化趋势。

一、新闻从业者:职业化与社会化传播者"此消彼长"

(一)持证新闻记者总数增加

据国家新闻出版广电总局公布的数据显示,我国前几年持有效新闻记者证人数呈上升态势,但2017年的增速较2016年有所减缓,其中,报纸记者人数减少了246名,电台、电视台和新闻电影制片厂记者人数增加了3.4%,即增加了4421名(见图15-1)。男女新闻记者比例更趋平衡,30岁以下的年轻新闻记者有所增加,总体仍以30~50岁为主。

同时,2017年新闻网站记者人数比去年增加了30.5%。取得记者证的新闻网站以人民网、新华网、中国网等14家中央主要新闻网站为主,腾讯、新浪、搜狐、网易等商业网站因不具备原创新闻采访权而不在发证之列。这意味着,主流新闻网站记者的采访权优势获得正式确认,而商业网站在重大题材的新闻报道中只能通过转载、编辑传统媒体的新闻稿来进

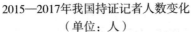

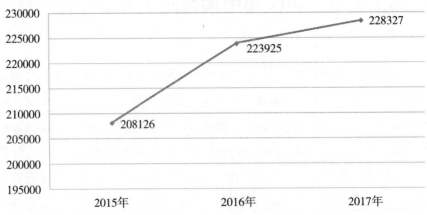

图 15-1　2015—2017 年我国持证记者人数变化

数据来源：新华社（史竞男，2017）。

行报道。

另据中山大学团队发布的报告显示，中国调查记者目前仅有 175 人，比起 6 年前减少了 57.5%。调查记者群体依然由男性主导，年龄结构偏向年轻化，平均年龄仅 34.8 岁。当前调查记者的教育程度普遍有所提高，47.2% 来自新闻传播学专业，从业经历也更加丰富，平均从事新闻工作 9.9 年。此外，调查记者在择业动机、角色认知方面变化不大，但职业认同感显著下降、工作自主空间有所缩减、职业忠诚度更加充满不确定性（张志安、曹艳辉，2017）。

（二）社会化传播者大量涌现

媒体技能的"去专业化"，新闻发布渠道的"去中心化"，催生了"人人皆媒体、人人皆记者"的现象，一大批"草根记者"、业余新闻工作者成为新闻传播的"新行动者"，比如商业自媒体作者、政务微信编辑团队、视频平台投稿用户、大学新闻专业学生等。

1. 自媒体人

微博大 V①、微信大号、知乎大 V 等自媒体人，具有在某个领域持续发言或针对热点话题运用搜索工具整合资料进行写作，在公共舆论场中扮演着意见领袖的角色。2017 年 11 月，日本留学生江歌遇害案引发广泛关注，一系列自媒体发布的文章将该事件推向舆论高潮。比如马东创立的微信公众号"东七门"发布文章《刘鑫，江歌带血的馄饨，好不好吃？》，"咪蒙"发布的《刘鑫江歌案：法律可以制裁凶手，但谁来制裁人性？》等，引发舆论一边倒地声讨刘鑫。11 月 13 日，资深媒体人王志安发布《关于"江歌案"：多余的话》，详细解读刘鑫和江歌母亲见面始末，激愤的网络情绪有所收敛。可见，自媒体人在当下新传播业态下扮演着重要的信息整合、评论表达角色，在舆论生成和引导中具有很大的话语权，但由于情绪化的表达或批判，也容易加剧公众情绪的非理性。

2. 新闻事件的爆料者

例如，2017 年 6 月 5 日，新浪微博用户"北京侯亮平"发表长文，实名举报北京电影学院性侵案涉事人员，事件经过网友和媒体的转发后，成为关注焦点。此外，以众包化视频生产为常规机制的"梨视频"，赋予每一个全球拍客以"新闻生产者"角色，让普通公众可以轻松采用用户生产内容（UGC）模式来提交视频、传播资讯。

3. 政务微博和政务微信编辑

截至 2017 年 3 月 31 日，新浪认证的政务微博已达到 168839 个（人民网舆情监测室，2017）。截至 2017 年 10 月初，中国政府网、最高人民检察院、公安部、"北京发布"等 65000 家各级党政机构进驻头条号，平均每周发文 7 万篇，推荐人次超过 24 亿（钛媒体，2017）。这些政务微博、微信和微头条发挥着正面宣传、信息服务、危机沟通等多重功能，其幕后的编辑团队是公共传播业的重要组成。

4. 机器人"记者"

2017 年，包括腾讯 Dreamwriter、今日头条"张小明"、第一财经

---

① 大 V 是指在新浪、腾讯、网易等微博平台上获得个人认证、拥有众多"粉丝"的微博用户。由于经过认证的微博用户，在微博昵称后都会附有类似于大写的英语字母"V"的图标，因此，网民将这种经过个人认证并拥有众多"粉丝"的微博用户称为"大 V"。

"DT稿王"等机器人写作在重大突发事件中体现出快速生成信息并即时推送的优势。2017年8月8日,四川九寨沟发生7.0级地震,中国地震台网的机器人用25秒写作并发布了地震快讯,震中简介、震中天气、热力人口等新闻要素俱全,同时配有地震参数图和地形图。两会期间,新华社机器人记者"i思"采访了多位代表和委员,访谈结束后,直接把语音对话转换为文字,省去了不少写稿时间(智春丽,2017)。尽管机器人编写的消息缺乏深度信息和故事挖掘,但它刷新的新闻报道"新速度",对突发事件的新闻生产流程进行了改造(张志安、刘杰,2017)。未来在新闻消息、数据类新闻和趋势类新闻方面,机器算法会比人更具优势(美通社,2017)。

(三)传统媒体精英职业流动加速

继崔永元、张泉灵、马东等知名媒体人离职转型后,2017年传统媒体精英的职业流动继续受到关注。8月,《新京报》创社社长戴自更离职。10月,央视纪录片频道制片人陈晓卿离职。11月,东莞报业传媒集团原副社长谭军波离职,《新京报》原总编辑王跃春也提出辞职。有学者将媒体人转型的原因概括为薪资、新媒体冲击、"求新求变,重新规划职业生涯"(陈敏、张晓纯,2016)。例如,离开央视的张泉灵进入创投领域,成为紫牛基金合伙人;辞职的戴自更出任北京市文化投资发展集团总经理,负责部分投资业务(王玄璇,2017)。

二、新闻内容:适应移动传播的叙事形态变化

(一)注重视觉呈现

2017年,视频、动画、无人机、VR/AR、直播等新媒体技术愈发成熟,新闻业界对这些技术的运用更加熟练和广泛。新闻的视觉化呈现,不仅便于受众理解新闻,也能使受众在轻松娱乐的氛围中接受信息。"有图有真相","无视频,不新闻",已经成为对新闻生产者的新要求(李良荣、袁鸣徽,2017)。表15-1是2017年若干具有代表性的视觉新闻作品。

表 15-1　2017 年若干具有代表性的视觉新闻作品

报道类型	主要作品	传播效果	简要分析
微视频	2017 年 5 月 13 日，新华社动画《神曲｜Let's go Belt and Road 一带一路世界合奏》上线，将流行说唱和传统京剧相结合，讲述"一带一路"的历史	"一带一路"国家合作高峰论坛系列报道中一抹亮色	短小精美、易于传播的微视频已成为当前受众所喜闻乐见的传播载体，不少媒体紧跟受众的喜好，制作出一批精良的微电影、微纪录片。尤其在重大新闻报道中，微视频成为主流媒体创新报道形式的"必杀技"之一
微视频	在建军 90 周年到来之际，新华网推出"国家相册"特别节目《大国强军梦》，讲述中国人民解放军 90 年光辉历程	该条微信阅读量在几个小时内达到"10 万+"	
直播	2 月 19 日，习近平总书记召开党的新闻舆论工作座谈会一周年，《人民日报》、央视、新华社均推出移动直播	提高了新闻报道的传播速度和影响力	中国互联网络信息中心（CNNIC）数据显示，截至 2016 年 6 月 3 日，中国网络直播用户达到 3.25 亿，占网民总体的 45.8%。目前，中国在线直播平台数量接近 200 家（中华全国新闻工作者协会，2017）。随着"一直播""映客"等直播平台日益完善，媒体的直播技术日益成熟
直播	7 月 30 日，人民日报社的人民直播频道对建军 90 周年阅兵现场进行了全程直播，并在直播结束之后，又对整个视频内容进行了加工与编辑，同时在客户端推出了《"乘"战机，"架"坦克 特殊机位再看阅兵》微视频		
直播	人民网在党的十九大召开期间推出《直通十九大》栏目，对开幕式进行了图文和视频直播	视频播放量超过 1000 万次	
直播	截至 11 月 6 日，封面新闻直播视频部已生产了超过 700 个视频直播节目，总时长超过 1500 小时，总计收看超过 5000 万人次（张华，2017）	5 月 24 日，封面直播《俯瞰"川藏第一桥"》引来共计 71.7 万人在线观看	

续表 15-1

报道类型	主要作品	传播效果	简要分析
VR报道	5月，《南方日报》VR报道《不能忘却的纪念——汶川大地震九周年》	让受众仿佛身临北川、映秀等地，亲眼见证灾后重建的真实景况	数据显示，2016年我国VR潜在消费人群约3亿人次（腾讯研究院安全研究中心，2016）。VR报道使得受众越来越多的"随手可得"和"虚拟参与"，所有的变化都在趋近和探索人对于世界的原始感知（郭雅静，2017）
无人机	截至11月28日，新华网在2017年已发布航拍图片作品超过887部，视频作品超过267部。在"春运"、广州塔灯光秀、国际自行车节、漠河冰雪马拉松等新闻报道中，新华网都运用了无人机航拍技术	充分发挥航拍优势，在新闻图片报道中提供富有现场感的视觉作品	透过无人机的镜头，观众以全新的宏观视角观看新闻，除了能够从大局上对新闻事件有更清晰的把握，也能在其中获得视觉享受。但目前部分媒体的航拍作品主要是简单的后期制作，未来将在交互设计方向发力
动图	10月21日，人民日报客户端推出《刻度上的新时代》，针对党的十九大报告中提出的关键时间节点和阶段性任务，推出动态长图，以时间刻度轴为主线，简明直观地呈现各阶段奋斗目标，为群众画出改革时间表	动感长图的形式将政治新闻趣味化，有利于受众直观解读十九大	动图与动画相似，又比动画简单许多，受众不需要耗费过多流量就能在移动端上进行观看，便于传播

从以上作品可以看出，主流媒体在重大主题报道作品策划中已经将可视化呈现作为基本要素，不过，部分可视化新闻产品主要停留在信息的浅

加工层面，缺乏视觉效果和深度解读的有机结合。

（二）强化互动体验

除注重视觉设计外，主流媒体在策划和推广新闻产品的过程中也非常重视交互性，并善于利用明星的号召力和各大新媒体平台的覆盖面，扩大新闻作品的传播面和影响力，且重视情感动员，用亲近的手法给受众带来"沉浸式"的互动体验。表15-2中，我们选取了2017年的一些互动性较强的新闻报道进行分析。

表15-2　2017年若干互动性较强的新闻报道

报道主题	作品简介	传播效果
全国两会	《人民日报》"小端"、新华社"小新"和《光明日报》"小明"等知识机器人在两会期间开启了"聊新闻"模式。用户可以与机器人实现文字和语音交互提问，并获得相关回答	媒体通过机器人技术，将新闻从传播变成了对话，受众从"看新闻"变成了"问新闻""答新闻"（张志安、刘杰，2017）
建军90周年	八一建军节前夕，人民日报社新媒体中心推出H5产品"我的军装照"，读者只需在手机微信中选择心仪的军装，再上传自己的照片，就能"穿上军装"，并将"军装照"分享到朋友圈	从7月29日晚发布到8月1日中午12时，活动页面总浏览量已达4.67亿，创下了人民日报社新媒体H5浏览量最高纪录（夏之南、邓逸凡，2017）
国庆节	人民日报社新媒体中心联动全国主流媒体及新媒体平台推出"我爱你中国"系列活动。包括与浙江卫视共同发起的"我爱你中国燃唱季"活动，发动TFBOYS、张艺兴、"快乐家族"等众多流量明星参与"#我爱你中国#"演唱活动。此外，向网友"众筹"对祖国的一句话表白，并选取部分留言印到北京热门地铁线路的车厢里	截至12月中，"#我爱你中国#"微博话题阅读量为16.6亿，208.2万人参与了讨论

续表 15-2

报道主题	作品简介	传播效果
党的十九大	人民网推出《报告电子书》，模拟电子书的形式，具有"随身听""重点读"服务，受众可以选听习近平总书记读报告的原声。考虑各年龄层在线阅读的便利性，电子书还加入了放大、缩小、重点标注、留言等功能	在论坛、微博、微信、手机等全媒体渠道推送，总阅读量突破2000万人次
	新华社联合中国邮政、"ofo小黄车"在全网多终端推出"点赞十九大"活动。网友可在微博、微信、客户端、网站上听到党的十九大代表以及丁俊晖等文体明星录制的祝福音频，同时还可通过扫描ofo小黄车二维码收听文体明星音频，在骑行中为党的十九大送上祝福	截至党的十九大闭幕，活动显示已有超过1亿点赞，有近万封首日封作为奖品从人民大会堂寄出

（三）变革新闻话语

通常，官方媒体报道以宣传模式为主，市场化媒体更偏好信息模式、情感模式和监督模式。如今，官方媒体开设的微博、微信等社交媒体平台，逐渐强化了对亲近性表达方式的偏好，草根化的立场、情感化的偏向以及富有亲和力的对话感，成为"新党媒"在宣传主义之外适当借鉴煽情主义的主要手段。比如，《人民日报》官方微博47.3%的话语来自普通民众，32.7%来自政府官员。《人民日报》（海外版）微信公众号"侠客岛"，也将"岛叔"形象贯穿文本，还不乏"岛叔内心几乎是崩溃的"等网络流行用语，以此拉近官方媒体与读者的距离，摆脱了过去高高在上的姿态（龙强、李艳红，2017）。

在主流党媒变革新闻话语的同时，新闻业也要注意温情和煽情的边界，避免新闻内容因过度煽情而陷入迎合受众、吸引眼球的低层次传播。相关隐忧主要表现有三：第一，不少商业新闻网站为了迎合受众趣味和增加点击量，习惯于将色情、暴力等刺激性内容放在醒目位置，娱乐八卦、时尚美食、健身休闲等消费类软性话题也被过度推荐。第二，"标题党"

现象屡见不鲜,尤其是商业媒体吸引眼球的常规策略。2016年3月,《南方周末》发表《刺死辱母者》一文,初期通过版面和该报网站传播,并未引起广泛关注。随后,某商业网站将新闻标题改为《母亲欠债遭11人凌辱 儿子目睹后刺死1人被判无期》发布,4天后,该条新闻评论留言超过237万条(黄珏,2017),引发舆论场热议,从中既可以看出商业网站的受众规模和强大影响,也折射出放大冲突、刺激情绪所激发的舆情效应。第三,部分时政新闻报道也出现了明显的娱乐化现象(单凌,2017),如特朗普访华期间,网上恶搞的表情包不断。对此,新闻工作者应保持反思,在满足受众喜好的同时注重信息质量,把握速度和深度的关系、形式和内容的平衡。

三、新闻传播渠道:多元化、移动化和平台化成主流

(一)多元渠道并存

1. 媒介形态多元化

2017年,传统纸媒发展和转型形势依然非常严峻。《京华时报》《东方早报》《贵州商报》《江西上饶广播电视报》《楚天金报》等市场化报纸停刊。国家新闻出版广电总局官网数据显示,2007—2016年,全国出版报纸种数呈下降趋势,10年间共计减少44种报纸(见图15-2)。都市报的相继停刊,既因为盈利模式相对单一、新型收入探索艰难,也因为网络上海量的免费信息对用户的吸引和对都市报带来的巨大冲击(李良荣、袁鸣徽,2017)。

此外,新闻网站、微博微信、新闻客户端以及问答社区,为受众获取信息提供了多元、多层的接收渠道。传统媒体和新兴媒体、新闻内容供应商和资讯分发平台之间的融合正走向深入,但总体上看,资讯类平台的传播优势已日益明显甚至呈现出垄断化、集中化的态势。2017年2月19日,《人民日报》"人民直播"、新华社"现场云"、央视新闻"央视新闻移动网"同日上线,进驻媒体可以通过平台实现文图、视频、直播等多种形态新闻素材的共享,从中可见主流媒体打造自身平台的努力和焦虑。

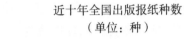

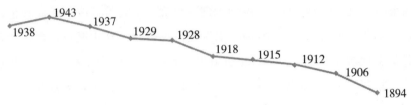

图15-2 近十年全国出版报纸种数

数据来源：中华人民共和国国家新闻出版广电总局，2017。

2. 所有制多元化

近年来，资本裹挟技术大举进军媒体行业，兼并收购的浪潮层出不穷，互联网企业对传统媒体的"倒融合"已成趋势（李良荣、袁鸣徽，2017），由此彻底改变了过去由国有资本垄断传媒业的老格局，纯国营、纯民营、国营与民营混合的混合所有制新格局已经形成（郭雅静，2017）。2017年4月11日，新华网出资2亿元，与阿里巴巴集团成立合资公司——新华智云科技有限公司，其中新华社3家直属企业占51%的股份。11月16日，人民网旗下基金战略入股"梨视频"，注资1.67亿元（钛媒体，2017）。这一系列所有制结构的调整，体现了媒体融合在运营体制层面的探索、国家政策体制的适当放宽，也增强了主流媒体市场竞争的意识和能力。

3. 付费模式多元化

互联网"复制粘贴"操作的便利，使得同质化免费信息大量涌现，主流媒体难以实现对受众和"粉丝"的精准锁定和关系维护，受众也难以对重复、虚假信息进行有效过滤和筛选。在这种态势下，一些媒体开始尝试新闻内容的付费阅读模式，2017年的新闻付费市场有了一些重大尝试。2017年11月6日,"财新通"上线,财新传媒启动全面收费,这是财新传媒成立8年来的一次商业模式转型,其目的在于聚焦精准用户,倾力提供高质量原创财经新闻内容,这也是借鉴国际同行经验、探索严肃内容价值变现的大胆探索。腾讯调查显示,2017年有16%的新闻资讯用户曾有资讯或知识付费行为(腾讯新闻、企鹅智酷,2017),免费与付费的多元阅读模式并存成为新闻内容传播的新格局。

(二)移动端竞争激烈

伴随手机网民的规模剧增,移动新闻客户端成为媒体角逐的主战场。2017年第一季度中国手机新闻客户端市场用户规模已达6.05亿。腾讯新闻以41.6%的活跃用户占比位列第一,今日头条以36.1%紧随其后(艾媒咨询,2017)。

目前市场上的新闻客户端可分为三类:一是传统媒体转型APP,如《人民日报》、澎湃新闻、封面新闻、凤凰新闻等。二是传统门户转型APP,如腾讯新闻、网易新闻、搜狐新闻、新浪新闻等。三是聚合类新闻APP,如今日头条、一点资讯、ZAKER、天天快报等。不过,3月份"有效使用时长"统计排名前五位的新闻资讯客户端都属于民营新媒体(李良荣、袁鸣徽,2017),而囿于专业技术和开发运营成本不足,传统媒体转型APP的信息来源相对单一,用户量普遍偏小、影响力也不够大(李良荣、袁鸣徽,2017)。

此外,"双微"作为移动社交平台仍然是新闻传播的重要渠道(艾媒咨询,2017)。2016年,国内百强报纸微信公众号开通率已达100%。2017年1月,第一个新闻类微信小程序"新华社微悦读"也正式上线,卡片式现场阅读、记者互动等特色功能,结合微信小程序无须安装、轻量化的特点,开启了移动端新闻传播的新入口。

(三)聚合分发平台强势

如何令受众在浩瀚信息世界中获取最有用的信息?今日头条、一点资讯等新闻聚合分发平台,依托对用户个人兴趣的精准捕捉和需求满足极致化的算法推送机制建立起强大优势。2017年第一季度,今日头条凭借其

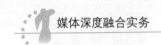

良好的用户体验，在手机新闻客户端黏性指数排名中位列榜首（艾媒咨询，2017），以智能算法作为主导分发机制、辅之以人工编辑和价值判断，成为其在聚合分发平台领域夺魁的法宝。

腾讯调查显示，相比于编辑推荐和社交网络推荐，算法推荐在用户感知上更有优势（腾讯新闻、企鹅智酷，2017）。今日头条算法推送根据用户定位整合出当地新闻，以接近性吸引用户关注，同时根据用户的浏览记录，捕捉其兴趣领域，再向用户推荐个性化、定制化资讯，增强其阅读兴趣。尽管算法推荐新闻也引发了不少争议或隐忧，比如单纯依靠算法推荐的平台容易存在价值观的偏差、单纯依靠算法获取内容可能对用户制造"信息茧房"效应、以算法建立强大垄断优势的竞争手段对传播底线有所挑战等问题，但毫无疑问，算法推送作为新闻分发的关键机制已逐渐成为行业共识。在"制播分离"背景下，新闻生产和分发不再囿于同一媒体，"智能算法＋人工编辑"成为新闻聚合分发平台的运作模式。

四、受众行为变迁：阅读、生产和消费者角色并存

（一）网络新闻用户继续增长

2017年，我国网络新闻用户规模继续扩大。截至6月，我国网民规模达到7.51亿（见图15－3），半年共计新增网民1992万人，其中网络新闻用户规模为6.25亿，网民使用比例为83.1%（中央网络安全和信息化领导小组办公室、国家互联网信息办公室、中国互联网络信息中心，2017）。2010—2017年，我国网民规模和网络新闻用户在其中所占比例如图15－4所示。

调查显示，中国网民每天用在新闻资讯上的时长约为67分钟，占据网民手机上网时间的29%，其中日均超过2小时的用户占14.6%（腾讯新闻、企鹅智酷，2017）。

（二）积极参与新闻生产传播

发生重大事件后，网民活跃转发、积极热议、参与生产已经成为常

第五编 报 告

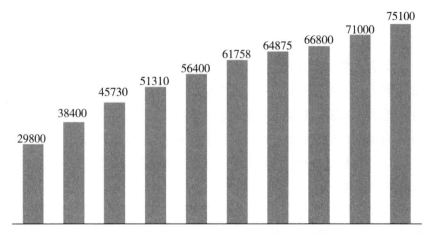

图 15-3 近十年我国网民规模趋势

数据来源：中国互联网络信息中心（CNNIC）。

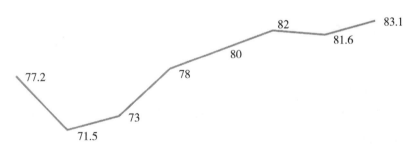

图 15-4 2010—2017 年网络新闻用户占网民总数的比例

数据来源：中国互联网络信息中心（CNNIC）。

195

态。2017年11月12日,"江歌案"在日本开庭,梨视频几位拍客进入庭审现场旁听。每场庭审结束后,拍客以口述的形式再现现场情况,这一系列视频单条播放量均不低于100万次,不亚于以同样形式进行现场报道的凤凰网"风视频"。在"双微"、头条号、直播平台、梨视频等平台的支持下,受众已成为新闻生产环节中的重要组成部分,社会化新闻生产和专业化新闻生产已并驾齐驱。专业化内容生产模式(PGC)与用户导向的内容生产模式(UGC)模式相融合成为新闻生产领域的新特征,加上依托数十万个政府机构创办的微博、微信平台所实践的政务生产模式(GGC),三者相互补充、活跃共生,丰富了新闻信息源的结构,带来了叙事角度的多样性。

除了成为新闻生产者,受众还热衷于参与新闻事件的传播和讨论,通过转发扩大新闻的传播范围,成为新闻二次传播的重要主体。2017年,3月的山东聊城于欢案、5月的北京侯亮平事件、7月的杭州保姆纵火案、8月的陕西榆林产妇坠楼事件、11月的北京红黄蓝幼儿园事件、12月的煤改气事件……在新闻媒体和意见领袖的推动下,大量网友参与新闻讨论、进行公共表达,舆论场的众声喧哗既提升了新闻事件的影响力和关注度,也推动着相关事件的政府介入、专业侦查和政策调整的进程。

(三)在娱乐中消费新闻

伴随着社会改革的进程、社会心态的变化和社会需求的转移,年轻网民群体对严肃公共议题的常态关注整体减弱,对"活在当下"的生活品质和自我实现需求不断增强,新生代的互联网生力军对"软新闻"的偏好普遍高于"硬新闻"。

据复旦大学李良荣教授观察,拒绝严肃、拥护诙谐、视频为上、游戏人生是他们的独特个性,新一代微博用户对时政类话题的关注度有所下降,娱乐消费类话题更加走俏(李良荣、袁鸣徽,2017)。据新浪微博"社会化大数据"显示,2017年10月,鹿晗在微博上公布恋情,该条娱乐新闻迅速被网友转发热议,在一小时内转发量达到18万条,甚至导致微博服务器瘫痪。截至12月13日,"鹿晗关晓彤"微博话题阅读量为14.2亿次,而同月发生的某重大时政新闻的阅读量是206.5万次。

纯粹的新闻受众正转变为对综合资讯有着多元需求、更加注重情感满足的"用户",依托某个传播渠道、单纯接受新闻的受众已不复存在,而代之以"消费者"的角色生活于纷繁复杂的新闻场域中,用户需求、用户个性、用户体验成为新闻生产者关注的重点。将"用户"这一经济概念引入新闻生产,体现了受众的消费属性,"顾客就是上帝"的营销思维也有利于媒体更加重视读者的阅读体验。不能否认,用户在"软新闻"的消费中也同样能或多或少地接触"硬新闻",但这也极易将过分的利益追逐和低俗的受众诉求杂糅进新闻生产的过程中,从而影响了社会公众对公共议题的严肃关注、对公共对话的持续参与并继而影响基于新型传播业态的公共生活的整体质量。

五、新闻传播效果:"信息茧房"和"后真相"等现象凸显

(一)"信息茧房"的负面效应引发关注

聚合分发类平台的强势崛起让受众享受到"私人订制"新闻的阅读快感,但算法技术对新闻分发渠道的渗透,也同时容易把受众束缚在"信息茧房"和"过滤气泡"的传播效应之中——尽管这种传播效果的责任主体并不只是由平台设定的机制所决定,而是由用户点击行为、个性化阅读兴趣和相似人群的需求特点所共同决定的。此外,加上社交网络对信息过滤所产生的回声室效应,信息在相对封闭的小圈子里得到强化,使受众对新闻信息的重要性产生认知偏差。

长此以往,信息窄化极易造成用户的认知偏狭,更容易被情绪化的片面新闻信息所驱使,对特定议题和整体社会的判断可能趋于非理性。同时,还可能会逐渐降低受众对公共议题的关注兴趣,进而不利于社会公共事务的理性讨论和积极参与。对此,一点资讯CEO李亚认为,有价值的内容推送不应由机器起全部作用(陈浩洲,2017)。仅仅由机器或者由受众自身决定信息的分发,不仅很大程度上消解了传统主流媒体"把关人"的功能,也将导致相当一部分受众安于坐井观天的温房,弱化了完整接收社会信息的能力。

（二）事实和真相对舆论影响弱化

2016年,《牛津词典》将"后真相"（post truth）评选为"年度词汇",内涵为诉诸情感与个人信仰比陈述客观事实更能影响公众观点和民意。2017年,这一词也成了中国新闻业热议的话题。

2017年8月的榆林产妇坠楼事件,咪蒙《我把你当老公,你把我当子宫》一文引领舆论把矛头指向产妇家属,控诉男女不平等的生育观念,随后经过主流媒体发布家属、医院双方回应视频以及多方信源补充,网络舆论才在事件反转后逐步转向理性。2017年11月的北京红黄蓝幼儿园虐童事件发生后,引发公众激烈声讨,随后警方发布硬盘损坏、家长造谣通报等消息,但这些信息并未能完全平息民怨,直到29日涉事人员被立案调查后网络舆论才稍有平复。

在这些反转新闻的发生过程中,网络舆论以情绪代替事实的倾向尤为明显,事件真相对舆论的影响作用有所弱化。究其原因,主要有二：从信息内容和传播载体看,是媒体报道与自媒体信息相互混杂的结果,这在客观上混淆了信息与新闻、事实与虚构、观点与"口水"的界限（李良荣、袁鸣徽,2017）；从技术偏向和社会心理看,是公众缺乏安全感、信任感的社会情绪结构,在特定议题上被社交媒体爆炸式的传播效能所激发和放大的结果。成见在前、事实在后,情绪在前、客观在后,话语在前、真相在后（张华,2017）,使得网络舆论极易偏离理性的轨道。

六、总结和预测

腾讯网把2017年传媒业态定义为"媒体新星球",在众媒和智媒交融时代,传播的"5W"模式发生了巨大变化,新闻生产过程被重新建构（腾讯新闻、企鹅智酷,2017）。新闻产品在智媒技术下变革出多元呈现方式,大众在众媒时代紧握麦克风各抒己见,新闻从业者在纷繁的舆论意见市场中重新探寻着专业的意义与价值。

2017年6月1日,《互联网新闻信息服务管理规定》正式施行,其对微博、公众账号、网络直播等提供互联网新闻信息服务的平台进行了统一的规范和管理（中国网信网，2017）。加上2016年11月发布的《互联网直播服务管理规定》也对直播服务提供者、发布者提出了更高的资质要求。总体上，国家对移动互联网平台上的内容管理正在不断强化和规范化，新媒体催生的新新闻业也在朝着更加合法、规范的方向发展。

立足2017年中国新闻业的年度发展态势，参考国内外行业观察报告和观点，笔者对2018年中国新闻业发展有以下预测：

（一）内容价值继续回归并更受重视

在人人皆媒、万物皆媒的环境下，优质的内容始终是稀缺品。调查显示，2017年超过半数用户对自媒体内容质量感到担忧（腾讯新闻、企鹅智酷，2017）。梨视频创始人邱兵也认为，在后真相时代，专业媒体人将在内容真伪识别、质量控制、专业加工和价值观把握发挥关键作用（人大新闻系，2017）。同时，自媒体红利持续耗散，2000多万个公众号将在内容专业化、垂直化方面展开激烈竞争，谁去谁留将经历更加严酷的市场筛选和行业洗牌。

（二）人工智能将更加深度影响新闻业

一方面，在重大突发事件的快速报道中，机器人写作将逐步取代记者消息编写，新闻从业者将面临如何抵达现场、怎样深度阐释、如何逼近真相的职业挑战。另一方面，AI技术将发挥大数据信息获取和解读优势，实时监测新闻热点，即时获取受众反馈，在技术驱动下的新闻生产将更具效率和活力。值得深入探讨的是，人工智能将如何影响宣传格局、网络舆论乃至意识形态，这个话题将更加具有前沿性和重要性。

（三）短视频将继续成为媒体争夺受众的关键

3～5分钟的短视频既达到视觉化呈现的效果，也满足受众碎片化观看时间的需求。未来，新闻视频与AR技术结合、与娱乐消费结合，将进一步丰富新闻的呈现形态，更加贴合受众的阅读喜好。同时，新闻和资讯视频的表现形式也将更多样化，超短视频、中长视频、视频直播、真实视频与虚拟的混合等各种形式的视频内容将呈现出更加井喷的增长态势。

（四）传统媒体将面临增强影响力和盈利能力的更大挑战

李良荣预测，纸媒的停办、瘦身、重组还将继续延续，并逐步回到"一城一报"或"一城两报"的基本格局（李良荣、袁鸣徽，2017），区域性报业整合趋势或将增强。优质调查性报道、深度分析和评论将成为传统媒体和门户网站重夺话语权的关键发力点。同时，传统主流媒体的影响力提升，如何在"造船出海"和"接船出海"之间寻求平衡，也是探索盈利模式、增强舆论引导力过程中的重要挑战。

（五）知识付费将成为内容盈利的新渠道

深圳晚报社副总编辑周智琛指出，2018年将有更多媒体开启收费模式，用户也将逐渐顺应内容付费的趋势（周智琛，2017），不过针对严肃媒体、综合媒体的新闻内容能否成功实现数字化收费阅读，学界和业界总体上保持很大的不确定性和乐见其成的观望状态。同时，有价值的自媒体所运营的知识付费产品，还将在优胜劣汰的进程中保持需求黏性和价值变现的能力。腾讯公司副总裁陈菊红预测，付费订阅的首批爆点将出现在专业集成度高的领域以及有垂直影响力的个体IP[①]（中国人民大学新闻系，2017）。

（本章作者：张志安、李霭莹。李霭莹为中山大学传播与设计学院2017级硕士研究生。本章主要内容首发于《新闻界》2018年第1期，第4～11、73页。本书出版时有所修订。）

[①] IP 的全称为 intellectual property right，即知识产权。

第十六章　2018年中国新闻业年度观察报告

2018年的中国新闻业,是平台媒体在监管中持续崛起的一年,是专业媒体在转型中分化发展的一年,也是自媒体以热点时刻中的社会动员获得广泛关注的一年,更是中国新闻业面临喧嚣舆论场态势不断寻求理性、探索前行的一年。本章试图从宏观维度的新闻业年度变化,以及中观维度的新闻行动者、内容、分发、受众四个方面出发,以相关案例、事件和数据为基础,整体勾勒2018年中国新闻业的变化图景。

一、年度变化趋势:媒体平台化和平台媒体化

2018年,以《人民日报》为代表的主流党媒依托媒体矩阵建设媒体平台,字节跳动旗下抖音等短视频平台强势兴起,"平台"成为中国新闻业的关键词。放眼全球,互联网平台凭借规模庞大的用户群和人工智能技术,在信息传播中凸显分发优势,越来越具有媒体化特征。而具有内容生产优势的专业媒体,在融合转型的过程中又逐步搭建起平台化的传播网络。媒体平台化、平台媒体化,是2018年度新闻业变化的主要趋势。

(一) 媒体平台化的三种模式和利弊得失

2018年,传统媒体着力平台布局,《人民日报》、各省级媒体客户端、县级融媒体等在"平台化"方向动作不断。媒体平台化实践模式各不相同,它们提升了内容产品在网络传播平台中的影响力,但尚未真正走通自主发展的运营模式。媒体平台化主要包括三种模式:

第一,入驻互联网平台,通过不同平台渠道传播原创内容。2017年11月,新京报社旗下运营的26个新媒体账号全面落户"新浪看点"平台,同时,报社的图文视频内容将在新浪新闻客户端、微博等多个APP终端实现差异化内容推荐和传播(李丹丹,2017)。此外,新京报社也入

驻腾讯网、今日头条、爱奇艺等平台,实现一篇稿子通过不同平台推荐给差异化的细分用户。以《人民日报》为例,全媒体形态的"人民媒体方阵"包括了报纸、杂志、网站、电视、广播、电子屏、手机报、微博、微信、客户端等10多种产品载体,其中仅微信公众号布局就超过110个(崔保国,2018)。

传统媒体进驻商业互联网平台,一方面,增强了自身内容的传播力和影响力,在不同平台上吸引大量"粉丝",扩大了受众群体,为其舆论引导力提升打下坚实基础;另一方面,传统媒体的内容在这些互联网平台上进行分发,大多只扮演着"内容奶牛"的角色,虽然持续输出海量内容,却无法依靠转载授权或平台广告获得稳定的收益,难以实现商业价值的变现和一手用户数据的积累。

第二,立足区域化服务,打造服务型平台。这方面,县级融媒体中心建设走在前列。浙江湖州安吉新闻集团以"爱安吉"APP为核心,打造全方位的新闻发布、综合信息发布、便民服务等平台,市民不仅可以在APP上获取地方新闻,还能进行消费维权、医院挂号、预定车票等多种操作。目前,该APP下载用户达到20万个,日阅读量5万人次以上,这种模式已经在全国30多个县得到推广应用。由于区域政府的用户、数据和服务相对集中,主管部门横向和纵向整合资源的效率较高,打造服务型平台的效果更加明显。

第三,邀请内容生产者进驻,打造开放型内容平台。澎湃新闻开通"问政"栏目,邀请全国性政务机构入驻,以政务号的形式发布信息。同时,"湃客"频道在2018年7月全新上线(澎湃新闻湃客,2018),邀请全球内容创作者入驻,包括纪录片媒体"Aha视频"、专注非虚构作品的腾讯"谷雨"、学生媒体"布谷岛"等。封面新闻的"封面号"、"南方+"的"南方号"、《人民日报》的"人民号"等均采取相似模式。主流媒体搭建的开放型内容平台,主要整合的还是下级主流媒体生产的内容和党政机构新媒体发布的内容,以机构化生产的内容为主,而社会化生产的内容较少。

（二）平台媒体化的两大特点和监管举措

综观全球，社交媒体和技术公司凭借其强大的用户群和雄厚的技术力量，在短时间内已经成为用户获取新闻资讯的主要途径（白红义，2018）。美国社交网站 Sulia 的 CEO 乔森纳·格里克用"Platishers"描述平台媒体。在平台链接的传播网络中，不同类型的内容生产者保持实时在线、滚动更新、即时分发，实现了新闻信息的高速流通。资讯类平台今日头条、一点资讯，社交类平台新浪微博、微信，以及短视频平台梨视频、快手[①]和抖音等，基于海量用户的内容生产越来越具有平台媒体的属性。

社会化生产和社交化连接是平台媒体的两大特点。聚合大量内容生产者，重视高质量内容的输出，是平台运行和发展的基础。今日头条从成立之初就定位于资讯类平台，大力引进传统媒体、政务媒体、自媒体等内容生产主体。短视频产品抖音正着力吸引机构媒体进驻，推动产品媒体化的进程。2018年3月，中央政法委官方网站"中国长安网"作为第一个政务号入驻抖音；4月，"央视一套"作为第一个媒体号入驻抖音；截至8月中旬，抖音已引进政务号2000余个、媒体号近600家。目前，抖音还推出了"政务媒体号成长计划"，联手政府媒体机构打造更多正能量"爆款"产品（光明网，2018）。今日头条和抖音这两款产品帮助字节跳动获得日本软银集团30亿美元的注资，企业价值上升至750亿美元，成为世界上最大的"独角兽"企业。

此外，腾讯"企鹅号"也在2018年11月宣布将重点聚焦创作能力，增强内容版权保护，为平台的社会化生产提供更多保障和支持。在社交化连接方面，除了微博和微信以外，今日头条计划推出社交产品"飞聊"，以人际传播巩固新闻流量，并拓展更大的用户群体。腾讯集团在2018年10月宣布进行战略重组，将移动互联网事业群、网络媒体事业群，与社交平台、流量平台等板块重新整合，成立平台与内容事业群，利用庞大用户基数将原来分散的、与内容相关的业务整合在一起，主打"社交+内

---

① 快手最初是一款用来制作、分享GIF图片的手机应用软件。2012年11月，快手从纯粹的工具应用转型为短视频社区，用于用户记录和分享生产、生活的平台。

容"（清华大学经济管理学院，2018）。

由于平台媒体的快速崛起和海量内容审查管理的难度，其内容存在良莠不齐、过度低俗和娱乐化，甚至导向错误的问题。2018年，政府主管部门对平台媒体进行了严格监管，逐步形成政府部门、平台媒体双管齐下的治理机制。

政府主管部门主要通过立法和责令整改两种方法对平台媒体进行管理，其中责令全面整改包括处罚封禁相关主播、暂停更新有关频道、平台应用下架等手段。2018年3月20日，国家互联网信息办公室出台的《微博客信息服务管理规定》正式施行，强调平台要建立健全辟谣机制，要求平台接受社会监督（李政葳，2018）。4月10日，国家广电总局责令今日头条永久关停旗下"内涵段子"等导向不正、格调低俗的视听节目。6月6日，北京市网信办、市工商局针对抖音广告中出现侮辱英烈内容的问题，依法约谈查处抖音、"搜狗"，责令网站立即清除相关内容并进行严肃整改（朱健勇，2018）。11月13日，国家网信办针对自媒体乱象问题，处置了"唐纳德说""傅首尔"等9800多个自媒体账号（中国网信网，2018）。

此外，平台媒体则主要采取查封问题账号、强化内容审核等治理手段来加强对平台内容的审查。比如微信、QQ等平台，可以暂停短视频链接的播放功能，配合政府和平台的整治（Mr. QM，2018）。2018年4月，腾讯在"互联网短视频整治"过程中封禁了抖音、火山、西瓜、快手、微视等短视频应用。（见表16-1）

表16-1　2018年监管部门对平台媒体的治理举措

1月21日	微信发布公告，将根据《微信公众平台运营规范》和《微信小程序平台运营规范》，对发布断章取义、歪曲党史国史类信息的公众号、小程序，给予删除文章等处罚
2月6日	微信已永久封禁976个小程序，并在注册、认证和审核换环节进行拦截限制（腾讯科技，2018）

续表 16-1

4月	今日头条扩充审核人员队伍，6000人的内容审核队伍扩充到10000人（张一鸣，2018）
5月16日	今日头条禁封发布了含有戏谑侮辱烈士短视频的"暴走漫画"（朱健勇，2018）
8月8日	微信开始剔除机器等非自然阅读带来的虚假数据（林迪，2018）
9月	抖音封禁6万多条视频，永久封禁2万多个账号（清博大数据，2018）
11月1日	新浪微博上线新版客户端，对不满14周岁的未成年人暂停开放注册功能
11月10日	截至发文当天，微信在2018年已封禁及处理发送色情暴力类、低俗类、夸大误导、标题党类内容的账号179123个，删除相关文章312009篇（微信派，2018）
11月12—14日	国家网信办约谈腾讯微信、新浪微博、百度、腾讯、新浪、今日头条、搜狐、网易、UC头条、一点资讯、凤凰、知乎等客户端自媒体平台，要求各平台立即对自媒体账号进行一次"大扫除"（国家网信办，2018）
11月16日	微信规定个人主体注册公众号数量上限由2个调整为1个，企业类主体注册公众号数量上限由5个调整为2个（果青，2018）
11月20日	抖音在2018年10月份累计清理43908条视频、35538个音频，永久封禁51540个账号（周小白，2018）

（三）专业媒体与平台媒体共生发展

从当下发展态势看，传统媒体和平台媒体的影响力呈现"此消彼长"的态势（张志安、曾励，2018），也有研究认为，平台媒体将成为新闻业的操纵者和传播规则的制定者，原本处在新闻生产和传播核心位置的专业媒体风光不再（白红义，2018）。从当下媒体发展格局看，平台媒体在用户规模、传播效率等方面具有垄断优势，而专业媒体在原创内容、事实把关等方面具有专业优势，两者呈现出共生发展的关系。专业媒体入驻平媒体，可以借助平台的粉丝和技术提升传播力；平台媒体也通过专业媒体的内容供给，满足了用户对海量信息的需求。

在国外，全球规模最大的社交平台 Facebook 也正在涉足新闻业，旗下 Instant Articles、Notify 和 Signal 三款 APP 构建了基于社交媒体平台的新闻产品矩阵。凭借庞大的基数和高度的用户黏性，Facebook 控制了新闻信息流向受众的主要渠道，新闻业的传播权力发生了转移，技术寡头成为控制公共生活和媒介生态的决定性力量（史安斌、王沛楠，2017）。美国学者克莱·舍基曾经预测，新闻出版业将进入一个"大规模业余化"的时代（王天定，2018），平台媒体给予普通公民更多的发声机会，网民提供的在场的、实时更新的、碎片化的信息，都有可能成为新闻的一部分。这有利于推动事实真相的传播，但也加深了传受者之间边界的模糊，对专业新闻工作者的职业权威形成挑战。

总体上看，平台媒体已成为网民群体获取生活、娱乐和消费资讯的主要来源。平台媒体具有独特的"社交基因"和"技术基因"，其构建的社会化传播网络成为信息分发的枢纽。一方面，平台媒体利用社交网络获得了规模庞大的用户群体，又利用算法技术实现了高效的资讯分发。另一方面，在商业驱动、用户至上的价值观影响下，平台媒体内容传播的专业价值往往让步于商业价值，使之难以成为严肃新闻的实践者。平台媒体不仅在内容上存在失真、娱乐化、情绪化、碎片化等问题，单纯依靠平台媒体的人工智能推送也容易导致认知上的"信息茧房"。因此，专业媒体原创的时政新闻、严肃新闻在重大事件传播过程中仍然具有不可替代的重要作用。

由于原创新闻采访权的垄断、舆论引导功能的承担和独特的政治话语资源，中国的专业媒体不会被平台媒体所完全取代，相反，平台媒体囿于采编资格、内容生产人才等不足，其针对重大事件和话题的传播内容仍然依赖于专业媒体的内容供给。

二、新闻行动者：三类主体发展态势各有侧重

专业化传播和社会化传播并存，已成为当下主流的传播形态，专业媒

体、机构媒体、自媒体、平台媒体这四类行动者共同构成当下的新新闻生态系统。其中,除平台媒体主要负责"搭台",专业媒体、机构媒体和自媒体分别以融合转型、强化服务和社会动员为特色各有侧重地"唱戏"。

(一) 专业媒体面向移动互联网持续整合转型

专业媒体主要由党媒、市场化媒体及其新媒体延伸所构成。2018年,纸媒面临的生存形势持续严峻,报业产能压缩已成常态,报纸停刊的消息也不再令人吃惊。上半年,报纸广告刊例收入下降30.6%,报纸广告面积减少33.8%。《环球军事》《汕头都市报》《羊城地铁报》等至少18份都市报停刊,《法制晚报》《北京晨报》《黑龙江晨报》也计划于2019年1月1日起停刊(墨林,2018)。

为了维持经营,不少传统媒体将业务重心转向了商业化经营,专业的新闻报道受到了来自财政经营业务的干预和压力(Haiyan Wang & Colin Sparks, 2019),传统纸媒记者承担着越来越重的创收任务。同时,职业新闻人才的流失也是必然趋势(见表16-2)。中国记者网数据显示,截至2018年10月19日,我国持证记者人数比2017年减少了180人,呈现出负增长的趋势。

表16-2 一批知名媒体人的离职去向

1月	《新京报》总编辑王跃春离开工作了14年的新京报社,入职山水创投基金
	《北京青年报》总编辑余海波离职,加盟短视频平台快手
	《萧山日报》社长、总编辑王平离职,加盟凡闻科技,出任执行总裁
2月	南都报系总经理钟育彬离职,加盟上海寒武创投
4月	21世纪报系副总经理戴远程办理离职手续,加盟万达集团品牌部
5月	《智族GQ》编辑总监王锋离职,加盟时尚集团,担任副总裁及首席内容官
6月	中央电视台《舌尖上的中国》总导演陈晓卿,加盟腾讯视频,出任副总编辑
7月	《南方周末》总编辑段功伟离职,加盟雪松控股,担任副总裁

数字化转型成为专业媒体求变图存的必由之路。比如停刊的《北京

晨报》计划与《新京报》、千龙网深度整合,而《新京报》已全员转型力推新闻客户端。2019年正式休刊的《法制晚报》也将与上级单位北京青年报社有机整合,向新媒体领域进军,打造融媒体平台"北京头条"客户端。整合力度最大的莫过于天津,首次在省级媒体层面实现天津日报社、今晚报社、天津广播电视台的职责整合,组建天津海河传媒中心(陈实,2018)。

令人欣慰的是,主流媒体在面向移动互联网深度融合转型的过程中,逐步建构其强大的舆论影响力。据清博舆论数据显示,2017年度,《人民日报》、新华社、央视新闻旗下的微信公众号和手机客户端均位列影响力榜单前十名,转型后的"新党媒"仍处于专业媒体的先锋位置。《新京报》也形成了集新京报网、微信矩阵、微博、客户端于一体的传播网络,单单其微信矩阵就拥有涉及时政、评论、人物等30个公众号,关注人数超过500万个。

(二)机构媒体聚焦服务功能,打造产品矩阵

政务机构媒体主要指党和国家机构所创办的网站、移动客户端,以及在商业平台上创办的网络账号。截至2017年年底,经过新浪微博平台认证的政务微博超过17万个(李淼,2018),政府微博总"粉丝"量达到24.6亿个(钛媒体,2017)。虽然政务机构媒体的新闻传播属性越来越强,承担着正面宣传、民生服务、网络问政等多元功能,但也有研究指出,其存在信息发布滞后、照搬政府公文、信息发布同质化等问题,更多体现的是"保姆"的属性,在受众需要的时候提供权威信息查询和便民服务帮助(李洁茹,2018)。

2018年,政务机构媒体发展的一个新趋势,是继政务微博、政务微信、政务微头条后,政务短视频账号快速兴起,由此催生出视频化政务机构媒体的新类型。据悉,目前已有2万多家政务号入驻抖音。例如,中国法院网自8月2日正式入驻抖音、快手两大短视频平台,截至10月16日,其抖音政务号共计发布短视频171条,播放总量7500万次,获点赞75.1万个,"粉丝"25万个。此外,中国法院网快手政务号共计发布短视频156条,播放总量14156.5万次,获点赞271.9万个,"粉丝"37万

个（刘振鹏，2018）。对越来越多的政务机构媒体来说，合理调配资源、保持用户黏性，持续打造多元化的产品矩阵，正成为内容运营的常态挑战。

（三）自媒体更加彰显议程设置和社会动员能力

2018年，自媒体在一些热点事件和话题的传播中发挥出议程设置和舆论动员的重要功能。2018年2月10日，李可在公众号"可望buffett"发文《流感下的北京中年》，几天内获得了"1000万+"的阅读量和"15万+"的点赞量（张志安、陈子亮，2018），引发公众对流感疫苗、医疗系统和生命的持续思考。5月28日，微博大V崔永元举报范冰冰签订"阴阳合同"，引发公众对娱乐圈明星逃税避税现象的热议和税务管理部门的调查处罚。7月21日，自媒体人"兽爷"发布《疫苗之王》一文，梳理了长春长生疫苗事件的来龙去脉，将疫苗安全问题推到舆论的风口浪尖，推动国家疫苗管理法的发布，此案例也被誉为首例自媒体改变公共政策的经典之作（墨林，2018）。

与传统媒体新闻报道遵循的事实复核、多方信源、客观立场等专业标准不同，自媒体往往通过个体视角的叙事，以细节、情感和故事打动读者，最终达到激发公众情绪、进行社会动员的传播效果。有学者预测，自媒体与专业媒体将呈现出合作大于竞争的状态，自媒体作为信息的由头为专业媒体提供新闻线索和舆论铺垫，专业媒体拥有的行政资源和社会地位可以帮助推动事件的解决。而且，专业媒体和自媒体相互监督，就信息真实性、报道客观性等问题相互核实、相互印证（胡翼青，2013）。

三、新闻内容：监管举措不断，短视频成主流

（一）新闻短视频渐成主流报道形态

中国互联网信息中心数据显示，74.1%的中国网民在使用短视频应用（刘峣，2018）。2018上半年，短视频APP排行榜前三名分别是西瓜视频、抖音、快手（方杨、管慕飞，2018）；下半年，抖音发展势头强劲，

国内日活跃用户数量快速超过 1.5 亿（清博大数据，2018）。在抖音、快手、秒拍等娱乐短视频引发全民狂欢的同时，新闻短视频也正乘势兴起，制作 60 秒即时消息或 5 分钟深度报道等新闻产品，让短视频成为新闻故事的重要载体。2018 年，主要有三类媒体在生产和传播新闻短视频：

（1）专门深耕视频资讯的媒体平台，如梨视频。其遍布全球的拍客体系是进行原创内容生产的强大后盾，身处快手和头条系（抖音、西瓜视频、火山小视频）的强势竞争格局中，梨视频率先打破线上线下场景，成立"短视频户外媒体联盟"，尝试在全国 23 个省、直辖市的公交、地铁、机场等公共场所的 29.3 万块终端屏幕上播放梨视频内容（晓通，2018），扩大用户覆盖，实现用户下沉。

（2）新闻媒体推出的原创视频产品，如浙报集团的"浙视频"、《新京报》的"我们视频"、界面新闻的"箭厂"等（解夏，2018）。以"箭厂"为例，它定位于人物和文化短视频，其出品的纪实类视频在优酷平台已更新至过百集，总播放数达数百万次。

（3）专业媒体打造社会化生产的短视频平台，邀请视频自媒体进驻，如《人民日报》的"视丨影像"栏目、澎湃新闻的"湃客"频道。通过直接转载或简单加工，专业媒体实现了资源的有效配置，用转载自媒体视频产品的版权费用替代了职业摄影记者、剪辑师的工资，充分发挥自媒体的创造性。

新闻短视频满足了受众对视觉化信息的需求，令受众获得更加直接的现场体验。不过，重娱乐、轻资讯、重流量、轻质量，UGC 多、PGC 少等（李良荣，2018），这些短视频平台存在的问题也成为制约新闻短视频发展的因素。新闻短视频能否在快速的叙事节奏中传递有效信息，短视频传播过程中的情感表达如何不过度刺激公众情绪，公众在长期点击短视频的过程中是否会降低严肃思考的能力，这些问题将考验新闻短视频行业的发展。未来，随着下一代互联网 IPv6 的普及、5G 时代的到来，用户使用短视频的时间将会延长，观看体验会更流畅，新闻短视频业将有更大的发展潜力。

（二）重大专题更重视"融合+创意"表达

2018年，针对重大事件的专题报道，专业媒体继续活用各种媒体形式，除图文报道外，短视频、原创歌曲、H5、无人机拍摄、互动游戏等形式得到广泛应用，多元化产品形式的融合报道手法更加成熟。面向同题竞争，专业媒体充分调动记者、摄像、设计人才以及整合外部资源，制作出一系列富有创意的融合报道产品。

10月26日，港珠澳大桥正式通车，央视新闻采用大量的无人机航拍镜头，4分钟大气壮观的视频轻松突破"10万+"的播放量。新华网在抖音上发布10秒小视频，跟随音乐10个鼓点从10个角度航拍大桥的全貌，收获8000个点赞。南方日报社记者携手大桥建设者、守卫者推出原创主题曲MV《乘风破浪》（刘艳婷，2018），将新闻信息和市民街采融入MV之中，使作品颇具感染力。擅长H5的网易新闻推出《1分钟漫游港珠澳大桥》作品，用户长按屏幕即可沿着55千米大桥前进，还可以随时松开手指暂停拍照并制作明信片，交互性十足，推出24小时后即突破千万次点击量，在短短3天内共收获3500万次点击量。

11月在上海举行首届进口博览会，人民日报客户端发布动图《"不一般"的进口博览会来了！三大亮点提前看》，在图文的基础上叠加动态效果，吸引极大关注。新华社发布3分钟短视频《东方风来》，用一片四叶草连接各大洲的进口商品，最后飞向大开的中国之门，汇聚上海，视频上线24小时即获得136万次播放量。新华网发表剧情小短片《幸好，花心的不是我……》，"选择困难症"的看病剧情，加上"小人国"般的微观视角画面，用轻松幽默的形式展示了进口博览会产品的丰富多样。新浪微博@央视新闻推出"场馆馆主"策划，美食馆、汽车馆、家电馆等馆主轮番直播，主播用轻松幽默的方式实时转播进口博览会现况。

（三）互联网内容领域的监管力度持续增强

2018年，网络内容监管领域的动作不断，主要针对"标题党"、信息低俗、违规稿源等屡禁不止的问题。根据《互联网新闻信息服务管理规定》等条例，国家网信办等部门对新闻媒体和平台媒体，特别是短视频平台和自媒体行业，采取了一系列强力监管措施（见表 16-3）。这些监管举措切实改善了网络内容生态，让网络内容生产领域变得更加规范和有序。

表 16-3 2018 年内容领域的一系列监管举措

4 月	监管部门接连对媒体尤其是短视频行业进行整顿，包括快手、火山小视频、秒拍在内的众多短视频 APP 先后被下架整改
4 月 10 日	国家广电总局责令今日头条永久关停旗下"内涵段子"等导向不正、格调低俗的视听节目
5 月 11 日	公众号"二更食堂"对"空姐顺风车遇害"事件细节做出不当描述，浙江省网信办联合杭州市网信办两次约谈"二更食堂"负责人，永久关停"二更食堂"公众号
5 月 22 日	知名情感自媒体"Ayawawa"因在某线下活动中发表有关慰安妇的严重不当言论，其微博账号被禁言 6 个月（远洋，2018）
7 月	中央全面深化改革委员会第三次会议通过《关于增设北京互联网法院、广州互联网法院的方案》（新华社，2018）
7 月 26 日	国家网信办会同五部门依法关停"内涵福利社"等 3 款网络短视频应用，联合约谈"哔哩哔哩""秒拍""56 视频"等 16 款网络短视频平台相关负责人，15 家短视频平台被下架整改
7 月 27 日	全国网信系统会同电信主管部门依法关闭"舆情日报网""人民新闻视频网""中国法制西部网"等一批违规从事互联网新闻信息服务网站（中国网信网，2018）
9 月 26 日	凤凰新闻因传播违法不良信息、歪曲篡改新闻标题原意、违规转载新闻信息等问题，被国家互联网信息办公室指导北京互联网信息办公室依法约谈（任晓宁，2018）
9 月 29 日	针对网络转载版权专项整治中发现的突出版权问题，国家版权局在京约谈了趣头条、今日头条、微信、搜狐新闻等 13 家网络服务商，要求其进一步提高版权保护意识，规范网络转载版权秩序（史竞男，2018）

续表 16-3

10月10日	针对"主播莉哥戏唱国歌"一事，虎牙直播即日起封禁主播莉哥直播间，冻结主播莉哥直播账号，下架全部相关影像作品，对其进行整改教育（新浪科技，2018）
10月22日	国家版权局管理司司长于慈珂透露，今年将集中整治网络转载、短视频、网络动漫等领域侵权盗版多发态势，重点规范网络直播、知识分享、有声读物等平台版权的转播秩序，目前实施重点监管的网站达到3000多家（秦楚乔，2018）
11月27日	北京网络安全系统第三季度共清理违规短视频140余万部，关闭违规直播间53万间，封停违规账号80万个，行政处罚违规平台3家（鲁畅、吉宁，2018）

四、新闻分发：平台化传播和智能化分发更趋主导

（一）多平台联动传播已成常规

在平台化的趋势下，新闻媒体跨平台多渠道联动传播日趋成熟（陈静，2018）。同一个新闻事件，同样的内容素材，经过加工，被分发在不同的媒体平台，产生联动共振的效应。2018年10月30日，著名作家金庸逝世，新华社微博@新华视点发表逝世消息快讯、逝世消息短视频、生平介绍、摄影集、评论等7条微博，累计被转发2346次；今日头条@新华社发表13条相关新闻，内容和微博几乎完全一样，获赞11670个；抖音账号@新华社发表医院门口现况和金庸电影片段2条视频，累计获赞98万个；新华社客户端搭建的平台更是汇集来自大小媒体与金庸相关的稿件超过300条。

主流媒体将同一篇稿件或视频投放在不同的网络平台上，可以发挥新闻产品传播的最大价值，也会面临不同平台传播效果差异显著的问题。比如，金庸逝世的短文快讯在微博可以收获540条转发，但在今日头条号上只有1个点赞，而在微博只收获72个点赞的短视频在今日头条可以达到4000个以上。

（二）智能化生产和分发更加普及

机器人写新闻和算法推送这两种人工智能技术，正在改变新闻选题策划、信息采集、内容生成和产品分发等各个环节，导致新闻生产、分发与消费之间的界限日益模糊（中国新闻网，2018）。目前，机器人新闻使用较为广泛的 4 个领域是财经、体育、气象地质和健康（洪杰文、兰雪、李程，2017），其发稿的数量和速度远超记者。此外，稿件智能纠错和分发推送也是人工智能在新闻传播领域的重要应用。腾讯写稿机器人 Dreamwriter 于 2018 年推出中文纠错算法能力，识别准确率达 90% 以上，可以对同音字、近义字、易错字及上下文语境搭配错误进行识别（腾讯传媒，2018）。央视新闻客户端推出"听新闻"栏目，由机器人朗读每日资讯。新华社客户端的"小新"可以与用户实现新闻问答，例如输入"广州""昨日新闻"等关键词即可获取相应新闻的推送。

2018 年，智能化内容生产的一大亮点是新华社推出的"AI 合成主播"，依靠最新人工智能技术，提取真人主播新闻播报视频汇中的声音、唇形、表情合成以及深度学习等技术联合建模训练，"克隆"出与真人主播拥有同样播报能力的"分身"。真人主播一天工作 8 小时，而"分身"主播能够不知疲倦地工作 24 小时，由此大大提升了电视新闻的制作效率（陈倩、程昊、朱涵，2018）。

国内多数学者对人工智能保持乐观态度（白红义，2018），认为人工智能有利于更好地实现新闻价值，复杂的、需要深入调查的、调动情感的新闻仍旧是记者的优势所在。也有专业人士持续关注人工智能对职业新闻人权威地位的冲击，以及算法推荐带来的"信息茧房"效应，如谷歌前人工智能负责人 John Giannandrea 所说，我们不需要担心机器人，而需要担心 AI 偏见。

五、新闻受众：主动性参与和情绪化表达

CNNIC 发布第 42 次《中国互联网络发展状况统计报告》显示，截至 2018 年 6 月 30 日，我国网民新闻用户规模达到 6.6285 亿，网民使用比例

为82.7%，手机网络新闻用户为6.3128亿，占手机网民80.1%（中国网信网，2018）。主动性参与和情绪化表达仍是网民群体接触信息时的两大特征。

（一）积极参与体现主动性

外交部数据显示，中国网民每天产生300亿条信息（外交部，2018）。媒体平台化和平台媒体化把UGC（用户原创内容）推向了热潮，头条号、梨视频、澎湃新闻"视频爆料"系统、新华社"现场新闻"，这些栏目和平台为受众生产资讯带来了更大的创作空间。

2018年，公益人雷某被爆涉嫌性侵，并由此并带出一系列公益圈、高校教授、明星主持、宗教界等知名人士涉嫌性骚扰的丑闻，引发自媒体爆料和网民广泛热议。广东潮汕地区发生暴雨灾害，网友在微博上发起话题"#汕头暴雨#"，用现场视频、图文等形式"直播"汕头的最新情况。还有，自如租房甲醛丑闻、马蜂窝APP数据造假等热点事件，都由普通受众网上爆料为开端，经由网友转发和舆论动员，引发专业媒体的关注和报道。

（二）情绪表达仍有非理性

在经历了2017年"罗一笑""榆林产妇坠楼""刺死辱母者"等事件之后，2018年的新闻反转事件仍时有发生，情绪化的表达裹挟着非理性批判。2018年1月，尘封近10年的"汤兰兰案"被澎湃新闻《寻找汤兰兰：少女称遭亲友性侵，11人入狱多年其人"失联"》一文重新提起，网友们纷纷质疑事件真实性，希望当事人尽快现身澄清，舆论话题声量超过13万（辛露，2018）。7月27日，黑龙江省高级人民法院宣判申诉理由不成立，一场由家属和专业媒体掀起的风波告一段落，但是"道德沦丧的家人"和"污蔑家人的出逃少女"之间的舆论"狂欢"已对当事人造成巨大伤害。随后发生的3月"王凤雅之死"事件、10月"重庆公交车坠江"事件，都出现阶段性的非理性倾向和情绪化表达特征。

导致公众非理性表达的原因，既与公众针对某些公共议题存在的结构性情绪有关，更与碎片化传播时代的事实复核难度大、信息传播过程中的

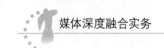

眼球效应有关。当流量成为考核新闻传播效果的重要标志，不少网络新闻就会倾向于片面调动情绪，夸大甚至歪曲事实。因此，如何提高多元主体的把关意识、增强受众的媒介素养，还需要各界共同探讨和形成有效机制。

六、总结与预测

综上所述，"平台"是2018年中国新闻业变化的关键词，也是影响未来新闻业发展态势的重要力量。如何让平台媒体有效助力专业媒体的融合转型，如何在平台媒体崛起过程中促使其担当社会责任，是提升新闻业公共性面临的重要挑战。各类新闻行动者在媒体平台化和平台媒体化过程中和谐共生，需要管理部门的有效监管与多元治理，更需要新闻行动者自身的文化自觉和行业自律。

基于2018年新闻业的变化图景，笔者认为，2019年中国新闻业将呈现以下4个发展趋势：

（一）基层媒体的融合化

习近平总书记在2018年8月召开的全国宣传思想工作会议上表示，要加强县级融媒体中心建设（杜一娜，2018）。目前，北京16个区、江西51个县、浙江长兴等地已经挂牌成立县级融媒体中心。2019年将是县级融媒体中心的集中建设期，县级报纸、广电、网站、"双微"、新闻客户端等将从组织结构上打通，以移动网络为主要载体，打造新媒体矩阵，力求实现地方新闻资源的整合和便民服务质量的提升。

（二）新闻生产的智能化

2018年新华社"媒体大脑""AI合成主播"的推出和腾讯写稿机器人Dreamwriter近年来的应用，给新闻的智能化生产、纠错和分发带来更大的应用前景。未来，智能化技术将更加全面地渗透到内容生产的不同环节，继续提高生产和把关效率，提升精准到达和有效影响的效率。

（三）报道形态的视觉化

在 5G 时代来临之际，短视频的发展潜力被进一步激发。2019 年，内容形态将继续往视觉化特别是短视频方向靠拢，短视频将成为更加主流的内容报道方式。

（四）内容产品的平台化

头部聚合类平台媒体将继续发力，算法精确度的提升和社交传播的属性强化，是平台发展的两大动力。这方面，以《人民日报》为代表的中央媒体，以"南方+"、封面新闻等为代表的省级媒体，还将持续整合政务机构媒体等内容资源，在媒体平台的运营机制上进行探索。

除媒体平台化的力度还将加大之外，平台媒体化的影响力也将持续崛起。未来以互联网巨头为核心的平台媒体，将主要形成以社交为枢纽、以资讯为增值、以算法和人工编辑为主导的生产和传播模式（张志安、姚尧，2018），其发展趋势包括：平台媒体的社交化属性将持续加强，能实现更紧密的社会链接和人机互动；全球范围内平台媒体的技术和资本流动，将从发展中国家向发达国家"逆向输出"；平台媒体在信息自由、公共对话、隐私保护、网络信任方面需承担更大的人文责任。

（本章作者：张志安、李霭莹。李霭莹为中山大学传播与设计学院 2017 级硕士研究生。本章主要内容首发于《新闻界》2019 年 1 月第 1 期，第 4～13 页。本书出版时有所修订。）

参考文献

[1] CTR网络营销. CTR：2018上半年中国广告市场回顾[EB/OL].(2018-08-01)[2018-08-06]. http://www.199it.com/archives/759188.html.

[2] Mr. QM. QuestMobile短视频行业洞察报告：监管利剑高悬、增长急剧放缓，短视频江湖如何突围？[EB/OL].(2018-08-21)[2018-08-28]. https://mp.weixin.qq.com/s/kUgN2Y-pZWg_YbrjKLLdkg.

[3] NBS传媒前沿.【干货大咖谈】喻国明：平台对接是传统媒体转型的关键[EB/OL].(2015-07-16)[2015-11-28]. http://mp.weixin.qq.com/s/Zlv4oCvaEqDdDHeCe4KCCg.

[4] 艾媒咨询. 2017Q1手机新闻客户端市场研究报告[EB/OL].(2017-05-08)[2017-09-15]. https://www.iimedia.cn/c400/51237.html.

[5] 艾媒咨询. 2017年中国新媒体行业全景报告[EB/OL].(2017-03-29)[2017-10-10]. https://www.iimedia.cn/c400/50347.html.

[6] 白红义. 当新闻业遇上人工智能：一个"劳动—知识—权威"的分析框架[J]. 中国出版, 2018(19): 26-30.

[7] 白红义. 重构传播的权力：平台新闻业的崛起、挑战与省思[J]. 南京社会科学, 2018(2): 95-104.

[8] 曹斯. 深度转型融合, 做好"医"的文章[J]. 南方传媒研究, 2018(2): 17-21.

[9] 曹玉枝. 电子阅报栏：拓展报业文化产业链的有效途径[J]. 中国报业, 2013(22): 12-13.

[10] 陈安庆. "报业海外第一股"遭遇寒冬：北青传媒高管腐败案震动中国媒体[J]. 新闻天地, 2005(11): 8-11.

[11] 陈川. 技术不是媒体融合的门槛：人民日报中央厨房技术平台概览

[J]. 新闻与写作, 2016 (9): 13-15.

[12] 陈浩洲. 解读: 一点资讯为何能率先拿到"新闻牌照"[EB/OL]. (2017-11-01)[2017-11-30]. http://www.yidianzixun.com/article/0HaryemH.

[13] 陈静. CNNIC: 新闻客户端内容安全成掣肘 网站生态建设情况良[EB/OL]. (2018-07-24)[2018-08-08]. http://www.ce.cn/xwzx/gnsz/gdxw/201807/24/t20180724_29841407.shtml.

[14] 陈敏, 张晓纯. 告别"黄金时代": 对52位传统媒体人离职告白的内容分析[J]. 新闻记者, 2016 (2): 16-28.

[15] 陈倩, 程昊, 朱涵. 全球首个"AI合成主播"在新华社上岗[EB/OL]. (2018-11-07)[2018-11-28]. http://www.xinhuanet.com/politics/2018-11/07/c_1123678126.htm.

[16] 陈实. 天津媒体整合大动作, 天津日报社今晚报广播电视台均不再保留[EB/OL]. (2018-11-09)[2018-11-12]. https://mp.weixin.qq.com/s/e68Wh0xVcRTk8ctQRYDZZg.

[17] 陈旭管, 曹雨薇. 媒体融合背景下的可视化探索: 访人民日报媒体技术股份有限公司视觉总监吴莺[J]. 中国传媒科技, 2017 (7): 10-11.

[18] 陈奕. 人民日报新媒体转型及相关研究综述[J]. 青年记者, 2015 (3): 53-54.

[19] 成欣萌. 论媒介融合困局与应对方略[D]. 成都: 四川省社会科学院, 2013.

[20] 崔保国. 2017年新型主流媒体发展概况及展望[J]. 新闻战线, 2018 (1): 10-12.

[21] 崔保国. 日本报业走向整合: 日经、朝日、读卖三大报系着手联合[J]. 中国报业, 2008 (2): 74-76.

[22] 戴莉莉. 牢牢把握融合发展的关键环节(大势所趋)[N]. 人民日报, 2017-02-19 (5).

[23] 单凌. 中间阶层的觉醒: 中国舆论场新生态[J]. 新闻大学, 2017 (3): 15-20, 146-147.

［24］党东耀. 媒体新生态系统的建构与国际化路径分析［J］. 新闻大学, 2016（6）: 115.

［25］丁伟, 刘晓鹏, 张世悬. "人民号": 推进深度融合搭建自主平台［J］. 新闻与写作, 2018（10）: 19-23.

［26］丁伟, 刘晓鹏. 用户导向: 媒体融合路径: 人民日报客户端的实践与思考［J］. 中国报业, 2015（11）: 26-28.

［27］董剑. 2017年报业资本运作述评与展望［J］. 中国报业, 2018（1）: 26-28.

［28］杜一娜. 打通媒体融合"最后一公里"［N］. 中国新闻出版广电报, 2018-08-28（5）.

［29］恩蓉辉. 只要你愿意, 生活可以随时开始: 专访维亚康姆（VIACOM）全球董事长兼首席执行官雷石东［J］. 商学院, 2004（2）: 60-62.

［30］方杨, 管慕飞. 抖音杀入前十, 拼多多逼宫淘宝, 最终赛道上都有谁? ｜ 2018上半年App榜单［EB/OL］. （2018-07-09）［2018-08-01］. https://mp.weixin.qq.com/s/1XVz7ufXqOkwGRqZ01yI2g.

［31］高方. 上海文广集团、阿里巴巴携手布局DT传播时代［J］. 传媒, 2015（12）: 79.

［32］工业和信息化部, 国家广播电视总局, 中央广播电视总台. 超高清视频产业发展行动计划（2019—2022年）［N］. 中国电子报, 2019-03-06（2）.

［33］工业和信息化部电子信息司. 4K先行兼顾8K大力推进超高清视频产业发展［N］. 中国电子报, 2019-03-06（2）.

［34］管洪. 构建引领时代的全媒体传播生态: 深刻领会习近平总书记"1·25"重要讲话精神［J］. 新闻战线, 2019（3）: 4-5.

［35］光明网. 抖音推出"政务媒体号成长计划"联手政府媒体机构打造正能量传播爆款［EB/OL］. （2018-08-31）［2019-09-02］http://news.gmw.cn/xinxi/2018-08/31/content_30902660.htm.

［36］郭全中, 胡洁. 2016年传媒经营管理分析［J］. 青年记者, 2016（36）: 22-23.

[37] 郭雅静. 论中国新闻传媒业的混合所有制 [J]. 新闻大学, 2017 (3): 8-14, 27, 146.

[38] 国家网信办. 国家网信办约谈客户端自媒体平台 主体责任不容缺失 [EB/OL]. (2018-11-16) [2018-11-20]. http://www.cac.gov.cn/2018-11/16/c_1123724671.htm.

[39] 果青. 微信公众号注册数量调整: 个人上限1个 企业上限2个 [EB/OL]. (2018-11-16) [2018-11-28]. http://www.techweb.com.cn/internet/2018-11-16/2712700.shtml.

[40] 郝天韵. 南方报业传媒集团融合发展走出新路径 [J]. 中国传媒科技, 2018 (7): 16-19.

[41] 贺林平. 让主流声音深入6亿网民内心: 媒体"融合元年"交出靓丽答卷 [EB/OL]. (2015-08-20) [2019-07-03]. http://media.people.com.cn/n/2015/0820/c14677-27488483.html.

[42] 洪杰文, 兰雪, 李程. 中国新闻机器人现象分析: 数据与技术困境下的填字游戏 [M] // 单波. 中国媒体发展研究报告. 北京: 社会科学文献出版社, 2017: 205-223, 243.

[43] 胡浩. 习近平致信祝贺中央电视台建台暨新中国电视事业诞生60周年强调 锐意改革创新 壮大主流舆论 努力打造具有强大引领力传播力影响力的国际一流新型主流媒体 [J]. 中国广播, 2018 (10): 4-5.

[44] 胡可可. 全国政协十一届五次会议开幕 [EB/OL]. (2012-03-06) [2019-04-23]. http://nd.oeeee.com/images/ztpics/yixiangsu/list/20120306lhhc/index.html.

[45] 胡线勤. 敢浴火方能获重生: 中国报业新媒体融合发展述评 [J]. 中国报业, 2015 (19): 18-22.

[46] 胡翼青. 自媒体力量的想象: 基于新闻专业主义的质疑 [J]. 新闻记者, 2013 (3): 6-11.

[47] 黄珏. 南方周末《刺死辱母者》, 是如何传播与发酵的 [EB/OL]. (2017-03-30) [2017-05-03]. http://mt.sohu.com/20170330/n485681781.shtml.

［48］黄小雄，张志安．美国传媒如何并购网络媒体：从纽约时报公司并购 About．com 网站谈起［J］．中国记者，2005（5）：76－77．

［49］贾茹．人大喻国明：未来入口级平台的竞争，并不一定只是微信和移动端［EB/OL］．（2015－06－25）［2015－11－29］．http://www.tmtpost.com/1033348.html．

［50］姜希尧．论 4K 分辨率对电视信号升级的影响［J］．西部广播电视，2015（10）：195－196．

［51］晋雅芬．传统媒体广告从零增长跌至负增长［N］．中国新闻出版报，2015－01－08（3）．

［52］蓝岸．将直播手段引入社会监督报道：深圳市"星期三查餐厅"视频执法直播的启示［J］．新闻战线，2018（7）：20－22．

［53］冷媚．周永利：大数据是媒体融合发展的驱动力［EB/OL］．（2018－09－11）［2019－05－08］．http://www.stdaily.com/zhuanti01/cxgsz3/2018－09/11/content_707918.shtml．

［54］李丹丹．新京报与新浪达成深度合作［EB/OL］．（2017－11－10）［2017－12－03］．http://epaper.bjnews.com.cn/html/2017－11/10/content_701213.htm．

［55］李洁茹．网络政务在城市治理中的功能［N］．中国社会科学报，2018－05－30（6）．

［56］李良荣，袁鸣徽．论报纸再造：从"信息媒体"到"意义媒体"［J］．现代传播（中国传媒大学学报），2017（8）：1－5．

［57］李良荣，袁鸣徽．中国新闻传媒业的新生态、新业态［J］．新闻大学，2017（3）：1－7，146．

［58］李良荣．短视频将成为未来新闻发布的主要方式［EB/OL］．（2018－10－17）［2018－11－01］．http://fddi.fudan.edu.cn/yanjiu/guandian/5486.html．

［59］李淼．过去一年，政务微博涨粉 12%［N］．中国新闻出版广电报，2018－01－25（2）．

［60］李政葳．明确主体责任 打击微博谣言《微博客信息服务管理规定》公布［N］．光明日报，2018－02－03（3）．

[61] 梁君艳. 人民的邓亚萍即刻消失［J］. 博客天下，2013（31）：26－29.

[62] 梁俊毅. 人工智能的发展及其认知意义［J］. 大众科技，2011（3）：35－36.

[63] 林迪. 微信官方：8月8日起剔除公众号非自然阅读数据［EB/OL］.（2018－08－07）［2018－09－01］. http://tech.huanqiu.com/internet/2018－08/12664459.html.

[64] 林琳. 人民日报社的"侠客岛"何以名动微信公众号"江湖"？［J］. 中国记者，2015（2）：44－45.

[65] 刘红兵. 坚持创新引领，壮大主流阵地［J］. 中国报业，2017（9）：25－27.

[66] 刘红兵. 推进智慧转型需加快创新布局［N］. 中国新闻出版广电报. 2018－08－07（6）.

[67] 刘莎. 弃新三板转战A股，中信出版社能实现传统出版"国家队"的华丽转身吗？［EB/OL］.（2017－06－02）［2019－04－03］. https://www.ifanr.com/846763.

[68] 刘夏. 业务削减，即刻搜索或关停［N/OL］.（2013－11－05）［2019－05－07］. http://www.bjnews.com.cn/finance/2013/11/05/290852.html.

[69] 刘新传. 场景、关系与算法：媒体融合创新的三重维度［J］. 新闻战线，2018（12）：32－34.

[70] 刘艳婷. "港珠澳大桥之歌"MV首发！大桥建设者守卫者携手南方+邀你"乘风破浪"［EB/OL］.（2018－10－26）［2018－11－01］. http://static.nfapp.southcn.com/content/201810/24/c1598974.html.

[71] 刘峣. 内容决胜短视频"下半场"（网上中国）［EB/OL］.（2018－10－26）［2018－11－03］. http://society.people.com.cn/GB/n1/2018/1026/c1008－30363561.html.

[72] 刘振鹏. 中国法院网抖音作品入围政务抖音精选［EB/OL］.（2018－10－16）［2018－11－03］. https://www.chinacourt.org/article/detail/2018/10/id/3532194.shtml.

[73] 柳剑能,余锦家. 中国报业集团的发展历程和转型策略[J]. 传媒,2014(7):12-15.

[74] 柳剑能,张莹,王凯. 融媒体时代加强国际传播能力建设战略刍议:以2012—2016年南方英文网的实践为例[J]. 岭南传媒探索,2016(12):55-57.

[75] 柳剑能. 媒体融合背景下加强采编队伍建设的分析与对策[J]. 传媒,2017(23):20-22.

[76] 龙强,李艳红. 从宣传到霸权:社交媒体时代"新党媒"的传播模式[J]. 国际新闻界,2017(2):52-65.

[77] 卢新宁."内容+"将成为媒体融合关键词[J]. 中国报业,2017(17):18-20.

[78] 卢新宁. 主流媒体如何巩固主流地位:关于人民日报媒体融合实践的思考[J]. 新闻战线,2018(13):6-8.

[79] 鲁畅,吉宁. 网络直播乱象仍存 北京警方加大整治力度[EB/OL]. (2018-11-27)[2018-12-11]. http://www.gov.cn/xinwen/2018-11/27/content_5343873.htm.

[80] 马化腾. 坚持先进技术为支撑,在内容和渠道方面深度融合[J]. 新闻战线,2017(17):18.

[81] 马利. 党报副总编:不变革,媒体就真老了[EB/OL]. (2014-09-10)[2019-05-03]. http://media.people.com.cn/n/2014/0910/c14677-25636928.html.

[82] 麦尚文. 全媒体融合模式研究[M]. 北京:中国人民大学出版社,2012:131.

[83] 美通社. 2017中国媒体内容生产者职业发展状态与工作习惯[J]. 国际公关,2017(4):85-86.

[84] 墨林.《疫苗之王》:国内首例自媒体改变公共政策的经典之作[EB/OL]. (2018-11-12)[2018-11-15]. https://mp.weixin.qq.com/s/Oa9CGWw4bwPM-Wgdp7j11g.

[85] 墨林. 告别一个时代!10年间,停刊的100家纸媒![EB/OL]. (2018-10-30)[2018-11-05]. https://mp.weixin.qq.com/s/

p5oPJCkRbh7 ArFXidFxrFA.

［86］澎湃新闻湃客. 湃客·有数 8 月榜 | 这些数据新闻值得你重温［EB/OL］.（2018 - 09 - 10）［2018 - 09 - 13］. https://www.thepaper.cn/newsDetail_forward_2424386.

［87］秦楚乔. 今年集中整治网络转载 短视频等领域侵权盗版［N］. 南方都市报，2018 - 10 - 22（AA13）.

［88］清博大数据. 抖音火爆的背后有这几大原因！［EB/OL］.（2018 - 06 - 21）［2018 - 07 - 03］. http://www.sohu.com/a/236952838_114751.

［89］清华大学经济管理学院. 清华经管重识战略·案例篇 | 腾讯的生态化涅槃讯的生态化涅槃［EB/OL］.（2018 - 11 - 30）［2018 - 12 - 03］. https://www.mbachina.com/html/mbachina/20181202/174069.html.

［90］裘新. 产业基金：国有传媒集团新媒体发展的多元途径［J］. 新闻战线，2016（15）：23 - 24.

［91］人大新闻系. 看十五位大咖如何诠释"媒体新星球" | 2017 腾讯媒体 + 峰会［EB/OL］.（2017 - 11 - 20）［2017 - 12 - 01］. https://mp.weixin.qq.com/s/m8GB9uLRBP6R3KjI2bRyXQ.

［92］人民网股份有限公司董事会. 人民网股份有限公司关于与北京铁血科技股份公司签订战略框架协议的公告［EB/OL］.（2017 - 08 - 23）［2019 - 06 - 23］. http://static.sse.com.cn/disclosure/listedinfo/announcement/c/2017-08-23/603000_20170823_1.pdf.

［93］人民网舆情监测室. 2017 年第一季度人民日报·政务指数微博影响力报告［EB/OL］.（2017 - 05）［2017 - 11 - 30］. http://yuqing.people.com.cn/NMediaFile/2017/0504/MAIN201705041338000110185848147.pdf.

［94］任晓宁. 凤凰网被北京网信办约谈，部分频道、"凤凰新闻"客户端及 WAP 网站暂停更新［EB/OL］.（2018 - 09 - 26）［2018 - 10 - 09］. http://www.eeo.com.cn/2018/0926/337835.shtml.

［95］沈小根，纪雅林，张炜. 全媒体时代，党报探路融合创新：以人民日报《两会 e 客厅》为例［J］. 新闻战线，2014（5）：39 - 41.

[96] 史安斌,王沛楠. 传播权利的转移与互联网公共领域的"再封建化":脸谱网进军新闻业的思考[J]. 新闻记者,2017(1):20-27.

[97] 史安斌,杨轶. 硅谷与舰队街:化敌为友还是亦敌亦友[J]. 青年记者,2015(22):83-84.

[98] 史竞男. 国家版权局约谈13家网络服务商要求规范网络转载[EB/OL]. (2018-09-29)[2018-10-10]. http://www.xinhuanet.com/politics/2018-09/29/c_1123505287.htm.

[99] 史竞男. 我国持证记者已超过22.8万人[EB/OL]. (2017-11-08)[2017-12-01]. http://www.xinhuanet.com//politics/2017-11/07/c_1121920358.htm.

[100] 钛媒体. 今日头条总编辑:今日头条是国内内容建设投入最大的信息平台[EB/OL]. (2017-10-23)[2017-11-03]. https://www.tmtpost.com/2868895.html.

[101] 钛媒体. 梨视频获人民网基金1.67亿元战略入股[EB/OL]. (2017-11-16)[2017-11-30]. https://www.tmtpost.com/nictation/2917397.html.

[102] 腾讯传媒. 腾讯新闻推出中文纠错算法能力,从此AI拯救"手癌"不是梦[EB/OL]. (2018-06-29)[2018-07-03]. https://mp.weixin.qq.com/s/Drv1wgcrRdwJg2RVL12xPw.

[103] 腾讯科技. 微信公告:永久封禁976个"假货、高仿"类小程序[EB/OL]. (2018-02-06)[2018-06-23]. http://tech.qq.com/a/20180206/019217.htm.

[104] 腾讯新闻,企鹅智酷. 中国新媒体趋势报告2017:通向媒体新星球的未来地图[EB/OL]. (2017-11-20)[2017-12-01]. https://tech.qq.com/a/20171120/025254.htm.

[105] 腾讯研究院安全研究中心. VR行业生态及风险研究报告:潜在VR消费人群约3亿(EB/OL). (2016-02-22)[2017-05-06]. https://www.tencentresearch.com/4438.

[106] 田勇. 全媒体运营:报业转型的选择:宁波日报报业集团的全媒体

实践［J］．新闻与写作，2009（7）：8-10．

［107］庹震．推动媒体深度融合再上新台阶［N］．人民日报，2018-09-11（9）．

［108］外交部．外交部副部长乐玉成：言论自由也有"红线"［EB/OL］．（2018-11-06）［2018-12-02］．https://www.fmprc.gov.cn/web/wjb_673085/zzjg_673183/xws_674681/xgxw_674683/t1610851.shtml．

［109］万小广，程征．人民日报媒体融合发展战略与启示［J］．中国记者，2016（10）：57-59．

［110］汪晓东，杜尚泽．让主流媒体牢牢占领传播制高点：中央政治局第十二次集体学习侧记［J］．中国报业，2019（3）：15-17．

［111］王成文．人工智能时代的媒体变革［N］．中国社会科学报，2018-03-08（3）．

［112］王佳．南都深度的采编数据库建设探索［J］．南方传媒研究，2017（6）：80-84．

［113］王绍忠，谢文博．"四全"媒体是媒体融合发展的必然趋势［N］．吉林日报，2019-04-01（5）．

［114］王天定．数字化汹涌来袭，新闻业如何自救？［N］．新京报，2018-10-06（A10）．

［115］王枭．默多克倾心全球卫星电视王国［N］．中华工商时报，2003-04-21．

［116］王玄璇．新京报社长戴自更离职，宋甘澍接任［EB/OL］．（2017-08-03）［2017-12-01］．http://news.ifeng.com/a/20170803/51558082_0.shtml．

［117］微信派．拒绝违规内容，给你一个更好的微信公众平台［EB/OL］．（2018-11-10）［2018-12-11］．https://new.qq.com/omn/20181110/20181110A1OBLG00．

［118］吴吉义，平玲娣，潘雪增，等．云计算：从概念到平台［J］．电信科学，2009（12）：23-30．

［119］息慧娇．第十二次全国国民阅读调查数据在京发布［EB/OL］．（2015-04-20）［2015-11-03］．http://www.chuban.cc/zgcbkys/

yjsdt/201504/t20150420_165698.html.

[120] 习近平. 加快推动媒体融合发展 构建全媒体传播格局 [J]. 求是, 2019 (6): 4-8.

[121] 侠客岛. "侠客岛": 做让年轻人爱看的时政报道 [J]. 中国记者, 2015 (12): 18-19.

[122] 夏之南, 邓逸凡. 两天PV破2亿! 破吉尼斯纪录? 揭秘人民日报客户端"军装照"H5背后的秘密 [EB/OL]. (2017-07-31) [2017-10-09]. https://mp.weixin.qq.com/s/TV-QCePsmNcpYT-NdKdC_yw.

[123] 晓通. 短视频进击, 梨视频下沉 [EB/OL]. (2018-10-11) [2018-11-01]. https://mp.weixin.qq.com/s/CuKpn0eD292X6Q8pRn TLdQ.

[124] 晓雪. 现代传播三年财报显示, 时尚杂志转型路数 [N]. 中国出版传媒商报, 2018-09-04 (2).

[125] 解夏. 短视频发展简史: 从20分钟到15秒的新秩序 [EB/OL]. (2018-06-04) [2018-07-05]. https://www.huxiu.com/article/246839.html.

[126] 谢国明. 价值为魂创新为用: 关于媒体融合的思考 [J]. 中国报业, 2018 (1): 32-35.

[127] 辛露. 媒体"寻找汤兰兰", 为何引网友愤怒? [EB/OL]. (2018-02-01) [2018-09-02]. https://new.qq.com/omn/20180201/20180201A0Y15H.html.

[128] 新华社. 习近平: 推动媒体融合向纵深发展 巩固全党全国人民共同思想基础 [EB/OL]. (2019-01-25) [2019-06-08]. http://cpc.people.com.cn/n1/2019/0125/c64094-30590946.html.

[129] 新华社. 习近平主持召开中央全面深化改革委员会第三次会议 [EB/OL]. (2018-07-06) [2018-08-08]. http://www.gov.cn/xinwen/2018-07/06/content_5304188.htm.

[130] 新浪科技. 虎牙回应主播莉哥戏唱国歌: 封禁账号 下架相关作品 [EB/OL]. (2018-10-10) [2018-11-12]. https://tech.sina.com.cn/i/2018-10-10/doc-ihkvrhpt4545986.shtml.

[131] 徐锦清. 从"融媒体工作室"兴起浅析媒体融合新模式[J]. 东南传播，2018（10）：32-33.

[132] 徐曼. 国外机器人新闻写手的发展与思考[J]. 中国报业，2015（23）：32-34.

[133] 徐世平. 媒体融合"冷思考"[J]. 记者观察，2018（4）：6-9.

[134] 徐世平. 媒体融合的结构性矛盾及对策[J]. 新闻与写作，2018（8）：80-85.

[135] 燕帅. 李方：推进主旋律生产力 助力媒体融合发展[EB/OL].（2018-09-10）[2019-03-16]. http：//media. people. com. cn/n1/2018/0910/c14677-30284502. html.

[136] 燕帅. 徐涛：围绕自身主业进行拓宽有三个方向[EB/OL].（2018-09-10）[2019-07-05］. http：//media. people. com. cn/n1/2018/0910/c14677-30284407. html.

[137] 燕帅. 中国日报社副总编辑高岸明：推动构建全媒体对外传播格局 向世界讲好新时代中国故事——在2018融合发展论坛上的致辞[EB/OL].（2018-09-10）[2019-03-17]. http：//media. people. com. cn/n1/2018/0910/c40606-30283639. html.

[138] 杨兴锋. 把握传媒变局 创新发展模式：关于地市报发展的一些思考[J]. 中国报业，2008（10）：29-32.

[139] 杨兴锋. 从内容提供商到内容运营商[J]. 中国记者，2011（10）：31-32.

[140] 姚忠将，葛敬国. 关于区块链原理及应用的综述[J]. 科研信息化技术与应用，2017，8（2）：3-17.

[141] 叶蓁蓁. 人民日报"中央厨房"有什么不一样[J]. 新闻战线，2017（3）：14-16.

[142] 于猛. 释放资本活力助推融合发展[J]. 新闻与写作，2016（9）：16-17.

[143] 余俊杰. 中国网民规模达8.29亿[EB/OL].（2019-02-28）[2019-04-08］. http：//www. xinhuanet. com/politics/2019-02/28/c_1210069985. htm.

[144] 喻国明,焦建,张鑫. "平台型媒体"的缘起、理论与操作关键 [J]. 中国人民大学学报,2015 (6):120-127.

[145] 远洋. 微博管理员:Ayawawa 发表有关慰安妇不当言论被禁言 6 个月 [EB/OL].(2018-05-22)[2018-06-03]. https://www.ithome.com/html/it/360988.htm.

[146] 詹新惠. 用资本的力量助力媒体融合发展 [J]. 中国记者,2015 (3):67-68.

[147] 张华. "后真相"时代的中国新闻业 [J]. 新闻大学,2017 (3):28-33,61,147-148.

[148] 张华. 封面新闻的智媒体创新与探索 [EB/OL].(2017-11-05)[2017-11-30]. https://mp.weixin.qq.com/s/rX-wqP1mQJ5i-6Jcw RV8eA.

[149] 张俊华. 关于集团体制机制创新的实践与思考 [J]. 南方传媒研究,2018 (3).

[150] 张西陆. "南方+"客户端:深融合带来全国两会"热"传播 [J]. 南方传媒研究,2018 (3):79-84.

[151] 张艳丽. 10 亿元深圳湾文化产业基金成立 [N]. 南方都市报,2018-05-12 (AA08).

[152] 张旸. 人民日报"中央厨房"构建行业新生态 [J]. 青年记者,2017 (7):19-21.

[153] 张一鸣. 致歉和反思 [EB/OL].(2018-04-11)[2018-04-24]. https://mp.weixin.qq.com/s/4r6rCwNE7BgTLD37cPJOoA.

[154] 张意轩,尚丹. 深度融合、技术助力、内容创新:基于对 2018 年全国两会媒体报道的观察 [J]. 青年记者,2018 (12):9-10.

[155] 张振鹏. 【解读】抖音"出海"的历程与策略 [EB/OL].(2019-01-25)[2019-07-08]. https://mp.weixin.qq.com/s/tzY3Gx6TrNANGMU-hhlRMQ.

[156] 张志安,曹艳辉. 新媒体环境下中国调查记者行业生态变化报告 [J]. 现代传播(中国传媒大学学报),2017 (11):27-33.

[157] 张志安,曾励. 媒体融合再观察:媒体平台化和平台媒体化 [J].

新闻与写作，2018（8）：86-89.

[158] 张志安，陈子亮. 自媒体的叙事特征、社会功能及公共价值[J]. 新闻与写作，2018（9）：72-77.

[159] 张志安，刘杰. 人工智能与新闻业：技术驱动与价值反思[J]. 新闻与写作，2017（11）：5-9.

[160] 张志安，刘杰. 媒介融合的年度观察及展望[J]. 新闻战线，2015（3）：36-38.

[161] 张志安，姚尧. 平台媒体的类型、演进逻辑和发展趋势[J]. 新闻与写作，2018（12）：74-80.

[162] 张志安. 报业融合发展趋势及挑战[J]. 中国报业，2014（22）：37-39.

[163] 赵华. 媒体融合大势下的媒体云现状与思考[J]. 传媒观察，2017（1）：48-49.

[164] 赵新乐. 人民日报社带来的启迪："50天"如何建成中央厨房？[N]. 中国新闻出版广电报，2017-05-02（5）.

[165] 赵杨. 跨界、转型与生产链的再造：赵杨工作室一年工作的思考[J]. 南方传媒研究，2018（2）：23-27.

[166] 郑佳欣，林焕辉. 66个智库产品是如何炼成的：南方日报在佛山区域的全媒体智库建设实践[J]. 南方传媒研究，2017（6）：132-138.

[167] 支庭荣，陈钊，尹健. 媒体融合升级的挑战与进路[J]. 南方传媒研究，2017（5）：98-106.

[168] 智春丽. 人工智能，内容生产者的敌人还是伙伴？[J]. 青年记者，2017（21）：13-14.

[169] 中国电子技术标准化研究院. 中国区块链技术和产业发展论坛标准：区块链 参考框架：CBD-Forum-001-2017[S/OL]. (2017-05-16)[2019-05-27]. http://www.cbdforum.cn/bcweb/resources/upload/ueditor/jsp/upload/file/20190108/1546954115697085717.pdf.

[170] 中国网信网. CNNIC发布第42次《中国互联网络发展状况统计报

告》[EB/OL]. (2018-08-20) [2018-09-01]. http://www.cac.gov.cn/2018-08/20/c_1123296859.htm.

[171] 中国网信网. 二季度全国网信行政执法工作持续深入推进 [EB/OL]. (2018-07-27) [2018-09-01]. http://www.cac.gov.cn/2018-07/27/c_1123181869.htm.

[172] 中国网信网. 国家网信办"亮剑"自媒体乱象 依法严管将成为常态 [EB/OL]. (2018-11-12) [2018-11-15]. http://www.cac.gov.cn/2018-11/12/c_1123702179.htm.

[173] 中国网信网. 国家网信办公布《互联网新闻信息服务管理规定》[EB/OL]. (2017-05-03) [2017-09-28]. http://www.cac.gov.cn/2017-05/03/c_1120907226.htm.

[174] 中国新闻网. 今日头条联合清华发布《2017新媒体发展趋势报告》[EB/OL]. (2018-01-18) [2018-03-05]. http://www.chinanews.com/business/2018/01-18/8427624.shtml.

[175] 中华全国新闻工作者协会. 中国新闻事业发展报告（2016年）[EB/OL]. (2017-05-31) [2017-10-30]. http://www.xinhuanet.com//zgjx/2017-05/31/c_136314150_4.htm.

[176] 中华人民共和国国家新闻出版广电总局. 统计信息 [EB/OL]. (2017) [2017-08-05]. http://www.sapprft.gov.cn/sapprft/govpublic/6676.shtml.

[177] 中华人民共和国国务院. 国务院关于印发促进大数据发展行动纲要的通知 [EB/OL]. (2015-08-31) [2019-05-06]. http://www.gov.cn/zhengce/content/2015-09/05/content_10137.htm.

[178] 中央网络安全和信息化领导小组办公室，国家互联网信息办公室，中国互联网络信息中心. 2017年第40次中国互联网络发展状况统计报告 [EB/OL]. (2017-07) [2017-11-30]. http://www.cac.gov.cn/files/pdf/cnnic/40cnnic.pdf.

[179] 中央网络安全和信息化委员会办公室，中国证券监督管理委员会. 关于印发《关于推动资本市场服务网络强国建设的指导意见》的通知 [EB/OL]. (2018-03-30) [2019-05-04]. http://www.cac.

gov. cn/2018 - 04/13/c_1122676837. htm.

[180] 周斐斐, 王旻, 郭雪颖. 当舜网传媒遇上新三板 [J]. 网络传播, 2014 (3): 66 - 70.

[181] 周小白. 抖音 11 月累计清理 43908 条视频 永久封禁 51540 个账号 [EB/OL]. (2018 - 11 - 20) [2018 - 11 - 29]. http://www.techweb.com.cn/internet/2018 - 11 - 20/2713189. shtml.

[182] 周颖. 邓亚萍神话破灭 [J]. 时代人物, 2014 (12): 112 - 113.

[183] 周智琛. 关于 2018 年传媒业的 50 个预判 [EB/OL]. (2017 - 12 - 03) [2017 - 12 - 06]. https://mp. weixin. qq. com/s/RrpU3W9ztnuv7Id9F - PUjQ.

[184] 朱飞虎. 平台型媒体准确的构成逻辑: 以"人民号"为例 [J]. 今传媒, 2018, 26 (10): 32 - 34.

[185] 朱惠. 5G 无线通信技术概念与应用分析 [J]. 现代信息科技, 2018 (6): 80 - 81.

[186] 朱健勇. 网曝多平台现侮辱英烈内容 腾讯回应: 已删 7000 余视频 [EB/OL]. (2018 - 06 - 15) [2018 - 06 - 25]. http://www.fawan.com/2018/06/15/1257240t185. html.

[187] 朱馨. 我省启动首个文化产业投资基金 [EB/OL]. (2009 - 05 - 06) [2009 - 05 - 06]. http://wht. zj. gov. cn/dtxx/zjwh/2009 - 05 - 06/78574. htm.

[188] Mitchell A, Page D. State of the News Media 2015 [EB/OL]. (2015 - 04 - 29) [2015 - 12 - 09]. http://www.journalism.org/2015/04/29/state - of - the - news - media - 2015.

[189] ComScore Inc.. Media Metrix [EB/OL]. (2015) [2015 - 11 - 30]. http://www.comscore.com/Products/Audience - Analytics/Media - Metrix.

[190] Bergman D. President Barack Obama's Inaugural Address by David Bergman [EB/OL]. (2009 - 01 - 21) [2019 - 05 - 05]. http://gigapan.com/gigapans/15374.

[191] Deloitte Touche Tohmatsu Limited. Blockchain @ Media: A new Game

Changer for the Media Industry? [EB/OL]. (2017) [2019-05-11]. https://www2.deloitte.com/content/dam/Deloitte/za/Documents/technology-media-telecom munications/ZA_PoV_Blockchain_Media_250817.pdf.

[192] Facebook. Instant Articles [EB/OL]. (2015-05-12) [2015-12-15]. http://instantarticles.fb.com.

[193] Wang H, Sparks C. Marketing Credibility [J]. Journalism Stud ies, 2019, 20 (9): 1301-1318.

[194] Dipane J. Google introduces News Lab to collaborate with journalists and entrepreneurs [EB/OL]. (2015-06-22) [2015-12-11]. http://www.androidcentral.com/google-introduces-news-lab-collaborate-journalists-and-entrepreneurs.

[195] Honan M. This is Twitter's Top Secret Project Lightning [EB/OL]. (2015-06-18) [2015-12-13]. http://buzzfeed.com/mathonan/twitters-top-secret-project-lightning-revealed#.ds4wsvdxBX.

[196] Iles M. Civil Means Journalism: Memberships Available Worldwide Starting March 6 [EB/OL]. (2019-03-01) [2019-05-12]. https://blog.joincivil.com/civil-means-journalism-3fd7a6be8aee.

[197] Hansell S. Viacom to Pay $102 Million for an Online Game Service [EB/OL]. (2006-04-25) [2019-03-05]. https://www.nytimes.com/2006/04/25/technology/viacom-to-pay-102-million-for-an-online-game-service.html.

[198] Silver D, Hubert T, Schrittwieser J, et al. A General Reinforcement Learning Algorithm that Masters Chess, Shogi, and Go through Self-play [J]. Science, 2018, 362 (6419): 1087-1118.

[199] Snap Inc.. Introducing Discover [EB/OL]. (2015-01-27) [2015-12-10]. http://blog.snapchat.com/post/109302961090/introducing-discover.

后　　记

这本书得以顺利出版，首先要衷心感谢中共广东省委宣传部领导的关心和支持，特别是时任省委宣传部副部长、南方报业传媒集团党委书记莫高义同志的点拨和指导。正因为高义同志（现任中共中央纪律检查委员会宣传部部长）的推荐和鼓励，我才在2015年得以申请并主持省委宣传部课题"中国报业媒体融合现状及发展战略研究"，研究成果包含了论文和相关报告，能结集成册出版，归功于广东省宣传文化人才专项基金的资助。

从酝酿计划书开始，我就有一个小小的心愿，不是为了完成一个课题而开展研究，而是把研究目标和自身工作遇到的具体问题、紧要难题对应起来，无论是研究成功案例，还是总结应对策略，都立足于对整个行业特别是广东的新闻业界有所借鉴，不求面面俱到，只求针对性强、容易操作，书稿定名为《媒体深度融合实务》，正有此意。因此，我要特别感恩我所供职的单位——南方报业传媒集团，是289大院这块新闻的沃土，培育了我、造就了我……弹指一挥间，从2000年7月大学毕业至今，跨过了20个年头，我把前半生中最青春、最宝贵的时光，都献给了南方报业。

在这里，秉持"新闻理想和产业抱负比翼齐飞"的初心，我牢记"做主流价值的传播者、时代风云的记录者、社会进步的推动者、公平正义的守望者"的使命，孜孜不倦20年，调研足迹遍及广东21个地级市，以及全国大部分的省份，完成了一名职业新闻人的多种历练：既有参与创办全国性、市场化媒体《21世纪经济报道》的经历，从普通财经记者、编辑干起，直到担任"管理板块"主任（2001—2004），又有全国性著名周报《南方周末》的转型，担任经济板块副总监、战略运营部执行总监（2004—2007）；既有广东省委机关报《南方日报》改革创新的政治熏陶和管理锤炼（2007—2014），又有全国重点新闻网站、广东省委机关网南方新闻网（简称为"南方网"）全新改版的政治考验和拓展能力检验。

2007年8月，正值而立之年，我受命筹办全国省级党报第一个市场部，探索以"盛会营销"和"南方公益"为两大抓手来拓展市场业务，在传媒品牌管理和整体运营方面做出了比较突出的贡献，参与发起并执行"幸福厨房"等公益活动，得到时任中共中央政治局委员、广东省委书记汪洋同志批示表扬。2007—2012年，我配合时任分管领导率先在全国省级党报中实施了独有的"采编＋发行＋广告＋品牌"四轮驱动的运营模式，全程见证了《南方日报》广告经营收入从2007年每年不到1亿元，一路攀升到2012年当年突破3亿元的激情岁月。在2012年集团第五轮竞争上岗中，我有幸获聘为南方日报社新媒体部主任，站到了全媒体和媒体融合改革的最前沿。此后两年里，我组织实施了《南方日报》官方网站（www.nfdaily.cn）的两次全新改版，见证"六条生产线"的组建，并且总结出"全媒体生产、全介质传播、全方位运营"的全媒体运作理念。自2014年1月提任为南方新闻网副总编辑以来，我在集团和网站党委的正确领导下努力推进网站改革创新，2014年7月9日南方网全新改版上线，我有幸执笔社论《开创报网融合新时代》，获得时任省委常委、宣传部部长庹震同志好评。2014年11月，我被广东新闻出版广电局聘为数字出版专家库专家，2015年主持南方英文网改版，秉持"国际视野、中国立场、广东特色"的理念，获时任省委常委、宣传部部长慎海雄同志肯定……丰富的基层经验和扎实的岗位历练，使我不断积累并且不断刷新对中国传媒业的认识，努力做到理论和实践相结合，努力做到知行合一。这样的机缘前所未有，这样的总结水到渠成。这本书的创作，在某种程度上见证了我的"光荣与梦想"。

这本书的写作，得到了家人的大力支持。我的父亲母亲，含辛茹苦养大我们兄弟姐妹4人，当我考上复旦大学新闻学院时，人生的画卷才得以起笔；我的兄弟柳剑文任职于韩山师范学院，他参与起草了本书的部分编章，帮助检索了大量参阅材料，并对全书提出了很多修改意见；我的岳父岳母和太太陈恬，承担了全部的家务和教子育儿的重任，使我在繁忙的工作之余，还能挤出时间写作；太太陈恬还担任了本书的"第一读者"，针对草稿提出修改建议。

本书得以完成，还要感谢集团多个部门和多位同事的鼎力支持。集团

后 记

人力资源部、财务部、《南方日报》、南方网的领导们给予了大量帮助。南方英文网主任助理王凯协助总结梳理了相关理论和实践问题。集团战略发展部主任助理周全不但参与了"技术赋能"章节的撰写,还帮我承担了大量事务性的审校工作。本书的很多基础材料的搜集,也得益于南方网、南方英文网的数十位来自广东外语外贸大学的实习生的辛勤劳动,恕我不能一一列举,在此一并致以诚挚的感谢!尤其要感谢中山大学出版社的徐诗荣编辑,他认真、细致、严谨的工作,确保了本书按期出版。

最后,特别要感谢大学同学张志安。早在 2003 年,我们曾经携手合著《媒介营销案例分析》(华夏出版社 2004 年版)。后来,他先留在复旦大学任教,又转战中山大学,成为中国新闻教育界最年轻的新闻传播学院院长。志安于我,亦师亦友,邀请他共同创作,并进行全方位的学术把关,大大增加了本书的理论厚度。这也是我们长期以来坚持"开放式研究、包容式合作"的见证。作为中山大学传播与设计学院财经新闻硕士生项目的业界导师,我也在与中大学子的交流、给他们做讲座的过程中受到学界的知识反哺。

当然,我也深知,媒体深度融合仍处于"现在进行时",由于本人学识有限,本书的错漏在所难免,恳请大家批评、指正。

一本书即将结尾,一段新的旅程又即将开启。哲学上说,告别是为了相聚,到达是为了出发,放弃是为了拥有。2019 年,我有幸获得广东新闻金梭奖,这个奖项被同行看作广东新闻界的最高荣誉,我也把它作为对过去 20 年新闻从业的一次褒奖、一次回望、一次检阅。此时此刻,放下包袱,收拾行囊,准备再出发。

学无止境,合上这本书,让我们继续叩问未来。

柳剑能
2019 年 7 月 31 日于广州大道中 289 号大院